一个犹太人的

上海记忆

1927-1952

丽莲·威伦斯 著

刘握宇 译

生活·讀書·新知 三联书店

图书在版编目（CIP）数据

一个犹太人的上海记忆：1927—1952年／（美）丽莲·威伦斯（Liliane Willens）著；
刘握宇译.—北京：生活·读书·新知三联书店，2018.1（2022.1重印）
ISBN 978-7-108-06092-1

Ⅰ.①一… Ⅱ.①丽… ②刘… Ⅲ.①犹太人–史料–上海–1927—1952
Ⅳ.① K18

中国版本图书馆 CIP 数据核字（2017）第 205137 号

责任编辑　饶淑荣
装帧设计　薛　宇
责任校对　曹忠苓
责任印制　董　欢
出版发行　**生活·讀書·新知** 三联书店
　　　　　（北京市东城区美术馆东街 22 号 100010）
网　　址　www.sdxjpc.com
图　　字　01-2013-4085
经　　销　新华书店
制　　作　北京金舵手世纪图文设计有限公司
印　　刷　北京隆昌伟业印刷有限公司
版　　次　2018 年 1 月北京第 1 版
　　　　　2022 年 1 月北京第 2 次印刷
开　　本　880 毫米 × 1230 毫米　1/32　印张 10.75
字　　数　216 千字　图 29 幅
印　　数　6,001–9,000 册
定　　价　58.00 元
（印装查询：01064002715；邮购查询：01084010542）

谨以此书纪念我的父母

本杰明·威伦斯和苔丝·威伦斯

以及

老阿妈、小王和老爸爸

目 录

3

第一章　本杰明的身世

　　我的父亲本杰明·威伦斯基从未告诉我们姊妹仨他出生于乌克兰（那时还是俄罗斯帝国的一部分），从小在基辅往西60英里的小镇拉多梅什利长大。母亲警告我们绝对不许向父亲打听他早年的情况。跟他一同离开俄国的他妹妹索尼娅也从未提起过他们的过去——我们也没兴趣问她。我们知道父亲憎恶斯大林和苏联，总是极力避免和俄罗斯发生任何社会或政治方面的联系。

　　本杰明出生于1894年，成长于沙皇尼古拉二世统治的时代，那时的俄国经济和政治长年动荡不安，在沙皇的许可下时常发生反犹的暴力屠杀。当时俄国的犹太人被蔑称为"意第"（Yid），这是一个非常侮辱人格的词。那些身为精英部队成员的哥萨克骑兵和极端民族主义分子一旦进入犹太人的"定居区"内——包括今天的白俄罗斯、立陶宛、摩尔多瓦、波兰和乌克兰等广大地区——就会对犹太人肆意捕杀并以此为乐。除了极个别的例外，绝大多数犹太人都像我父亲一样被强迫居住在那里，一直到

1917 年布尔什维克革命爆发。这个"定居区"是叶卡捷琳娜女皇在 18 世纪 90 年代建立的。当时，她占据了波兰的一部分，但同时也不得不面对那里的一百万犹太人，这令她既惊讶又厌恶。

1992 年我去乌克兰出差。直到那时，我才了解到一些关于父亲、祖父母以及我父亲的五个兄弟姊妹在拉多梅什利小镇生活的情况。在父亲留下的一堆文件中，我发现了一封 20 年前他住在基辅的一个侄子利奥尼德·威伦斯基写给他的短信。我知道，苏联的公民们都住在国家分配的房子里，而且几乎不可能搬家，于是便决定按信封上的地址去找找看。我爬到五楼，敲门，看到一个长相酷似我父亲的男人来开门，便知道找对了地方，面前这个人肯定就是我的堂兄利奥尼德。看到一个外国人——从我的衣着和带口音的俄语很容易判断出来——站在门口，他看起来很惊讶。当听说我是从美国来的他的堂妹，他立刻对他妻子柳达喊道，上帝今天给他送来一份大礼——那天恰好是他的生日。初次拜访后，我又在工作之余几次登门同他一起聊起散居在世界各地的亲戚们。利奥尼德在交谈中说到我们各自的祖父母、父亲、叔叔和姑妈在拉多梅什利的生活情况，他们自从布尔什维克革命爆发后就一直住在那儿。我们的祖父是个小商人，而祖母在家照料小孩——四个男孩和两个女孩都出生在拉多梅什利。当孩子们长大后，最让她担心的就是沙皇的军队把她的儿子们抓去当兵。

利奥尼德骄傲地向我展示我父亲在 20 世纪 70 年代初寄给他

的一件雨衣，这件雨衣一直到现在还可以穿。他告诉我，在20世纪30年代斯大林统治时发生的乌克兰大饥荒中，正是由于我父亲和他的妹妹索尼娅从中国向他们提供经济援助，他的父母和兄弟姐妹才没有饿死，他对此无比感激。他告诉我，这些经济援助使他的父亲得以从特供商店购买食物，因为那里只能用美元付款。利奥尼德那时还是个小孩，他陪妈妈去过这些商店好多次。因为担心被大街上的饥民袭击，他母亲不得不雇用几个强壮的男人帮助自己将一袋袋面粉、大米和肉运回家，而保镖们会高兴地分到一些食物作为报酬。听着利奥尼德和柳达述说他们在斯大林时代、第二次世界大战期间以及之后的困顿生活，我唯一的感受就是：谢天谢地，要不然我也得遭这份罪。

因为我表达了强烈的愿望，想看一看我父亲的出生地，利奥尼德的一个亲戚便开车载我们去拉多梅什利，那里的主广场被一尊巨大的列宁塑像占据着。利奥尼德指给我看祖父母家的旧址，现在那里是一家餐馆。他告诉我，他们家原来的房子跟广场后面俄国革命前建的房子很像，低矮的屋顶，落地的窗户，后面有个很小的菜园。我看到有农民赶着马车将蔬菜和水果运往市场，让人不由想起过去的时光。随后，我们走进一座建于19世纪末的俄罗斯东正教教堂，它有着洋葱形状的蓝色圆顶，在幽暗的室内，许多信徒按东正教的习俗站立着，回应着神父低低的祈祷声。当一个教堂的职员向我大步走过来时，我正在偷偷地拍照，他生气地告诉我这里不准拍照。我告诉他我是名外国游客，不知道有这样的规矩，并表示了道歉，这才让他冷静下来。想到此刻我正走进父亲的出生地，得以窥探他保守了终身的秘密，内心的感觉真是五味杂陈，无比复杂。

离开教堂时，我觉得就像离开了一座监狱。望着面对教堂的祖屋旧址，想象着昔日的场景，我突然一阵战栗，尽管此时天气温暖而晴朗。在沙皇时代，教堂的钟声日日敲响，不仅是为了召唤信众参与宗教活动，也是为了宣布来自圣彼得堡的沙皇和政府当局的最新法令。所有的负面消息，无论是经济的还是政治的，都会怪罪到犹太人头上，愤怒的居民们倾听着神父谴责犹太人制造了当时所有的灾难，而更糟糕的是杀害了他们的拯救者耶稣基督。我父亲家住得离这个教堂如此之近，让我感觉犹如纳粹德国的犹太人就住在盖世太保总部附近。

当我们在拉多梅什利闲逛的时候，利奥尼德向我谈起我的祖父母和他们的兄弟姊妹住在乌克兰时经历的反犹暴力。我们还参观了一座为内战中被白军和布尔什维克军队杀害的当地居民所建的纪念碑。与不远处装饰繁复的二战纪念碑相比，这座横卧着的碑石显得很朴素，上面刻着简短的文字，说明"白匪"曾经到过本地并屠杀居民。没有任何文字说明拉多梅什利镇的遇难者都是犹太人，而杀害他们的是崇尚暴力反犹主义的乌克兰国民共和军以及他们的同盟者——由索克诺维克率领的哥萨克骑兵。

1916年，当沙皇尼古拉二世加入协约国对德宣战后，本杰明决定离开拉多梅什利到海参崴去。他当时22岁，做这个决定很自然，因为他知道如果继续留下来将会立刻被征召入伍，而在遥远的海参崴却可以躲过拉壮丁的人。俄国当局对西伯利亚和俄罗斯远东地区之所以感兴趣，就是为了将这些地区变成工业生产的殖民地，或是将犯人和革命者发配到那里，令其在冻土和冰原深处的矿井里干苦力活，从而惩罚他们所持的政治异见。本杰明说服了他的妹妹索尼娅同他一起离开拉多梅什利。他们登上横穿西伯利亚的列车，去往距离俄罗斯的欧洲领土数千英里之外的海参崴。

本杰明选择去海参崴，是因为他听说那里有很多英国和德国的银行与贸易公司，而且那儿是一个繁忙的港口，很多货物通过那里从中国东北运往日本和朝鲜。他在一家德国出口公司找到工作，很快学会了德语，并且凭自己的语言天赋开始自学法语。至此，本杰明会讲俄语、意第绪语、德语和法语，并能读一些古希伯来文。但他从未想过有朝一日他不得不再学一门语言：英语，而且不是在别的地方，竟然是在中国。

然而，内战扩张到了俄国的远东地区，白军和红军都想争夺这一地区的控制权，本杰明再次打点好行装，于 1919 年离开海参崴前往哈尔滨。他先坐船到大连，然后又乘火车到哈尔滨。他的妹妹索尼娅两年前就到了那里，嫁给了一位药剂师。她的丈夫生意兴隆，他们的日子过得相当舒适。

19 世纪末的哈尔滨已经成了俄国的一个省级城市，那时俄国从中国获得割让的领土，修建了中东铁路，从哈尔滨一直通到旅顺的俄国海军基地。那里的铁路管理部门、维修商店和仓库雇用了数以千计的俄国工程师、建筑师和职员，并为他们提供免费住宿，其子女还可享受免费的教育。

本杰明初到哈尔滨时，这个城市的文化很繁荣，建有音乐厅、戏院和歌剧院，住在那里的俄国人有20万，其中包括远东地区最大的犹太人社区，人数达到15000人。很多犹太人为了躲避屠杀和内战，千方百计地离开"定居区"，经过长途跋涉来到哈尔滨，在那里他们可以购置土地，而他们的小孩也可以不受限制地进入俄语学校学习。

哈尔滨的文化氛围使本杰明有一种回家的感觉，他和妹妹索尼娅以及妹夫住在一起。虽然他完全有能力为哈尔滨最大的雇主中东铁路公司服务，结果却连一份翻译或者普通职员的全职工作都找不到，因为犹太人被禁止进入这家半官方的机构工作——当时掌管公司的是一群在苏维埃革命前后离开俄国的持反犹主义观点的白人。就在这时，本杰明收到朋友从上海寄来的一封信。朋友告诉他，上海目前正处于美国人、英国人和法国人的控制之下，是个非常西化的地方，他在那里肯定可以找到工作。这封信最终促使本杰明下决心离开哈尔滨，而且那时候，日本人与白俄（俄国内战中布尔什维克的政治对手）在中国东北地区的争端日益恶化，这一走正好可以远离这块是非之地。

1920年，本杰明先从哈尔滨坐火车到大连，然后乘船南下抵达了上海。他想把跟俄国和俄语有关的一切都抛诸脑后，希望到上海后在一家欧洲公司或者在由英国人和法国人掌管的租界当局找到一份翻译或职员的工作。到达上海后不久，本杰明就将他在沙皇俄国、内战以及布尔什维克时代的过去统统掩藏起来，将他的姓氏改用英语拼写，将出生地填为基希讷乌——一个位于罗马尼亚比萨拉比亚地区的城市。正因为隐藏了出生于俄国的事实，他日后将为此付出高昂的代价。

本杰明现在有了一个新的身份，名叫本杰明·威伦斯，自称来自罗马尼亚。从现在开始，他将面对上海这块异国的土地了。

第二章　苔丝的故事

与父亲不同，我的母亲苔丝很喜欢给我们讲她早年在西伯利亚的经历。她于 1902 年出生在新西伯利亚市，当时叫诺沃尼克拉夫斯克（Novonicolaevsk），革命后改称诺沃西博尔斯克（Novosibirsk）。这个地方原来并没有城镇，直到 1903 年沙皇亚历山大三世下令在鄂毕河上建一座桥，以便横穿西伯利亚中部的铁路通过，这条铁路最终与泛西伯利亚铁路相连一直通到海参崴的港口。从此，附近村庄的居民便开始从事与铁路相关的工作或者经营一些生意。正因为有了这条在莫斯科和海参崴之间运送货物的泛西伯利亚铁路，这个小镇的人口迅速增加到了两万人。在俄国的商业界，新西伯利亚市被誉为"北方的芝加哥"。

2003 年我来到新西伯利亚市的时候，这个俄国的第三大城市已经见不到母亲描述过的木头房子和当时她们全家外出乘坐的马车了。不过，距鄂毕河边的苔丝家不远，仍隐约可见 19 世纪末用红砖砌成的体积庞大的亚历山大·涅夫斯基大教堂，以及为纪念沙皇尼古拉斯二世而建的规模较小的尼古拉斯教堂。这两座教堂在革命风暴中幸免于难，至今仍矗立在那儿。

母亲经常提起她的童年往事，特别是她的祖父帕维尔·尤达列维奇——他是一个颇具宗教情怀的大家长，深受孙辈的敬畏。我的外曾祖父帕维尔于1820年出生在今天的白俄罗斯，18岁时应召入伍服了25年兵役。像其他服了这么久兵役的犹太老兵一样，他得到一纸退伍证明并获准居住在"定居区"外。帕维尔利用这一机会远离沙皇政府，定居在西伯利亚，避开了盛行于俄国欧洲地区的暴力反犹迫害。母亲总是自豪地告诉我，她爷爷在服役期间承受了巨大的压力，但仍坚持自己的信仰，没有皈依基督教。退役后，帕维尔在西伯利亚一个叫塔塔尔斯克的小镇申请到一处住宅，并在那里结婚，生了两个小孩，其中之一便是我的外祖母安娜。最终，帕维尔全家搬到了新建的诺沃尼克拉夫斯克。他在那儿开了一家面包店，那时小镇上的面包店还很少，因此他的生意相当好。

帕维尔的女儿安娜嫁给了塞缪尔·维诺库罗夫。塞缪尔来自立陶宛，他浪迹到诺沃尼克拉夫斯克，很可能是为了逃避被可怕的沙皇军队拉壮丁。塞缪尔和安娜养育了六个女儿（法尼娅、瑞贝卡、苔丝、薇拉、布莱尼娅和贝茜）和一个儿子鲍里斯，另外还有一对夭折的双胞胎。塞缪尔很快接管了面包房，他的孩子长大后，在夏天最忙的几个月也会给他当帮手。干完活后，孩子们会跑到附近的鄂毕火车站，观看从莫斯科和圣彼得堡远道而来的横穿西伯利亚的列车呼啸着驶进小镇。那些从车上下来的来自俄国欧洲地区的旅客大都衣着时尚，最能吸引这些小姑娘和她们同学的注意。然而，更让她们兴奋的，是向那些静坐在车窗边的大学生们挥手致意。那些年轻的男生们身穿高领衬衫，头戴与众不同的校帽，而女生们则穿着很普通的衣服。他们从来不下火车到站台上溜达，这一点让诺沃尼克拉夫斯克的孩子们多少感到困惑。他们哪里知道，这些年轻人都是被指控为革命党的政治犯，此刻正被送往西伯利亚郊外寒冷的集中营和矿场从事苦力劳动，从此将再也不能返回他们远在欧洲的故乡了。

虽然苔丝的祖父母、父母和兄弟姊妹们生活在反犹思想特别强烈的沙皇亚历山大三世和他的儿子尼古拉二世统治下，但他们并没有成为反犹法律和大杀戮的受害者。苔丝和她的兄弟姊妹们进入了当地的俄语学校，这在俄国的欧洲地区是不可能的。虽然苔丝的祖父母和父母在家都讲意第绪语，孩子们却跟他们说俄语。他们在学校里学的就是俄语，跟面包房的用人和帮工也是说俄语。诺沃尼克拉夫斯克的反犹运动更多地体现在口头上而不是行动上，因为那里的犹太人口大多数时候都不超过1000人，而且在一战期间因为被征兵的缘故更是减少到700人。不过，苔丝的弟弟鲍里斯却常常遭到同学的殴打，因为他是个个头矮小、身体虚弱的"犹太佬"。他的姐姐们却很少被骚扰，但是有一件事让苔丝印象特别深刻：她班上的一些男生知道犹太人不吃猪肉后，竟然故意往她的嘴上抹猪油。她报告了老师，从此再也没被骚扰过。

我的母亲还非常清楚地记得，当1918年一个老师告诉全班同学，沙皇尼古拉斯二世、他的妻子亚历山德拉和他们的五个孩子被布尔什维克处决于叶卡捷琳堡时，她和同学们都感到无比震惊。我曾坚持要母亲谈谈她怎么看沙皇和他那个对宗教走火入魔的妻子——他们两人都容许反犹法案的存在。母亲很直率地回答说，杀害皇室成员是一个错误，而屠杀孩子简直就是恐怖行为。

苔丝长大后，她的姐姐法尼娅和瑞贝卡结了婚，而一个名叫约瑟夫的大胆的水手正在追求长得最漂亮的布莱尼娅。约瑟夫警告苔丝的父母说，他们应该离开西伯利亚，因为眼下白军和红军正在为争夺泛西伯利亚铁路的控制权而打仗，从乌克兰到西伯利亚的犹太人正在面临白军的血腥屠杀。约瑟夫试图说服苔丝的父亲塞缪尔相信，在军队到来前他们必须离开诺沃尼克拉夫斯克。塞缪尔同意了。他听说了最近发生在西伯利亚比斯克的反犹事件，自然很害怕持反犹立场的白军到来，同时也害怕将"资产阶级"的生意和财产当作革命对象的红军到来。塞缪尔还担心一件事，那就是害怕他的六个女儿受到一群群军纪涣散的年轻士兵的伤害。可是，他发现很难说服妻子安娜放弃家园和生意，远离处于内战中的俄国本土，一直往东到达由俄国人控制的位于中国东北的哈尔滨。安娜害怕未知的世界，而且也不放心扔下97岁的老父亲帕维尔。结果，这个沙皇尼古拉斯一世的老兵留了下来，一直到 1924 年于 104 岁高龄去世，正好跟传奇性的革命家弗拉基米尔·伊里奇·列宁死于同一年。苔丝的姐姐法尼娅和丈夫也留了下来，从此音讯全无。

1918 年年中，塞缪尔贿赂了几名诺沃尼克拉夫斯克当地的政府官员，搞到几张火车票，登上了异常拥挤的泛西伯利亚列车，坐在木头座椅上，经过两天两夜的痛苦旅行，最终到了赤塔，他们要在那里转车前往中国东北。途中有好几次，四处抢掠的白军、布尔什维克士兵以及逃兵们将火车拦下，爬上车去寻找食物和钱财。当时控制西伯利亚的是哥萨克骑兵，他们杀了几个不让他们搜查行李的旅客，并把尸体扔到田里，以警告那些吓傻了的乘客。只要听到有人讲的俄语带有犹太口音，士兵们就会立刻指控他们藏匿了金银，然后将枪和军刀伸进他们的行李和包袱中搜查值钱的东西。像大多数旅客一样，塞缪尔和家人将钱和珠宝藏在衣服的衬里和褶边里。他卖了房子和面包房，买了些金项链、钻石和珍珠项链，幸亏那些士兵（有的至多只有 16 岁）没有发现。在赤塔，全家登上中东铁路的列车转往哈尔滨。穿越中国东北的漫长旅程并没有发生什么意外，因为内战和士兵已经被远远地抛在了俄罗斯。

到哈尔滨后，塞缪尔变卖了一些珠宝，用换得的钱一时冲动买了一所有几个房间的屋子，打算出租给源源不断从俄罗斯远东地区和西伯利亚逃出来的难民。但是，大多数难民都很穷，塞缪尔的生意很快就失败了。他不得不把更多的珠宝卖给那些革命前就已在哈尔滨定居的俄罗斯移民，但这种买卖往往很麻烦，因为买家总是不停地还价。这时候，塞缪尔遇到两个即将前往日本的小伙子，他们说服塞缪尔将剩下的珠宝给他们带到东京，以便卖个更好的价钱，他们承诺卖完了就会尽快返回，但从此再也没有回来。塞缪尔全家陷入了困境。他没有现金，因此无法做生意，他几乎不会写俄文，因此也找不到一个职员的工作，继续留在哈尔滨已经毫无意义。就在这时，他听说中国南方一个叫上海的城市已经成为逃避革命的俄罗斯难民的天堂。于是，他在1920年再次举家搬迁，从哈尔滨坐火车到达大连的港口，然后登上一艘开往上海的日本蒸汽轮船。

就在同一年，本杰明也乘船来到上海，他听说这个地方处于西方列强的管辖之下。不过，就像塞缪尔全家一样，本杰明对上海这座城市的历史、文化和居民完全一无所知。

第三章 "蛮夷"的入侵

　　1920年本杰明和苔丝到达上海时，这座城市的历史已经非常多姿多彩了。在18世纪和19世纪，除了葡萄牙人控制的澳门和中国人控制的广州，外国商人被禁止进入中国的其他地方。而在广州，外国人也只有在每年几个月的茶叶贸易季节才会获准居住在一块狭长的陆地上。中国人视西方人为"蛮夷"，称他们为"洋鬼子"。中国人被绝对禁止同西方人交往，除非通过官方许可的中间商——这些中间商叫作"行商"。因为欧洲对茶叶和香料的需求量很大，外国商人纷纷要求中国开放口岸，以便他们采购这些货物。可是，贸易不平衡的状况迅速增长，越来越多的银子从英国流向中国。船主和船长们因此决定向中国贩卖一种利润丰厚的商品，这就是来自英属印度的鸦片。

　　很多年来，英国商人一直无视中国对鸦片贸易的禁令。1839年道光皇帝派官员没收了广州仓库里的鸦片存货，将其销毁并禁止在那里继续从事这项买卖。为了报复，英国人于1840年向中国宣战，派出一支舰队夺取了上海。中国人投降了，在 1842 年签署了《南京条约》，规定五个茶叶贸易的港口（广州、厦门、福州、宁波和上海）将对外国商人开放，英国可以向每个港口城市派驻领事官员。此外，香港岛也被割让给英国。对英国人来说，此役最大的收获则是上海。这个黄浦江边的繁忙商业港口，靠近长江的出海口，通往大运河和太平洋的交通都很便利。不过，中英两国谈判时，并未明确说明将在上海划出一块地盘专供外国人居住，也未提及这五个通商口岸的非外交人员也可享有治外法权。这一点在随后的条约中才提到。

这场"鸦片战争"标志着中国受西方列强欺侮的开始。很快，法国和美国通过谈判也获得了和英国一样的权利和特权。随后，上海的英租界于 1845 年建成，法租界于 1849 年建成，美租界于 1854 年 2 月建成，后两个租界都与英租界毗邻。在租界内，这三个列强的公民都享有治外法权，这意味着如果他们被卷入民事

公共租界和法租界的徽章

或刑事纠纷，他们将接受本国法律的审判，而不受中国法律的干涉。后来，居住在虹口面积不大的美租界内的美国人于1863年决定和英国人合并，再加入其他渴望在上海占有租界的外国人，一起成立了国际租界（即公共租界）。法国人也受邀加入，他们一开始接受了邀请，但后来拒绝了，因为他们对盎格鲁－撒克逊民族、特别是英国人心存戒心——英国人在对华贸易中涉入很深，因此肯定要在联合租界中占有龙头地位。

于是，上海城里的法外之地就这么诞生了。在接下来的近百年里，这里三分之二的地盘由一个以英国人和美国人为主的国际机构掌管，另外三分之一控制在法国人手里，而上海的其他三个区——闸北、南市和虹口则由中国政府管辖，有时实际被军阀控制。

19世纪下半叶，这三个西方列强的主要目的是要扩张对华贸易。虽然《南京条约》并未开放鸦片贸易，但是在腐败的中国中间商和政府官员的帮助下，西方人仍继续向中国走私鸦片。载有一箱箱鸦片的船只从英属印度驶往上海，而美国商船则需远赴土耳其的士麦那（今天的伊兹密尔）进货，因为英国人害怕美国人与其竞争，因此不许他们从印度购买鸦片。随着市场需求的增加，外国商人和中国的中间商变得越来越富有，这项贸易一直无法禁止，直到1917年才被取缔。

随后发生的一系列事件进一步激怒了英国人，或者说激发了他们投机的欲望，最终导致了第二次鸦片战争的爆发。在某次冲突中，中国人登上一艘之前注册为英籍的轮船"亚罗"号。他们怀疑这艘船从事走私和海盗的活动，因此拘押了船上的中国籍船员。英国人认为，这一举动违反了《南京条约》，再加上后来有个法国传教士被杀害，结果英法组成一支联合舰队，于1858年驶往天津，胁迫中国做出更多让步，否则他们将进攻北京。中国被迫签订了屈辱的《天津条约》。但事实上，此后又爆发了几场战争，精美的圆明园也被焚毁，直到1860年列强才最终迫使中国履行其单方面的承诺。中国政府被迫偿付战争赔款，又开放了11个列强享有治外法权的通商口岸，将鸦片贸易合法化，允许天主教和新教的传教士在中国传教。另外，英国人命令中国人从此不许称外国人"蛮夷"。

到了20世纪初，十几个欧洲国家和日本也获得了在上海和其他通商口岸的治外法权。中华帝国正被列强宰割，而且由于战争赔款、内战以及内部的浪费与腐败，财政亦遭摧毁。至1911年清王朝被推翻，延续千年之久的帝国时代终至尾声，在长期流亡海外的孙中山的领导下，中国成为一个共和国。孙中山很快就将自己的临时大总统职位让于强势的袁世凯，因为他相信可以倚助袁世凯的军队实现中国的统一。结果却事与愿违，袁世凯自封为中国的新皇帝，由此引发一股反抗的浪潮。1916年袁世凯死后，好几个军阀争权夺利，中国从此深陷分裂之中。

当苔丝和本杰明到达上海时，这座城市的经济并未受到北方持续内战的影响。租界附近一旦出现冲突，列强当局就会宣布进入紧急状态，召集上海义勇队保卫租界的安全，义勇队由英语区的人率领，其成员则来自各个不同的国家。如果需要，他们还会得到驻守在市区的外国士兵、水手和海军的援助，那些停泊在黄浦江上的战舰也会派出小分队支援。

　　事实证明，上海的治外法权明显是针对中国人的政治和文化上的歧视。这些歧视先是来自西方人，后来又来自日本人。虽然本杰明和苔丝没有国籍，理应受中国法律的管辖，但因为他们是白种人，所以依然可以享受不平等条约赋予列强公民的大部分特权。

第四章　失败的革命

　　初到上海时，本杰明和苔丝对这座城市的第一印象很相似。他们被这里的肮脏、街道上没完没了的嘈杂声和刺鼻的怪味震惊了。他们惊讶地发现，贫穷可怜的乞丐穿着破衣烂衫，皮肤溃烂，看到外国人就讨要钱币，口里念道"No papa, no mama, no whiskey soda"（没有爸爸，没有妈妈，没有威士忌苏打水）——这些歌词肯定是他们从英国和美国的士兵、水手以及海军陆战队员那儿学来的。作为初来乍到、又没有国籍的俄国人，他们最迫切的任务当然是找份工作，这样才能自食其力。他们是在1921年失去国籍的，那一年俄国政府取消了所有在革命中及革命后不久即逃离"祖国"的俄国人的国籍。但是，对本杰明和苔丝这样的俄国犹太人来说，这是他们有生以来第一次得以摆脱持反犹立场的政权及其民众的压迫。在上海，反而是生活在自己国家里的中国人处于二等公民的地位。那些无国籍的难民居住在两个租界里，受到英国和法国警察的保护，一旦在生活上安定下来，就会像列强公民一样，对中国人通常抱以歧视的态度。

在最初的几年里，苔丝和她的父母以及四个姐妹租住在法租界的一座公寓里。老大在霞飞路（今淮海中路）的一间小店里当售货员，苔丝则在一个中国女人开的服装店里做裁缝。这家服装店的顾客大都是外国人，于是苔丝和她的姐妹们便开始向他们学习英文，同时也跟每天打交道的中国人学说洋泾浜英语。

与此同时，本杰明也在法租界找了个房间安顿下来，做了一名兼职的簿记员，同时负责将两个租界当局发布的商业规章从英文或法文翻译成俄文。本杰明拥有语言天赋，他很快就学会了说正规的英文——他非常强调使用正确的语法，所以不喜欢说洋泾浜英语。他发现，作为一个无国籍的俄国人，在上海很难得到外国人和中国人的尊重，因此当法国警察根据他的申报，将其国籍登记为罗马尼亚时，他感到松了一口气。不过，因为仪表整洁得体，本杰明经常被人误认为是法国人或英国人，这在等级观念盛行的上海是个非常重要的优势。

1924年6月一个闷热的晚上，苔丝和其他房客一起下楼用餐时，在人群中发现一个陌生人。当这个陌生人起身向她问候时，她一下子就被他英俊的外表打动了：浅褐色的头发，中间夹杂着少许白发，碧绿的眼睛，身材高大。虽然天气闷热而且潮湿，他还是穿了件熨烫平整的白色棉质西服，白衬衫，深色的领带，擦得锃亮的黑皮鞋，跟餐桌旁那些外表邋遢的男人反差巨大。此人是本杰明，举止文静，俄语也说得优雅得体，其他的年轻人则大声喧嚷，特别是房东太太的两个儿子——其实他们是互相较劲，都想吸引苔丝的注意。

本杰明看起来对苔丝也很着迷。苔丝身材娇小，只有 5 英尺 2 英寸，黑色的头发，褐色的眼睛，高颧骨，皮肤白皙，笑容温和。晚饭后，他邀请苔丝到法租界的顾家宅公园（今复兴公园）听免费音乐会。第二天早晨，苔丝打电话给一位要好的朋友，问她是否认识这位迷人的陌生人，朋友的回答听起来并不妙。她说，这个男人总是在上海的犹太人俱乐部里读各种各样的报纸，他既不是会员，也从不花钱，甚至连一杯咖啡也不买。朋友警告她离这个抠门的小子远点儿，这个家伙将来肯定是个非常糟糕的丈夫。但是，苔丝无视这些警告，认定本杰明正是她想要嫁的那个人。他们一同到俱乐部听免费音乐会，要是天气好的话，就一起到公共租界内的公共花园（今黄浦公园）和法租界内的顾家宅公园听当地的音乐家或军乐队的演奏。公园里有精心修剪的草坪，四周环绕着树木和花坛，为当地人提供了一处绿洲，得以躲避城市的肮脏和喧嚣。因此，当有一次他们听完古典音乐会，本杰明选择在这里向苔丝求婚时，苔丝并没有感到丝毫惊讶。

母亲告诉我说，要是中国人买票的话也可以进入顾家宅公园，但公共花园却不对中国人开放，除非他们在那里工作或者有外国人陪同，而那些照看小"洋鬼子"的"阿妈"们——特指中国的保姆——也可以进去。公共花园坐落在黄浦江和苏州河的交汇处，面朝英国领事馆，由公共租界工部局于 1868 年专为外国人兴建。到了 1917 年，花园里竖起一块牌子，标明这座私家花园只对外国人开放。这块牌子上说禁止狗和自行车入内，而且"严禁采花、攀树或毁坏树木、灌木和草地，乐队演奏期间，照看小孩的阿妈们不许占用座椅"。很显然，后一条禁令主要是针对吵闹的小孩而不是他们的阿妈，而且工部局的原意是想将乞丐们拒之门外，免得他们在公园里骚扰游客或在长椅上过夜。在我的追问之下，母亲补充说，她从未在任何一个公园见过任何一块牌子将"中国人"和"狗"相提并论——尽管中国的统治者以及很多中国和外国人反复提到这事。很多中国人的确无法进入这些建在他们自己国土上的公园，但"中国人与狗不得入内"的标志从未存在过。这样一个虚构的标语是作为宣传工具来证明殖民时代西方人的种族歧视。

本杰明·威伦斯和苔丝·威伦斯的结婚照

1924 年夏，一名来自华北的军阀企图将闸北（租界北面由中国管辖的地区）从另一个军阀手里夺过来，结果在上海附近引发了一场内战。双方的部队开始在公共租界的郊区交战，中国士兵进入闸北，抢掠住家和商店，威胁居民，吓得数千人逃往外国租界。租界当局宣布中立，但警告交战双方不得进入公共租界或法租界。法国和英国的士兵以及由多国平民组成的上海义勇队一起上街巡逻，全副武装的英法战舰以及日本的巡洋舰则停泊在外滩附近，展示着各自的实力。在外国人看来，只要不影响当地的经济，这些力量薄弱、组织松散的中国军队之间的拉锯战不过是些不值一提的小骚扰。据我父母回忆，它们所带来的唯一变化，就是乞丐和难民越来越多，在街边或蹲或躺着向行人讨要铜板。

租界附近的战争并没有影响本杰明和苔丝的结婚计划。他们于 1924 年 10 月结婚，婚礼由来自俄国的一名犹太牧师主持。婚礼后，一群朋友以及苔丝的亲戚们在家里参加了一个小型的招待会。新婚夫妇在霞飞大道租了一套很小的二居室，楼下是由两名俄罗斯女人经营的玩偶店。本杰明工作之余从事英语、法语、俄语和德语的翻译，苔丝则继续在服装店工作，同时也在家里缝制些衣服拿出去寄卖以挣些中国的银元——那时中国还是个银本位的国家，银元在流通中比各式各样的纸币和铜板更可靠。有了额外的收入，他们可以去听俄罗斯音乐家的演奏会，为新结识的朋友们购买生日礼物或纪念礼品。本杰明的妹妹索尼娅会定期从哈尔滨给他们邮寄包裹，邮寄物包括糖、蜂蜜、芝麻蜜糖、鱼子酱和果酱，冬天则会寄毛衣、手套、毯子，以帮助这对住在阴冷公寓里的小夫妻抵御寒冷。

本杰明和苔丝开始慢慢适应了上海的社交生活，但就像其他无国籍者一样，他们时常被突发的政治事件困扰。1924年11月，现代中国的"国父"孙中山访问上海。他对市政当局的官员说，所有居住在上海和其他通商口岸的外国人都是中国人民的"客人"，所有与治外法权相关的条约都应该废除。孙中山的观点自然令上海本地人高兴，但是他的声明并没有得到上海的外国居民的重视。这些外国居民背后有着列强的强硬支持，他们相信孙中山是受到布尔什维克顾问的影响才形成这样的观点。因为就在那一年，中国承认了新成立的苏维埃政权；作为回报，苏联放弃了它在中国的通商口岸以及在哈尔滨享有的治外法权。

蒋介石是孙中山的继承人和国民党的新领袖。苏联顾问鼓励他从军阀手里将闸北夺过来，然后统一全中国，并在全国范围内结束外国人享有治外法权这种不正常的局面。因此，孙中山于1925年去世后，英国和法国很担心蒋介石和他的共产党盟友将占领中国所有的租界，从而威胁到列强的经济利益和国际声望。

中国的大学生们开始抗议日本和英国的工厂主，控诉他们剥削中国的工人：工人拿着微薄的收入，却不得不在既危险又不卫生的环境里长时间地从事劳动。苔丝被这些抗议吓坏了。她看到大批的示威群众鼓动大家抑制日货和英货，并要求日本军队撤出中国东北。来自虹口、浦东和杨浦的数千名工人走上街头，还有学生参加。他们拉着巨大的标语，谴责日本和英国的帝国主义以及治外法权。

1925 年 5 月 30 日，一群学生和工人在公共租界南京路上的老闸捕房前示威。当时当值的唯一一名英国警官数次警告示威者离开，但并无效果，于是他便命令手下的中国和印度锡克族巡捕向示威者开枪，结果导致十几个人死亡，很多人受伤。在这次流血冲突后，5 万名学生罢课，举行了两天的示威，呼吁为被杀的无辜工人罢工和报仇。一周之内，上海被包围起来，来自各国守备部队和战舰的士兵和水手开始在城里巡逻，上海义勇队的队员也被召集起来待命。工人们拒绝回到工厂，商人们则因为害怕抢劫和骚乱关了店门。

整整一个星期，本杰明和苔丝没去上班，也没出公寓大门一步。上海的贸易陷入混乱。为了纪念老闸捕房的遇害者，学生们将自己的行动称作"五卅运动"。他们向外国当局递交了十七点要求，其中包括改善工人的待遇、英国和日本的战舰撤离外滩、公共租界工部局应增补中国代表等，而更重要的一条，则是终结屈辱而不公平的治外法权。抗议持续了数月，政治和经济压力与日俱增，但结果战舰依旧在那里，上海仍是一个外国人享有治外法权的城市。工人最终回到工厂，上海又恢复了平静。

就在这些事情接二连三发生的时候，苔丝发现自己怀孕了。此时，她最担心的是发生更多的骚乱，蒋介石的军队有可能占领上海并取得外国租界的控制权。英国、法国、美国及其他几个

25

国家已经做好准备，一旦需要就将侨民撤离到附近的战舰上，但本杰明、苔丝和所有失去国籍的俄国人却无处可逃。

1925年7月，本杰明收到妹妹索尼娅从哈尔滨发来的电报。看完电报后，他开始痛哭并且晕倒。电报说，六年前的1919年，哥萨克骑兵和白军在他们的家乡拉多梅什利发动了一场反犹运动，他的父亲和他的姐姐瑞贝卡在这场迫害中遇难了。不过，其他的家庭成员都幸免于难，因为他们提前离开家乡，转移到了高加索。当时俄国正值内战爆发，因此这些消息一直无法传递到国外。

从此以后，本杰明再也没有提过这桩伤心事。他隐藏起悲痛，尽量抹去和故乡有关的所有情感上的联系，将一切都掩饰在他的罗马尼亚国籍背后。

1925年9月苔丝在圣玛利亚医院产下一个女孩儿。这是家声誉极佳的教会医院，由法租界公董局资助，职员都是来自法国的医生和圣文生修会的修女。苔丝的医生叫勒内·圣泰利，是耶稣会创办的著名的震旦大学的医学教授。就在同一天，有十二个婴儿——包括法国人、葡萄牙人、意大利人和中国人——在那家医院出生和登记。法国的教会并没有在他们的医院和诊疗室里采取种族歧视的态度，只要付了钱，中国人也可以得到服务。此外，医院还为贫穷的中国人另设了一个简易门诊。

为了纪念在乌克兰遇害的本杰明的姐姐，本杰明和苔丝将他们的女儿也命名为瑞贝卡。新为人父母，他们很开心有了第一个孩子，温顺乖巧，长得肉乎乎的，一双碧绿的眼睛，还有一绺黑发，他们给她起了个俄语小名"瑞娃"。苔丝不知道该怎么照看新生儿，便决定雇用一个保姆。家里一下子多了一个小孩和一个保姆，本杰明开始竭尽全力地谋求一份全职工作。这个计划看起来似乎可以实现，因为上海的经济正在缓慢复苏。但是，1926年7月蒋介石的国民党军队从广州发动了北伐战争，这让本杰明心头一沉。在长江流域，蒋的士兵攻入了汉口和九江的英租界，地方上的人攻击并杀害了一些外国侨民。英国人表示抗议，但最终抵挡不住蒋的革命军，因此不得不放弃在这两个工业中心城市的治外法权。不仅如此，英国的商品所有通商口岸都遭到抵制，中国人的排外情绪与日俱增。

虽然身处多事之秋，1927年2月本杰明终于找到了一份全职工作，他被一家英国人开的 S. 贝尔和马修有限公司录用，职位是办公室总助理。这家公司并没有受到中国人抵制英货的影响，它仍然可以继续将蛋黄粉制品运往巴黎、汉堡和格拉斯哥（英国的一个城市）的分公司。在接下来的一个月里，据说蒋介石的军队已经沿长江而下向上海挺进，上海弥漫着一片战争的气氛。租界当局宣布进入紧急状态，3万名英国、法国、西班牙、意大利和日本的士兵从各自的战舰上登陆，负责保卫公共租界和法租界的安全。此外，1500名美国海军陆战队员也加入了这支国际部队。租界四周堆起沙袋，还围着带刺的铁丝，公交车和有轨电车停止运营，大型百货商场关门歇业，租界内实行军事管制和严格的宵禁制度。租界当局要求外国人尽量待在家里不要外出，避免和中国人发生口角，而且每个人最好准备一只行李箱以备随时撤离。不过，只有持外国护照的人才会收到这些通知。

本杰明和苔丝以及所有没有国籍的俄国人别无选择，只能一边等待一边祷告，祈求蒋介石的军队不要接管"外国人的上海"。虽然这些俄国人已经成为租界里的注册居民，但他们根本无法获得英国或法国的公民身份，因为上海只是一个聚居地而非殖民地。他们当中只有很少一些人成功申请到国际联盟的"南森护照"——有了这种"通行证"，他们可以前往任何愿意收留他们的国家并在那里定居。这些逃离了祖国的俄国人已经适应了上海的生活，因此不愿再迁徙。本杰明和苔丝只能自力更生了，而这时他们已经有了一个一岁大的小孩，第二个小孩还未出生，生活因此变得更为困难。

当蒋介石的部队向上海进军时，他的共产党盟友们已经渗透到工厂里，并发动了大规模的罢工以及工人和学生的游行示威。整个城市陷入停滞状态。本杰明和苔丝能够听到机枪的吼叫，闸北方向则浓烟滚滚。其实，他们和其他外国人大都不知道，蒋介石早已向列强和上海的富商们承诺，他将以和平的方式来解决治外法权的问题。蒋还告诉他们，他并不打算与共产党人分享权力。

蒋介石最终兑现了他的承诺。1927 年 4 月 12 日，他的士兵将枪口转向上海的共产党干部、学生和工人，在持续了两周的血腥屠杀中杀害了大约5000人。年轻的共产党活动家周恩来也差点儿未能逃脱。在那个后来被称为"白色恐怖"的时期，本杰明和苔丝没有逃避。苔丝最为关心的是她能否在圣玛利亚医院生产第二个小孩，因为万一蒋介石接管了租界，法国的医生和修女就会撤离上海。

蒋介石立场转变以及随后取得胜利，上海的外国人（特别是无国籍的俄国人）终于可以恢复正常的生活了。上海周围的战事已告结束，共产党人被大批处决，蒋介石似乎控制了局面并有能力统一全国，上海的局势也开始稳定下来了。

然而，对中国共产党人来说，1927年却是最黑暗的一年，他们在南方和西南地区遭遇了一系列的挫败。本杰明从8月5日的《字林西报》上得知蒋介石的敌人正在撤退后，感觉很高兴。他平时读报纸总是非常仔细的，可是那一天因为这个好消息，他连其他新闻都顾不上看了。

第五章 "中国人"的上海

1927年8月5日，苔丝的第二个孩子（也就是我）出生了。不过，分娩并不是在圣玛利亚医院——在4月国民党的血腥屠杀后，这家医院一直处于人手匮乏的状态，而是在霞飞路上我们家的公寓里。我出生几周后，母亲又雇了一个阿妈。我父母称她"老阿妈"，因为她有三十几岁，比一般用人的年龄略大些。她来自农村，长得又高又瘦，神情有点儿严肃，头发在脑后绾成一个髻，总是穿着整洁的阿妈"制服"：侧面开衩的白上衣，黑色的长布裤，脚上一双黑色的布鞋。上海的阿妈们通常都有自己的房间——当然，她们的房间不会位于房子的主体部分，而是在附属的仆人区域，通常都没有窗户。她们拿工资，并将其中一部分寄回老家。被雇为阿妈的好处，不仅是不用再在人行道上烧菜做饭、坐在矮凳子上扇煤炉，而且可以在自己住的地方使用肥皂和热水，这样她们就无须每天清晨提着大大的热水壶在拥挤的店外排队等着买开水了。如果一家只有一个阿妈，那她就得像骡马一样任劳任怨——她不仅要照看小孩，还要洗碗、洗衣服，有时还得帮着做饭。虽然阿妈薪水低廉，几个星期都没有一个休息天，但她们总是庆幸自己有个屋顶可以遮风避雨，而为外国人干活，工资也会高一些，并且通常不会像在中国富人家那样被男主人或女主人打耳光。

随着我慢慢长大，我和老阿妈已经变得形影不离了。她负责照料我们姐妹俩的一切（她叫我"丽丽"，叫我姐姐"丽娃"）。她喂我们吃饭，给我们洗澡，为我们穿上母亲买来的衣服——这时母亲已经不再自己缝衣服了。1927年年底，父亲被总部位于加拿大蒙特利尔的太阳人寿保险公司雇为销售代表，收入随之增加了许多。很快，我们家就搬到了巨籁达路（今巨鹿路）上一所大点儿的公寓里——那里有一小片地方都是供出租的房子。公寓里附带有用人住的地方，老阿妈因此也得到一间她自己的房间。我们家的社会地位正在上升，而老阿妈在她朋友眼中的地位也随之升高了。

老阿妈坚持给我们穿柔软的布鞋。她向母亲解释说，皮鞋对我们的脚"非常不好"，因为鞋带总是缠到一起，会让我们摔倒受伤。结果，因为穿了柔软的布鞋，我很轻松地就能跑过老阿妈——她的脚相对身高来说显得很窄，因此走起路来有点儿一颠一颠的。

我的姐姐瑞娃很乖，但只有5岁的我却经常让跟我一起在花园里玩的小伙伴们害怕，而且我还跟住在附近的小男孩打架，向大街上的中国小孩吐舌头。当我被父母呵斥或打屁股时，老阿妈总是出来维护我。为了劝母亲冷静下来，她会说："当丽丽小姐大了，她会像丽娃一样好的。"虽然我已经能说一点儿上海方言，老阿妈却总是对我说洋泾浜英语，因为她凭直觉知道，就像其他欧洲的家长一样，我父母并不愿意他们的小孩学中文。对外国人来说，学中文没什么用，因此中国的用人都必须学一点他们主人的语言，不管是洋泾浜英语、法语、俄语还是德语。

当我快 6 岁的时候，母亲开始允许我陪老阿妈上街买东西。我这才发现，在我生活的上海之外，还有另一个"中国人的上海"。那时，我又有了一个烦人的妹妹杰奎琳——这个爱哭闹的讨厌鬼是一年前进入我的生活的，能躲开她真是让我高兴。大家都叫这个小妹妹小杰，父母和他们的朋友给予她非常多的关照。他们不能确定这个小女孩像她母亲还是像她父亲，但都同意她不像她的两个姐姐。瑞娃长得像我父亲，性情也同他一样安静，我则生得像母亲，脾气也像，所以说我是个非常活泼的小孩。

在去菜场的路上，老阿妈和我要穿过几个非常贫穷的街区，在那里我们总能看到一个男人缓缓地推着一架很宽的木头车。他在大街小巷里进进出出，那里的廉价出租屋和破房子里住着中国人，他们没有冲水马桶，而这个男人就是负责收集这些人搁了一夜的马桶。一听到这个浦东人的声音，妇女们就争相把马桶拎出来，他则动作娴熟地将桶里的东西倒进几个固定在车上的大木头容器里。当容器都盛满后，他就盖上木头盖子，然后缓缓地推着

老阿妈和丽丽在顾家宅公园

超载的车子向附近的农村走去，在那里他会将早晨的收集物卖给农民作肥料。在非常闷湿的七八月里，气温逼近华氏一百度，这些车子散发出来的恶臭整个上午都不会散去。

在陪同老阿妈的这些小小旅行中，我总是看到她无休止地和卖米、面条、蔬菜和水果的小贩们讨价还价。她听到对方报价时的反应就像演戏一样，一边作势走开一边大声嚷嚷，说小贩简直是在抢钱，但很快她又会返回来继续还价。最终，叹了无数气之后，她才不情愿地同意买下事先已经挑好的东西，而当小贩称重时（秤上有一个铁盘，缀在一根杆子上，杆子上有一个可以移动的秤砣），她又会特别仔细地盯着。有一次去菜场的"短途旅行"中，老阿妈对我很来火。当时，我来不及告诉她我急着想"便便"，于是，就在她和菜场里的一个朋友聊天时，我蹲在路边拉了一裤子。其实，我的行为跟其他所有想"便便"的中国小孩没什么两样，但问题是我的裤子后面不像中国小孩穿的开裆裤那样有条裂开的缝。老阿妈看到后便开始哀叹，"太太会非常、非常生气"，还说"丽丽给我找麻烦啊，哎呀，哎呀"。每当看到有男人把墙当作露天厕所时，我那正经严肃的老阿妈总要使劲把我拽开，而我总是奇怪这些人为什么不像我们一样回家用自己的卫生间呢。在我看来，只有小孩子才有在公共场所大小便的权利！

我总是很期待跟老阿妈一起外出，因为我知道，每次她买了熟食（不管是肉还是鱼）或者油炸的面食，总会咬下一小块给我吃。露天小吃摊旁总是围着成群嗡嗡叫的苍蝇，看到那些小贩试图用扇炉子的草扇子拍苍蝇，我总是很佩服他们。有时候，要是老阿妈多带了几个铜板，她就会买一块在滋滋响的热油里炸过的豆腐，然后用嘴吹一吹递给我吃。她也会让我分享她的早餐，一块小小的大饼加油条，这两种油腻而且很烫的食物通常被包在撕下来的脏兮兮的报纸里。有时候，老阿妈会更大方地买来金字塔状的粽子给我吃，里面塞满黏黏的米，包在粽叶里，我总是嚼得津津有味。我有时也会缠着她给我买甜点，她拗不过我时，便会给我买麻团。我还特别喜欢中国的中秋节，因为老阿妈总要给我买一只豆沙包。她知道，跟我们家喝下午茶时吃的蛋糕和糖果比起来，我其实更喜欢豆沙包。

　　老阿妈在我身上花的这些铜板是无法报账的，因为父亲不会

阿妈和孩子们参加生日聚会

35

允许她给我吃这些不卫生的食物。我当然不会告诉妈妈在外面吃了这么多违禁的美食，要不然我就会失去跟老阿妈外出"旅行"的机会了。我在菜场里吃的东西比在家里吃的猪肉、鸡肉、土豆、蔬菜和汤要美味得多，而且在家里吃饭总有很多规矩，像细嚼慢咽、用餐巾擦嘴什么的。正因为我和老阿妈一直对我父母保守了这个秘密，我的中餐品位可能也因此得到了提升。

每次我站在街上吃东西，总有一群要饭的小孩围着我看，这时老阿妈就会上前把他们撵走。我冲他们喊"走开，走开"，却一点儿也没想到他们这么做是因为饥饿。我认为他们盯着看我吃东西很愚蠢，而且很好奇为什么他们的妈妈不给他们买吃的。他们的围观让我很恼火，有时他们还会用上海话骂我，我就用同样的话骂回去。其实那些中国小孩骂我的话——"洋鬼子""大鼻头"——并不让我反感，因为我已经意识到身为白种人，我比他们要高一等。从非常小的时候开始，我和我的朋友们就瞧不起中国人。在我们眼里，他们的主要功能就是为我们和其他外国人服务。那时我还不知道，我的行为跟种族殖民主义者在世界其他地方的行径其实并无区别。

每逢初春或秋季，一旦空气里有点凉意，老阿妈就会在小贩的手推车或者流动小食摊前停住脚步，买一些热乎乎的炒栗子或者豆腐脑吃。我们咕嘟咕嘟地用同一只碗和勺来喝豆腐脑——小贩们通常只用混浊的水清洗这些餐具，然后用搭在袖子上的破布抹干。老阿妈会问我："丽丽，想吃吗？"我总是回答："想吃更多。"慢慢地，老阿妈开始学会越来越多的洋泾浜英语单词，而我也从周围人的对话以及顽童们骂我的话里学会了更多中文词汇。每当他们瞪着我低声说"外国人瘪三"，我会立即反击道"中国人瘪三"。其实我并不知道"瘪三"什么意思，但肯定是个坏词，因为老阿妈总是不让我说这个词，可是我却很享受说这些禁用词。在家里，我只记得爸爸生气的时候骂过俄语"svinya"（猪），而且我父母禁止我们用"中国佬"（Chinks）或者"日本佬"（Japs）这样的字眼。他们肯定认为，这些侮辱亚洲人的词听起来就像他们从小在沙皇俄国听到的"Yid"（犹太佬）一样刺耳。

在等待老阿妈结束跟小贩们讨价还价的"争吵"时，我经常会观察街边的烟民，看他们将人行道上或水沟里的烟蒂捡起来做成香烟。他们的眼睛死死盯着地面，走路时手里拿着根长长的棍子，棍子顶端有一节铁丝。他们会熟练地将铁丝插进被丢弃在地上的许多烟蒂里，然后将这些烟蒂随手塞进腰间的布口袋。袋子快装满时，他们就蹲在路边，小心翼翼地将残存的烟丝从又湿又软的烟蒂里抠出来，再用舌头舔湿一张薄纸，用它包住烟丝，卷成一根新的香烟，然后就那么蹲着等待顾客上门。虽然他们的顾客每次只买得起一根烟，但一天下来，这些颇有生意头脑的人肯定可以赚不少铜板，而且还不需要支付任何成本。

我在菜场上也学会了当地人的习惯：往地上吐瓜子壳，狼吞虎咽地吃完饭后打个响亮的饱嗝，以及冲着要钱的小孩大声吼叫。这些小孩对我的白皮肤、棕色头发和浅褐色的眼睛似乎很感兴趣，而且总是指着我的圆眼镜咯咯地笑——我从八岁开始就戴眼镜了。他们和菜场上那些不识字的大人们可能以为我会像成年人一样读书写字，因为在他们的世界里，只有受过教育的人才戴眼镜。菜场上恰好有这么一个人，他长驻街边代人写信，非常受人尊敬。他坐在一张可以折叠的小竹桌子前面，桌上铺着薄纸、信封和一方小砚台，他优雅地将毛笔在砚台里蘸一蘸，然后开始为顾客写信。他看起来就像个学者，穿着黑长衫，光头上戴着一顶黑色的瓜皮帽，帽顶上缀了一颗红色的玻璃珠。他还戴了一副角质眼镜，但我不确定他是因为看不清需要戴眼镜，还是仅仅为了让顾客记住他的形象。老阿妈不会读书写字，所以她有好几次去找这个代写书信的人，付给他钱，给她远在"宁波乡下"的亲戚写些短信。可是，在我那个小小的世界里，总觉得老阿妈就是孤身一人，她的存在就是为了满足我的各种需求，而我和父母也从未问过任何有关她个人或者家庭的问题。

菜场上总是地面肮脏，气味难闻，而且特别吵，但我自然而然地已经习惯了这样的环境。毕竟，中国人不就是这样生活在"他们的"上海吗？我遇到的大多数人都穿着脏衣服，瘦削的乞丐更是破衣烂衫。但我好奇的是，为什么那些衣着较好的中国男人总是穿长衫，女人则穿长裤和短上衣？为什么中国男人不像我父亲一样穿西服打领带，而中国女人的衣服也跟我母亲和她的朋友们穿的不一样呢？我还发现中国人喜欢大声说话，常常喊叫（但他们说的并不是洋泾浜英语），在大街上随地吐痰和擤鼻子。

我曾试着像身边的中国人那样擤鼻子，用一根手指压住一边的鼻孔，然后使劲将鼻涕喷得很远，有时候一不留神就会喷到另一个行人的衣服上。一旦这样的事情发生，被喷到的人就会冒出一连串脏话，而"发射鼻涕"的那位则会回敬说"王八蛋"不该挡着他的道。虽然老阿妈不让我模仿，但我总是很爱看这样的争吵。

在离开菜场前，我常拉着老阿妈去五颜六色的花鸟区，看那些关在精美的大木头笼子里的鸟儿，还有养在小木笼里唧唧叫的蚱蜢。我会蹲在鸟跟前，伸一根手指头到笼子里，小心翼翼地摸它们的毛。当小贩坚持要老阿妈给她自己或者洋雇主买一只鸟时，老阿妈就会把我拉走。我很想带只鸟回家，可老阿妈知道，如果她向我妥协，结果只会让我父亲生气，让我母亲抓狂，因为他们不喜欢在家里养狗养鸟，甚至连一缸金鱼也不要，而且狗会让妈妈想起诺沃尼克拉夫斯克冬夜里嚎叫的狼。

很快，我就对大街上的嘈杂声充耳不闻了——不绝于耳的汽车喇叭声和自行车铃声，街边小贩大声的咒骂和尖锐的喊叫，他们为了吸引顾客用竹板敲击出的噼噼啪啪声，以及菜场前的商店里传出的噼里啪啦的算盘声。不仅如此，我对马路上几近饿死的大人小孩也可以做到视而不见——他们躺的地方离法租界里我们那个舒适安全的家并不远。我已经把这些乞丐视为中国人生活中不可或缺的一部分。外国人和有钱的中国人通常都无视乞丐的呼救，但也有人不时向他们搁在人行道上的空碗或者锡制的杯子里扔几个铜板。这些乞丐大都濒于饿死的边缘，而带着孩子的妈妈们更是可怜，那些骨瘦如柴的小孩仍渴望从妈妈干瘪的胸部吮吸乳汁。

跟着老阿妈在各种小摊贩间走来走去后，我终于觉得累了，这时我们就会坐黄包车回家。在选定一辆车之前，老阿妈先得跟拉车的苦力讨价还价，双方都会大声地说些气话，有些话我也能听懂。苦力对老阿妈说，既然你替"洋鬼子"干活，车费就不能少给，而且应该多付些，但老阿妈不为所动，最终，苦力因为急于拉生意只好妥协。每到下雨天，苦力就放下布篷罩着我们，而他们自己只披件薄薄的油布。很多中国人和外国人都有私人包车，这些车看上去非常醒目，因为车夫都穿着干净的上衣和裤子，而车厢两边各有一盏明晃晃的黄铜油灯。

在我们家住的公寓大楼入口附近的大街上，我总能看到黄包车夫蹲在路边，耐心等候外国人的出现。每当发现一个潜在的顾客，他们就会像饿虎扑食一样跑上前去。因为中文水平有限，外国人通常无法跟车夫长篇大论地讨价还价，因此他们总要比中国顾客付得多，或者要多少就付多少——这么做或许也是因为怜悯这些瘦削的车夫。总体而言，上海的中国人无论男女大都身材苗条，而外国人则比他们重得多。有时候，缺乏耐心的乘客（特别是喝醉酒的外国士兵）会把脚搁在苦力的背上，催他们跑快些。

黄包车夫的工作异常辛苦。因为整天都在跑路，他们的腿上青筋突出。夏天，他们要在烫脚的碎石路面上一直跑到深夜，冬天则要穿着薄薄的草鞋在潮湿的路上奔波。即便如此，他们仍几乎无法维持生计，因为他们必须把微薄收入的一部分上缴车行的老板，同时还得非常小心，不能违反任何交通规则。一旦违反了，交通警察——在法租界是矮小的安南或东京(指越南的东京)巡捕，在公共租界则是身材高大的印度锡克族巡捕——就会拿走车上的坐垫，并用警棍敲打他们。对车夫而言，失去坐垫就意味着无法做生意，除非他给那些折磨他的人一些铜板，这样才能当场取回坐垫。租界内的中国警察对黄包车夫也好不到哪儿去。

当我长到十几岁的时候，我也成了和黄包车夫砍价的高手，但我从来没有想过，我拒绝额外付出的那几个铜板，他们原本可以用来多买些蔬菜，或者给碗里增加几块豆腐。我的父母和他们的朋友很少叫计程车(例如福特车行的棕褐色的福特车，或者约翰逊车行的浅绿色的雪佛莱)，因为在上海那些交通拥挤、有时还淹满水的街道上，黄包车经常跑得比汽车快。

有时候，母亲会让老阿妈带我们去看红极一时的秀兰·邓波儿(Shirley Temple)以及劳莱(Laurel)和哈台(Hardy)主演的电影，对老阿妈来说，这是个难得的放松机会。出门前，我和姐姐总要盛装打扮一番：身穿款式一致的镶着褶边的衣服，头发上别着彩色的大蝴蝶结，脚上穿着黑色的漆皮鞋和白袜子。电影院里有钱人家的中国小孩总会盯着我们看——在他们眼里，我们长着五颜六色的头发和眼睛，看起来肯定很奇怪。如果他们盯着我的眼睛看得太久，我就会对他们瞪眼睛、吐舌头。电影开始前，瑞娃和我总是猛吃爆米花、糖果、惹人流口水的爱斯基摩馅饼和裹着巧克力的冰激凌——当然，冰激凌总是不可避免地滴到衣服上，惹得老阿妈一连声地叹气。老阿妈多少也能领会这些电影的主旨，因为她总是提醒我们要"像秀兰一样"，而不要学秀兰的对头简·维瑟（Jane Withers）。其实，我对秀兰的乖巧举止毫无兴趣，却很希望自己也有像她一样的酒窝和卷发。老阿妈很喜欢劳莱和哈台的电影，因为她能看懂故事情节，看到不停打闹的场面时，也跟我们一起哈哈大笑。

有好几次，我跟我们家的厨师小王去附近的菜场买蔬菜、水果和米，但从来不买鸡和猪肉，因为父亲坚持说我们必须在家里多少保留点犹太教的规矩，这意味着我的母亲——而不是小王——必须亲自去一家特定的食品店，那里有一个犹太牧师专门监管对鸡肉和猪肉的清洗。和小王去菜场，感觉要更轻松，但不怎么好玩，因为和立场坚定的老阿妈不同，小王跟街边的小贩或店主们砍价时从不争吵。有那么几次，我等小王在一个流动理发摊上理发。那个理发师把做生意所需的所有家当都挑在肩上：一张给顾客坐的高高的折叠椅，一只面盆、一只热水瓶、一条用来清洁顾客脸和脖子的毛巾、一面拿在手里的镜子，还有一块用来磨剪刀和剔刀的皮条。只要多付一点点钱，理发师就会用一根一头带棉球的长棒为顾客清洁耳朵，并骄傲地向顾客展示挖出了多少耳屎，以此证明自己技艺精湛。小王每次理完发都很满意，总是不停地对理发师表示感谢，连声说"好啊，好啊"，并按理发师一开始索要的价格付钱，从来都不还价。

从菜场回到家后，小王会用热水清洗苹果、杏子、梨子和葡萄，并在水里混入紫色的高锰酸钾溶液以保证将它们彻底洗干净。他用同样的方法清洗蔬菜，因为所有蔬菜都在乡下被施以粪便等肥料。自来水也不能直接饮用，因为氯气味道很重，需要烧开后放在冰箱里凉下来才能喝。

小王家在中国人管辖的南市区，他和妻子住在一起。我父母办晚宴请客时，他妻子有时也会来给他打下手。她的一只眼睛竟然是奶白色的，这一点让我感觉特别有意思——我注意到不少中国的成年人眼睛都有这种现象。我去小王家参观过，那次是他们夫妻俩邀请我和瑞娃去他们家吃午饭。老阿妈警告我们说，南市是一个"非常非常脏"的地方，"我不喜欢"——她长期住在法租界我们家的用人房里，等级观念也因此变得很严重。在小王家，我惊奇地发现，他们夫妻俩住的小房子在一条窄窄的弄堂里，没有窗户，没有厕所，也没有厨房用具，用一只可以搬动的小炉子来做饭。我这才意识到，在我们家小王可以使用他自己家里没有的所有便利设施：瓦斯炉、冰箱、冲水厕所，还能享受周围整洁安静的环境。他们夫妻俩可能有小孩，但我们从没打听过。

在我母亲看来，老阿妈和小王似乎亲戚众多（其中至少有一些是妈妈想象出来的）。虽然不大情愿，但母亲还是经常允许他们请一两天假，回宁波乡下探望突然生病或者结婚的亲友。我父母对他们都挺好。小王的责任是为我们准备一日三餐，其他时间都可以休息；老阿妈则负责照料三个女孩（我敢肯定她最喜欢的是我），等我们去学校后，她就可以出门走访她附近的朋友了。

第六章　帝国主义寄生虫

虽然我和家人都没有国籍，但身为白种人，我们仍然可以享受治外法权下的种种特权。20世纪30年代来上海的外国人越来越多，他们有的是来做生意，有的是来冒险，有的则是为了逃避本国的动荡。当时，在上海的两个外国人聚居区以及由中国人管辖的三个区内，大约生活着4万名外国人和300万中国人。

上海的外国居民都是些什么人呢？

公共租界比法租界大得多，从苏州河一直延伸到北边的虹口，那里的居民大多数是中国人和贫穷的外国人。两个租界以福煦路（Avenue Foch，今延安中路）和爱多亚路（Avenue Edward VII，今延安东路）作为分界线。

法租界的街道大都以法国的名人和战争英雄命名，如以一战中的三位元帅命名的福煦路、霞飞路（Avenue Joffre，今淮海中路）和贝当路（Avenue Pétain，今衡山路），也有以著名作家命名的，如高乃依路（Rue Corneille，今皋兰路）和莫利爱

丽丽、瑞娃和父母在顾家宅公园

路（Rue Molière，今香山路）。在公共租界，盎格鲁－撒克逊
的统治者则显示了对中国人的某种尊重，用中国的省市来命名大
多数街道，如广东路、河南路、南京路、苏州路、四川路等等，
同时也有部分街道以英国的人名命名，如忆定盘路（Edinburgh
Road，今江苏路）、爱多亚路、开士威克路（Keswick Road，今
凯旋路）、罗别根路（Rubicon Road，今哈密路）和同孚路（Yates
Road，今石门一路）。法租界矗立着很多十到十五层高的公寓大
楼。它们都由著名的法国建筑师设计，并以法国的省来命名，如培
恩公寓（Beam Apartments，今培文公寓）、道斐南公寓（Dauphine
Apartments，又名法国太子公寓，今建国公寓）、盖司康公寓

(Gascogne Apartments，今淮海公寓)、诺曼底公寓 (Normandie Apartments，今武康大楼) 和毕卡第公寓 (Picardie Apartments，今衡山宾馆)。这些迷人的住宅楼与主干道上的大百货公司以及外滩边 (今中山东一路) 灰色的写字楼、银行和旅馆形成了鲜明的对比 (外滩 Bund 一词来源于殖民时代的印度，意为堤岸)。法租界的生机和声望都是公共租界所不具备的。

从一个租界到另一个租界，乘客得在法国人经营的有轨电车和街车与英国人经营的电车及双层巴士之间换乘，并需另付车资。幸运的是，法租界当局并未采用右行制，因此两个租界都保留了早期由英国人确立的左行制。法租界使用 110 伏电压，英国人则用 220 伏，如果从一个租界搬到另一个租界，则需置办一套新的电器设备或者使用电压转换器。

公共租界的治安主要由来自英国及其广大殖民地的英裔警官掌管，辅以中国的交通警察以及身材高大、蓄着长须的印度锡克族人——他们缠着鲜红的头巾，因此被中国人贬称为"红头阿三"。这些警察不停地挥舞着胳膊，冲那些行动迟缓的马车、手推车、黄包车夫以及骑自行车的人大喊大叫，对乱穿马路的中国行人动辄警棍相加。法租界的治安则由身着卡其布制服、头戴法式军帽 (一种有帽檐和圆形平顶的深蓝色军帽) 的法裔警官及其雇员维持。这些雇员大都随法国殖民军从法属印度支那的安南和东京等地来到上海。他们通常身材矮小，牙齿因咀嚼槟榔而被染黑，头戴独特的圆锥形草帽，负责指挥交通或守卫法国兵营及军事设施。这些冷漠的印度支那人很少殴打中国行人，但和锡克族警察一样，他们总是对那些不及时躲避汽车的行人高声呵斥——在社会等级分明的上海，这些英国和法国法律的维护者也因此享有了一丝权力感。

在两个租界的警察队伍中，都有中国人被雇作普通警员和翻译，还有一些白俄充任低级探员。法国人喜欢雇用那些当过警官或在印度支那和其他殖民地服过役的退伍军人，部分法国警官毕业于颇有声望的圣西尔军校，更多的则是冲着海外肥缺来的科西嘉人。这些欧洲警察的制服跟他们本国的样式十分相似，因此在各自的租界内营造出一种准英式和准法式的氛围。

租界警察的主要任务是维持城里的社会秩序，并在各自陆军和海军的支援下抵御外部（尤其是中国和日本）的军事干扰。公共租界有八个巡捕房，法租界有六个。这些外国警察不仅为本国公民及享有治外法权的其他外国人提供安全保证，同时也庇护了中国的政客、毒枭、罪犯和黑帮，使他们得以逃避中国政府的缉捕——这些人通常需要向外国警官支付高昂的保护费。这种情形在法租界尤甚。

本杰明和苔丝来上海十年后，上海的外国侨民人数上升到约6万人。他们来自53个国家，但很少有人会说上海方言，或者有意了解中国的文明、历史、文学和艺术。中国和中国人与他们基本无关，他们只想在中国快速增长的经济中分一杯羹，并由此过上非常舒适的生活。对大多数外国人来说，日常接触的中国人仅局限于他们的用人（这些用人很快便能学会洋泾浜英语）、公司里的翻译和职员以及乡村俱乐部的服务生。那些商业领袖（即广东话中的"大班"，大老板的意思）在与受过教育的上层社会的中国商人洽谈业务时只讲英语。在回力球馆、法租界的跑狗场以及公共租界的跑马厅里，中国人和外国人一起下赌注，并一起冲着西班牙的巴斯克球员、狂奔的狗和马儿们大呼小叫，但除了这些个别的场合，迥异的两种文化像一道无形的墙阻隔在外国人和中国人之间，令他们相互鄙视。一方是对任何中国事务都缺乏兴趣和同情心的外国人，另一方则是对占据了自己国家的"洋鬼子"心怀怨恨的排外的中国人。

在中国人眼里，美国人、英国人、法国人都住在漂亮的屋子和大厦里，仆人众多，坐着各式各样的汽车——美国的别克、雪佛莱、道奇、福特和帕卡德（Packard），英国的奥斯汀（Austin）、小莫里斯（Morris Minor）和劳斯莱斯，法国的雪铁龙、雷诺和标致，由司机送他们去上班或参加社交活动。这些西方人喜欢频繁出入于各自的俱乐部：美国人常去哥伦比亚乡村俱乐部（Columbia Country Club），英国的大班喜欢去只为男性服务的上海俱乐部（Shanghai Club，那里以长长的吧台出名），法国人则去法国总会（Cercle Sportif Français，今花园饭店）。他们在俱乐部里打扑克、麻将、网球、高尔夫，在室内和露天泳池里游泳，喝着开胃酒、葡萄酒、威士忌和杜松子酒。英国的俱乐部还会定期举办马球比赛。他们在英国人经营的别发书店（Kelly &

Walsh）购买最新的小说，阅读的报纸则有英国人发行的《字林西报》(*North China Daily News*)、《上海泰晤士报》(*Shanghai Times*) 和《北华捷报》(*North China Herald*)，美国人发行的《大美晚报》(*Shanghai Evening Post and Mercury*) 和《密勒氏评论报》(*The China Weekly Review*)，以及法国人发行的《上海日报》(*Le Journal de Shanghai*)。一到夏天，他们便去莫干山、北戴河、青岛、威海卫或者日本的广岛、长崎和神户度假，每隔几年回自己的国家休一次长假。不过，每次回国后他们总是迫不及待地期待尽早返回舒适的上海，因为在欧洲或者美国，他们是无法享受用人的伺候并跻身于社会精英阶层的。在捍卫本国传统时，这些西方人通常都姿态强硬、各不相让，但在抱怨中国人的懒惰以及没完没了的内战时，他们却又总是腔调一致。

在 20 世纪 30 年代，大约有一万名英国人、五千名美国人和一千五百名法国人居住在两个租界内。每逢周日他们便到各自的教堂参加宗教活动。女士们穿上她们最好的衣服，秋天和冬天还戴着帽子、手套和毛皮围巾，男士们则会在不同的季节穿上亚麻面料或者深色羊毛料的西服。宗教礼拜的场所有很多，如美国卫理公会的慕尔堂 (Moore Memorial Church) 和位于上海美童公学对面的国际礼拜堂 (Community Church)、英国的圣三一堂 (Holy Trinity Cathedral)、法国的圣若瑟堂 (St. Joseph Cathedral) 和圣伯多禄堂 (St. Pierre Church) 等等。每逢圣诞节和复活节，来教堂的人便特别多，其中很大一部分是妇女和儿童。

公共租界的行政管理由选举产生的工部局负责。这个市政委员会由英国人和美国人组成，但事实上英国人掌握了更多的权力，因为他们的商业资产比美国人的多。英国人在黄浦江对岸的浦东建有银行、纺织厂、烟厂和仓库，在虹口的杨树浦建有上海电气公司，他们还经营着当地的交通系统、庞大的运输和贸易公司。美国人也从事银行、保险和进出口业务，但规模没有英国人大。他们在美孚石油和德士古公司占有大量股份，并经营着一家合资的英美烟草公司。

因为有共同的语言和相似的盎格鲁－撒克逊文化，英国人和美国人多有交际，法国人则只跟自己人来往。虽然英文是外国人在上海以及中国其他各处通商口岸的通用语言，但法国人对学习英文并没有多少兴趣。他们更愿意待在自己的俱乐部和家里，并送他们的小孩去法语学校。与英国人和美国人相比，法国的企业家和商人人数有限。在法国总领事的牵头下，他们经营着几处非常重要的实业，如法商电车电灯公司（下辖巴士、有轨电车、无轨电车等业务，以及一个向法租界供电的小型电力公司）、东方汇理银行（Banque de l'Indochine）和法国邮船公司（Messageries Maritimes）等。

在外人看来，一切财富、地位和声望都向着美、英、法这三个列强的公民汇集。他们处于经济和社会等级的顶端，洋洋自得于强取豪夺来的特殊地位，对少数从其他国家来的凡夫俗子们根本不屑一顾，而无国籍者和来自欧亚大陆的移民在他们眼里就更没有地位了——后者在上海被蔑称为"混血儿"（half-caste）。年轻的英国员工在踏足上海之初即受到警告不要和亚洲女性结婚，否则将被解雇。虽然仍有外国的军人和平民与中国妇女同居，但和她们结婚却不为社会接受，他们与中国妇女非婚生的子女也属于"混血儿"，因此常被抛弃，但这种现象却被视为很正常。

初到上海的头几年，本杰明和苔丝并没有遇到语言的障碍，因为他们在日常生活中只需要说俄语就可以了。上海当地大约有一万人说俄语，这些人为逃离俄国的内战，来到异国他乡的上海寻求平静的生活。他们当中有数千犹太人，大都像本杰明和苔丝一样是在布尔什维克革命时期离开俄国的。但那些早期的移民，有些是为了逃避 20 世纪初西伯利亚的屠杀，有些则是 1905 年俄国被日本打败后困陷于中国东北的犹太士兵和水手，他们最终也流落到了上海。这些犹太难民很快便设法在法租界打开了局面：他们的小杂货铺、面包房和男子服装店成了俄国人和其他外国人频繁光顾的地方，有些男人甚至在英国和美国的公司里当上了会计，女人则成为售货员，或者在家庭作坊里干活。只有为数很少的人（如赤贫的白俄妇女）才会逡巡于街道或酒馆中卖淫。到了 20 世纪 30 年代中期，犹太社区的人数增长到约 6000 人，这主要是因为日本人入侵哈尔滨，致使那里的俄国人大批撤离到上海。上海的犹太人建立了两座东正教教堂和一所专门收容年老贫困的犹太人的养老院。他们几乎从未受到反犹主义的祸害，因为尽管反犹主义的情绪在基督教社区（特别是在斯拉夫人中）很流行，但中国的普通民众对犹太人以及他们的宗教和文化却知之甚少。

最开始，俄国的犹太难民得到了相同信仰者的帮助，特别是得到了早在鸦片战争后就从英属印度和奥斯曼帝国控制下的亚丁、伊拉克、波斯和也门来到上海的塞法迪犹太人的帮助。[1] 他们中很多人——如沙逊（Sassoon）、哈同（Hardoon）、卡杜里（Kadoory）、埃兹拉（Ezra）和亚伯拉罕（Abraham）等家族——在19世纪下半叶就已经通过对华贸易（特别是从印度向中国贩卖鸦片）变得极为富有。20世纪初英国人禁止鸦片贸易后，他们转而投资房地产，在公共租界内的商业干道——如南京路（今南京东路）、涌泉路（Bubbling Well Road，又称静安寺路，今南京西路）和外滩——兴建了大批写字楼和旅馆。外滩的堤防沿黄浦江从公共租界一直延伸到法租界一处叫作"法兰西外滩"（Quai de France）的地方——其实那里只有一片建于低洼地带的毫无特色的房子。这些塞法迪犹太人受到外国人和中国人的普遍尊敬，因为他们不仅富有，还从事慈善，帮助中国的孤儿和那些从俄国人屠刀下幸存下来的犹太人，以及为逃避布尔什维克革

---

[1] 塞法迪犹太人（Sephardic Jews）是犹太人的一个分支，其祖先长期生活在阿拉伯人统治下的西班牙和葡萄牙。15世纪末，基督教重新在西班牙占据统治地位后，西班牙国王下令将所有不愿改变信仰的犹太人驱逐出西班牙和葡萄牙。这些被驱逐的犹太人和他们的后代被称为"塞法迪犹太人"，"塞法迪"即希伯来语对西班牙的称呼。

命来到上海的难民。除了给予初到上海的俄裔犹太人物质上的帮助，塞法迪犹太人还为难民的孩子们创办了一所小学和中学，称为上海犹太学校（Shanghai Jewish School）。学生们可以在那里学习英文，课程的设置也跟英国的学校差不多。

虽然这些来自巴格达的塞法迪犹太人（Baghdadi Sephardim）帮助了来自俄国的阿什肯纳兹犹太人（Ashkenazi Jews）[1]，但因为经济、文化和语言的不同，他们在社交上却很少来往。塞法迪犹太人说英语，他们发行的《以色列信使报》(*Israel's Messenger*) 就是份英文报纸，但老一辈的人在家里也会说拉地诺语（Ladino，一种西班牙犹太人的方言）或者犹太－阿拉伯语（Judeo-Arabic，定居在阿拉伯国家的犹太人所说的方言），而俄国的阿什肯纳兹犹太人初到上海时只会说俄语和意第绪语。他们虽然信仰相同，但在教堂里举行的仪式却不尽相同，位于虹口区的四大犹太公墓之一的倍开尔路（Baikal Road，今惠民路）公墓因此会为他们分别举行葬礼。因为二者的生活方式、社会地位和财富状况差异极大，他们很少通婚。这种状况一直持续到20世纪30年代中期才有所改变，那时俄裔犹太人已经上升到了中产阶级，并能和塞法迪犹太人用英文交流。很多塞法迪犹太人肤色较深，看上去就像阿拉伯人，这让刚到上海的浅肤色的俄裔

---

[1] 阿什肯纳兹犹太人是犹太人的一支，起源于中世纪的德国，10—19世纪之间，很多人移民到了东欧。阿什肯纳兹犹太人即指来自德国和东欧（包括俄罗斯的欧洲地区）的犹太人。

犹太人感到很惊讶。我的母亲就常用"小阿拉伯人"（Arabchik）来称呼他们——这个词绝无贬义，只是个亲切的昵称，因为事实上她对塞法迪犹太人充满了敬意。

不过，相对于塞法迪犹太人，上海的俄裔犹太人在语言和文化上反而更接近于他们的宿敌——信仰东正教的俄罗斯人，这一点虽然有点讽刺，但并不令人感到意外。在阶级意识浓厚的上海，俄裔犹太人不再惧怕白俄、乌克兰人或其他斯拉夫人，反而因后者较低的经济和社会地位而蔑视他们。那些白俄总喜欢回首往事，并梦想有朝一日推翻布尔什维克复辟沙皇的统治，而俄裔犹太人则将希望寄托于未来。虽然前途吉凶未卜，但他们都为逃离了充斥着反犹暴力的俄国而如释重负。

在布尔什维克革命中，紧随白俄之后流落到上海的，还有曾在西伯利亚打过内战的俄国海军和骑兵军官，以及在苏联政府接管了满洲铁路资产后南下上海的前铁路雇员。这些自称"流亡者"（émigré）的难民，现在都失去了国籍，大都穷困潦倒。那些早在革命之前就已定居上海的俄国人不仅无力帮助他们，有人甚至抱怨这些难民跟他们争夺有限的工作机会，流亡者们因此得不到任何国家或群体的帮助。那些流亡家庭的户主，很多是前军官、中产阶级和沙俄贵族出身（有些则是假冒的贵族），因为不会说英文或中文，所以只能干些卑微的工作。他们常常身着哥萨克军官的全副行头，充当守夜人和饭店的门卫，有些人则在夜总会里凭着一身肌肉充当打手，或者成为军阀和有钱的中国政客和商人的保镖，或者在公共租界当警察。这些工作的薪水很低，不过仍比同工种的中国人的报酬要高。有时候，医生、牙医和工程师的运气会更好点儿，可以找到适合他们特长的工作，但工资也低得可怜。至于那些职业音乐家，很多毕业于莫斯科和圣彼得堡声名显赫的音乐学院，如今则加入了上海本地的交响乐团或者做私人教师，还有些人从事芭蕾舞教学，前哥萨克的士兵则成为英国人和美国人的马术和剑术教练。

大多数已婚的俄国妇女通常在小店里打杂或者教授钢琴和声乐课，但许多年轻美貌的单身流亡女性发现，避免挨饿的唯一办法就是卖身，或者混迹于夜总会、酒吧和舞厅——这些场所都是钱包鼓鼓的外国士兵经常光顾的地方。在上海这个东方魔都，这些女性被称作"职业舞女"（taxi dancer），因为你可以在舞场上雇她们陪舞，每跳一支曲子付一角钱。此外，她们也接受男人为她们买的饮料。那些当班的舞女虽然只喝软饮料，但她们的舞伴却要按酒的价格付钱。当然，有些舞女会将服务延伸到舞厅外面。因此，一看到白俄，特别是那些从事"不道德"职业的女人以及和中国工人抢着干低贱工作的男人，很多外国人（尤其是英国人和美国人）总会流露出不悦的神情，因为这些贫穷的白人丢了白人精英的脸面。要是白人妇女向亚洲男人卖身，更会被视为有损白种人的尊严——这类种族融合实际上打破了上海严格的种族等级制度。事实上，中国人的种族观念也很强，例如混血儿就被视作低人一等。而对贫穷的白俄人，因受西方人的影响，各个阶层的中国人都对他们心存蔑视，称其为"罗宋人"，似乎身为白人就不应该贫穷。

虽然失业率很高，经济上也很困顿，流亡的白俄们仍试图保存他们在沙俄时代享有的文化生活。他们修建了圣母大堂（Russian Orthodox Cathedral）来保存自己的传统，并建了圣尼古拉堂（St. Nicholas Military Church）来纪念沙皇尼古拉二世以及被布尔什维克杀害的沙皇一家。每逢圣诞节和复活节，这两座教堂总是传出动听的合唱声。当教堂的大门敞开时，里面会涌出众多信徒，焚香的浓烈味道也会随之弥散到大街上。白俄们还根据不同的职业和兴趣成立了各类社交俱乐部，并出版了数种俄文报刊，如《斯罗沃报》（*Slovo*）和《柴拉报》（*Zaria*）。他们送子女去英语和法语学校，以便日后到外国的大城市工作。因为母语相同，白俄和俄裔犹太人经常合作表演戏剧、芭蕾、歌剧和轻歌剧，活跃了上海的文化生活，但他们很少在自己家中招待对方。不过，我们姐妹仨倒是跟白俄同学有所交往。

沿着法租界足有一英里长的主干道霞飞路，可以见到希腊餐馆、意大利餐馆和俄国餐馆，里面都有白俄厨师在工作。奇怪的是，法租界里的法国餐馆却很少。白俄妇女们则在霞飞路上的各种商店里干活，做售货员、裁缝、帽子设计师、理发师、美甲师和按摩师，为她们的同胞以及富有的西方和中国的客户提供各类服务。商店经常贴出用斯拉夫字母书写的打折广告，街上和店里说得最多的是俄语，而不是英语或洋泾浜英语。很多白俄流亡者住在离霞飞路很近的公寓楼里，或者就住在附近商店的楼上。至20世纪30年代末，白俄的人数已经达到了25000人，他们俨然将法租界这片繁忙的地带变成了"小莫斯科"。

在欧亚人口中人数最多的还是澳门土生葡人。他们是葡萄牙公民，其先辈是来自葡萄牙的水手和商人，16世纪中叶在澳门定居，并娶了中国女人为妻。20世纪30年代，上海大约有3000名澳门土生葡人。他们在家里说英语，但听起来节奏奇怪而单调，有些上了年纪的人则会说葡萄牙方言。他们分布在公共租界和法租界内，在他们自己的"卢西塔诺马俱乐部"（Clube Lusitano）举办社交和体育活动。他们分属于几个不同的天主教教区，在位于虹口公共租界内的耶稣圣心堂（Sacred Heart Church）做礼拜。他们的小孩大都上英文学校，男孩们准备日后追随父亲的足迹在英国公司里做职员或会计，对他们最有吸引力的是香港上海汇丰银行（Hongkong and Shanghai Bank），因为它提供丰厚而可靠的养老金。从人种学角度来说，澳门土生葡人长得像亚洲人，但他们平时多与西方人交往，而西方人愿意接受他们混血儿的身份，主要是因为他们会说英文、有着强大的足球队、对英国人的公司有用而忠诚、对工资的要求也低——当然，他们的薪水仍比中国雇员要高出几个档次。中国人则瞧不起混血的澳门土生葡人，觉得他们的长相不中不洋，却总想别人把他们当成享有特权的白人。当澳门人被中国人或者外国人弄错国籍时，总要澄清说自己不是中国人。

19世纪末，有几个德国传教士在华北遇害，随后德国进攻中国并侵占了山东省的青岛。当中国在一战中对德宣战后，生活在租界内的德国公民便成了"不受欢迎的人"（personae non gratae），很多人因此遭到遣返。不过，1919年《凡尔赛条约》签署后，不少人急于离开经济混乱的德国，因此又匆匆返回上海。因为一战中中国是同盟国的一员，而德国是中国的敌人，所以德国人已经丧失了在中国的治外法权。尽管如此，他们仍充分利用了白人的身份，很快又恢复了以往在通商口岸的生活方式。20世纪30年代中期，上海大约有1000名德国人，主要在德国的贸易、工程和化学公司工作，这其中有西门子（中国）公司和法本公司（I.G.Farben），并由此形成了一个联系紧密的群体。他们在德国总会（German Club）聚会，在福音派路德教会的礼拜堂（Evangelical Lutheran Church）做礼拜，送他们的孩子到当地的德语学校上学。英国人、美国人和法国人大都避免和德国人来往，1932年上海纳粹党成立后更是如此。不久，德国政府便勒令在中国的全体德国公民参与抵制由犹太人拥有或经营的商店和企业。

欧洲人极力回避的另一个群体是日本人。20世纪初，日本出人意料地进攻并打败了旅顺港的俄国舰队，随后日本移民开始来到中国和上海。1905年经西奥多·罗斯福总统调停，日俄在美国新罕布什尔州签订了《朴次茅斯和约》，规定俄国在南满的所有租界都移交给日本。一战后，日本加入盟国，获得了德国在山东所拥有的资产，随后更多的日本平民来到上海。日本人聚居在虹口区，那里很快便被大家称为"小东京"，因为几乎所有的店主和商人都是日本人，并主要为日本公民提供服务。他们不需要讲洋泾浜英语，因为他们很少和欧洲人打交道。不过，为了在日常生活中与身边的中国人接触，他们也学会了一些上海话的词汇。

1930年"小东京"大约有20000名日本人，大都过着舒适的生活。他们送小孩去日文学校，并享受着比在日本多得多的行动自由，但他们心里也很清楚，日本政府对与外国人和中国人交往一向心存戒备。他们几乎很少和其他群体来往：西方人因为他们是亚洲人而加以回避，中国人则因他们侵占了东北而憎恨他们。虽然1922年同盟国要求日本将山东归还了中国，但这并未能平息中国人对日本侵占东北的强烈愤怒。在虹口和浦东的日本工厂里，身受社会和政治不公之苦、工资低廉的中国工人常在大学生的鼓动下举行罢工。为了抗议日本对东北的殖民侵略，租界里时常举行反日示威游行，日本的商品（无论是中国制造还是日本制造）也经常成为被抵制的对象。就在中国人对日本表示愤怒，并称他们为"日本鬼子"时，日本人则将中国人视为西方帝国主义奴役下的劣等种族。不管怎么说，他们从不认为自己对东北的占领等同于西方列强的殖民主义和帝国主义。

除了以上提到的，其他还有一些零散的外国公民在上海生活和工作，这主要包括：来自印度锡克族和印度尼西亚的巡捕、来自菲律宾的乐手（他们在旅馆和舞厅里伴奏）、来自意大利、希腊和亚美尼亚的餐馆老板和零售商、来自西班牙巴斯克的回力球运动员、来自瑞士和瑞典的商人，还有来自挪威的领航员（引领大型船只驶入上海的港口和码头）等等。

这些就是我们在上海这座存在着治外法权、多语种混杂的城市里面临的种族、文化和社会环境——有些离我们的生活很近，有些则较远。

第七章　社会地位的提升

我父母经常回忆说，20 世纪 30 年代初对他们来说是经济上的黄金年代。新的外国公司业务稳定，贸易繁荣，法国建筑公司在法租界兴建了许多公寓大楼，高层写字楼和旅馆沿着外滩拔地而起。蒋介石在南京统治着中国的大部分地方，在外国人看来，他领导下的中国处于相对稳定的时期。

1931 年 9 月，日本人在沈阳城外的铁路实施了一次爆炸，却归咎于中国人，并以此为借口进一步侵入中国东北，以掠夺其丰富的自然资源。这次沈阳事变跟外国人的关系并不大，也没有影响到上海的经济，因为中国的东北离他们的世界实在太遥远。但是，瑞娃姨妈的丈夫拉尔夫却决定举家移民到澳洲。这个决定让他的亲戚们感到很惊讶，特别是我的母亲，一想到她的姐姐将要搬到那么遥远的地方就很担心。与此同时，我父亲的保险业务却干得很成功，并不想就此离开上海。虽然日本人建立了他们的傀儡政府伪"满洲国"，并将清朝的末代皇帝扶做新君，许多西方人并没有意识到对中国东北的征服将成为日本进一步攻击中国的跳板。当然，上海也不可避免地发生了一些事件，例如日本工厂的中国工人开始举行罢工。但是，最让外国人感到震惊的，还是1932年1月28日本海军的先头部队和身着蓝色上衣的海军陆战队竟然向上海华人区的中国部队发动攻击，并在闸北引发了激战。

母亲还记得当时的情景，恐慌的中国居民开始不断地涌入租界，当地的福利组织努力保证向难民提供大批竹制的帐篷和食物，并给他们注射天花疫苗。考虑到在这次"上海事变"中有数千平民遇害，租界当局宣布进入紧急状态，加强了保卫，并实行了长达一个月的宵禁，但父亲仍然照常去上班。因为担心食物短缺，母亲便到各个商店去采购，冰箱里塞满了肉、蔬菜和水果，厨房的柜子里也装满了面包、大米和豆子。让大家松了一口气的是，国联终于达成了停战协定，中日双方于1932年5月5日签署了一项和平协议，日本从闸北撤出了军队，但在虹口区仍留有驻军以保护"小东京"的日本国民，以免他们遭到中国民众的报复。报复确实发生了，愤怒的中国学生举行了无数抗日游行，日本工厂里的中国工人也发起了罢工，敦促国人抵制日货，个别日本平民被中国人吐唾沫并受到骚扰。

因为战争，商业短暂停顿了一阵，居民们也自发地不在晚间外出，但很快他们又恢复了之前的生活，忙于聚会和挣钱。父亲的保险卖得很成功，短短三年内就加入了太阳人寿保险公司的麦考利俱乐部——只有业绩最好的销售员才能加入这个著名的组织。公司内部的通报中说："B.威伦斯1—3月的业绩显著，因此成为本公司20名'东西领袖'称号获得者之一。威伦斯先生，干得好！"父亲会说法语，这是向租界当局的法国官员销售保险的必备条件，同时他又懂俄语和英语，因此又可向其他国家的公民推销保险，特别是私营公司和企业里的建筑师、工程师、进出口业务经理、货运代理商、会计和教师，但是父亲的客户里没有多少盎格鲁－撒克逊人，因为他们往往喜欢向大牌的美国和英国保险公司购买保险。他的中国客户也很少，因为人寿保险在这个国家还算新生事物，通常一个家庭一旦失去了主要的劳动力，就会由亲戚负责照顾。奇怪的是，虽然父亲总是劝别人相信人寿保险很重要，但我后来发现，他本人从来没有为他的家庭买过任何保险。

因为父亲在太阳人寿的工作报酬丰厚，现在我们家在经济上成了上海的中产阶级，但还没能跻身由西方列强公民主导的上流社会。父亲买了一辆汽车，那时上海的俄国人很少有买得起汽车的，大部分人出行还是靠人力车、有轨电车和公共巴士。在上海拥有汽车的大都是美国人、英国人和法国人，他们要么自己驾驶本国生产的汽车，要么由身穿黑色制服、头戴帽子的司机为他们开车。

有很多次，在下着毛毛细雨的阴冷的早晨，父亲无法发动他那辆英国产的小莫里斯车，不得不摇动车前面的手柄直到发动机转动起来。他没有雇司机，因为他喜欢自己开车，他还花了很多时间亲自洗车打蜡，仔细地擦干镀铬部件，从不需要仆人帮忙。母亲从未学会开车，因为在她的朋友圈里只有男人才开车，何况对这些家庭主妇们来说，与其自己开着车穿梭于挤满独轮车、板车和横穿马路的行人的狭窄街道上，还不如直接雇一个司机来得方便和安全。

1932 年 10 月我的妹妹杰奎琳出生之后，我们家位于巨籁达路的公寓里就有了五个人，还要加上每天都待在家里的老阿妈，空间便显得太小了。此外，公寓的位置离法租界的商业区非常近，我们整日整夜都能听到刺耳的汽车喇叭声、街边小贩的叫卖声以及窗户下的叫喊声和争吵声。父亲和母亲想换一所带院子的公寓，这样他们的三个女儿就可以在老阿妈的照看下和其他小孩一起玩耍了。他们最终找到一处宽敞的房子，有两间卧室，一个很大的起居室和餐厅。房子位于亨利路（Route Paul Henry，今新乐路），房客们有法国人、瑞士人、意大利人、少数无国籍的俄罗斯人以及其他欧洲国家的公民。我认为父亲是想让家人有更多的机会跟那些不说俄语的大人小孩交往，同时也让母亲借此提高她的英语能力，因为她每天下午总是跟亲戚朋友用俄语交谈。尽管父亲对语法要求很严，可他从不纠正母亲的语法错误，要是她同样的错误犯了很多次，父亲就会让我和瑞娃来帮母亲纠正。

这栋新住宅楼里住着很多小孩。瑞娃喜欢安安静静地和其他小姑娘们一起玩，而我却喜欢和男孩子们一起爬树或者在院子里和附近的马路上奔跑。父母从来不用担心我们，因为老阿妈会照看好她的小姑娘们，而且从来也没有发生过外国小孩被陌生人骚扰的情况。老阿妈会和其他的阿妈们一起聊天，而且总要提醒她们记得要"小姐们"邀请我和瑞娃参加她们的生日聚会。

每逢参加庆生会，我们就会穿上聚会的服装，头上扎一个大大的花蝴蝶结，还要带上一两件礼物。我喜欢看过生日的小孩把收到的众多礼物一一撕开，然后我就会大吃特吃冰激凌、糖果和蛋糕，把裙子前面弄得脏兮兮的。当我和瑞娃的生日快到时，我就会变得异常兴奋。我们会在餐厅里放上气球，在天花板上挂起各个国家的纸国旗，而最重要的是我会收到礼物，甚至连瑞娃过生日我也会收到一两件礼物——这是因为有的小孩向父母抱怨说，要是他们只买了一件礼物给瑞娃的话，我就会死死地盯着他们看。小孩的母亲们会在傍晚时分到来，跟女主人以及住在同一栋楼里的其他家长见面，许多人通过这些机会变成了好朋友。

曾经有一次，老阿妈告诉母亲，我和瑞娃被邀请参加"露西"的生日聚会。我们以为她说的是一个叫露丝的女孩，于是便买了一个塑料的大玩具娃娃，但后来却发现，"露西"其实是个男孩，名字叫罗吉（Roger）。妈妈第二天给女主人打电话道歉，并补送了一个更适合男孩子的礼物。不过，这次误会却使妈妈和艾琳·皮乔托缔结了长久的友谊。艾琳出身于埃及一个显赫的塞法迪犹太家庭，通过她妈妈结识了一群说拉地诺语和英语的妇女，其中之一便是曾任上海邮政管理局局长的法国人乍配林

（Auguste Chaplaine）的妻子。除了这些新认识的人，妈妈还跟布朗什·圣－奥永和伊雷娜·格里隆成了好朋友，她们的丈夫在法国巡捕房工作，都是爸爸的客户，她们的小孩也和我们一块儿玩。这些法国女士几乎都不能讲英语，而妈妈又不会说法语，她们彼此交流只能靠洋泾浜英语，要是我们在家的话，就会给她们当翻译。

她们经常在下午互相串门，一起喝茶，品尝各家厨师做的糕点，抱怨小孩子们不听话，埋怨用人老是闹着涨工资。每次母亲邀请她们来我家，都要准备令人垂涎的奶油蛋糕，小王则会烘制他拿手的松糕。他会穿上白色的长褂，将一只雕花的小红木桌子滚动着搬进屋里，在上面摆好银茶壶、糖罐、蛋糕、饼干和果酱，然后立在一边等母亲发出倒茶的指示。当妈妈示意客人都准备好了后，他便小心翼翼地将茶水倒进精致的小杯子里，再加上一片柠檬，然后开始切蛋糕。我们这些小孩子会等一会儿再去吃蛋糕，因为我们不喜欢跟大人坐在一起，她们也不希望我们在身边。

我父母的社交范围主要以来访的亲朋好友为主，有时候也会邀请他们来我们的新家共进由小王准备的午餐或晚餐（在英属殖民地用一个英印语的词"tiffin"指午餐）。每次为庆祝父母的结婚周年纪念或者生日而举行的正式餐会上，都会来至少十几个客人，而且还带着各种礼物，如银制的盘子和烟灰缸（我父母其实并不吸烟）以及捷克斯洛伐克制造的水晶玻璃的碗状花瓶和醒酒瓶。这些东西大都是从霞飞路上迈克尔·苏克尼克开的珠宝店里买来的——苏克尼克是我父母以及其他俄裔犹太人的好朋友。小王在这些聚会上扮演着重要的角色。他负责上菜，那些客人对他和妈妈的手艺总是赞不绝口，女人们还会向他们询问烹饪的方法。妈妈和小王获得这些赞许确实当之无愧，因为他们往往要花好几天时间到菜场上去买菜和准备食物，吃饭时还要在餐桌上铺好绣花桌布和餐巾，再摆上精美的瓷器和银器。

通过向母亲和邻居的厨师学习，小王成了一个出色的厨子。他跟母亲学会了做俄国和犹太风味的菜和蛋糕，还会做俄式冷盘、俄式油炸包（piroshki，一种油炸的面食，包有肉和蔬菜的馅心），以及西伯利亚饺子（pelmeni，一种包着肉和蔬菜的饺子状面食）。小王还会做逾越节的特别食物，并且很快就知道了过节的八天里得准备未发酵的薄饼（matzo）而不是普通的面包。他和老阿妈知道，过节时他们得打扫干净厨房里所有的橱柜，并且换上节日专用的瓷器、刀具、桌布和餐巾。

在逾越节前的两个晚上，小王和我们雇用的其他帮手得等父亲和客人们一起诵读完《哈加达》（haggadah，记述逾越节规定的犹太教书籍）才能端上晚餐。随着夜色加深，客人们喝了许多伏特加，不停地为健康干杯，有时还唱起伤感的俄罗斯和犹太歌曲。用人们都知道，受邀请来参加犹太新年（Rosh Hashanah）晚餐的二十来位亲朋好友会很好地答谢他们。就像在其他外国人家里帮忙的用人一样，他们总会得到客人慷慨的小费，因为饱餐一顿之后客人们都很开心。

在一些特殊的日子里，厨师和他的助手也会临时找几个帮手。"一号男仆"和"二号男仆"负责守候在门口，给离开的客人递外套和帽子，他们的小费收入也不错。虽然晚餐后用人们要花几个小时的时间清洁桌子和洗盘子，但因为有了客人们慷慨赠予的小费，他们看起来都挺开心。老阿妈甚至也会得到赏钱，因为她帮忙照看我，防止我闯进餐厅看大人们吃什么。但是有一次，我和瑞娃把水倒进了一个客人的帽子里。帽子是我爸爸一个好朋友的，就是他建议爸爸离开哈尔滨来上海的。他是个单身汉，对我们的家庭生活很感兴趣。虽然他觉得我们的恶作剧很搞笑，但妈妈不这么认为，她责怪老阿妈没把我们看好。

对我父母以及他们那些无国籍的朋友来说，上海（尤其是法租界）已经成了他们的家乡。上海也是我的家乡——不过，我所说的这个上海只是外国人居住的地方，而不是"中国人的上海"。

第八章 小洋鬼子的学校

　　当我和瑞娃到了上学的年龄，父母便开始替我们考虑上什么学校了。我和瑞娃用英语交谈——我们是在亨利路公寓楼的院子里和其他小孩玩耍时学会这门语言的。当时，生活在法租界的各国小孩中（许多是英国人和美国人），说得最多的是英语而不是法语。

　　随着在上海出生的外国小孩越来越多，20世纪初法租界和公共租界出现了一些公立、私立以及教会的英语和法语语言学校。设在公共租界内的由工部局管辖的学校严格遵循英国的课程制度，但进入这些学校须符合它们对国籍和种族的限制。上海座堂男校（The Shanghai Cathedral School for Boys）和另一所类似的女校专收英国籍的学生，而且他们的父母必须是来自英国或英属殖民地的白人，那些属于"混血儿"的小孩根本不可能被录取。就像那些英国本土精英"公立"学校里的孩子们一样，这些上海教会学校的学生们享有很高的社会地位。男孩们身着带有校徽的褐红色夹克上衣、白衬衫和灰色短裤，打领带，头戴学校的帽子，女孩们则穿着深蓝色的束腰短上衣和白衬衫，系着统一的领带，头戴饰有校徽的蓝色贝雷帽。

在上海，来自各个国家的父母们如果想让孩子接受英语教育，就会送他们去租界工部局管辖的西童公学女校（Public School for Girls）以及汉璧礼男童公学（Thomas Hanbury School for Boys）。这两所学校的学生大都属于欧亚人种，其中不少是来自澳门的葡萄牙人，少数是无国籍的俄罗斯人。令人惊讶的是，俄国的犹太小孩以及很多父母持反犹立场的白俄小孩都会进入用英语教学的上海犹太学校，这所学校是由塞法迪犹太富翁埃利·嘉道理（Elly Kadoorie）兴办的。

可与高水准的上海座堂男校相媲美的是法国公学（Collège Municipal Français）。这所学校设有小学和中学，由法租界公董局设立，位于环龙路（Route Vallon，今南昌路）前法国总会大楼里。法国公学受法国教育部管辖，学校所有的相关政策和课程设置都由其直接制定，教师则从法国聘请，与公董局而不是法国政府签订合同——这一点许多年后成为争论的一个焦点。1933年公董局为白俄的小孩们设立了雷米小学（Ecole Rémi），学费比法国公学低得多，教师大都是白俄人，虽然课程设置模仿法国公学，但教学质量当然要打折扣。学生们毕业时大约在16岁，他们可以获得一张结业证书，但学校并不授予中学毕业文凭。当我进入法国公学时，无论从学业上还是从社会地位上我都瞧不起雷米小学，因为大多数上海的白俄在经济上都处于社会底层，而许多从雷米小学毕业的会说法语的学生，最终只能在法租界的各类市政机构里充当普通职员、速记员、警察和侦探。

位于法租界的上海美童公学校园很大，其殖民风格的建筑也很漂亮，它还为那些在中国内地工作的传教士的孩子们设有寄宿学校。这所学校不存在国籍或种族的歧视，它在贝当路上建有一片面积很大的操场，课程设置也很简单，而且没有家庭作业，据说学生花在玩上的时间比花在学习上的多，这些都让其他学校的学生感到很羡慕。事实上，美童学校的学生接受的是很传统的教育，他们甚至还要学习中国的语言和文化，这在上海的其他外国学校里很少见。不过，我们学校的老师却总是要那些学习成绩不好的学生干脆转到美童学校算了。

生活在上海的德国人不算多，19世纪末德国吞并山东半岛后不久，他们便在上海成立了恺撒学校（Kaiser Wilhelm Schule）。尽管第一次世界大战后德国就没有恺撒（即皇帝）了，但这个学校的名字一直没有更改。学校的操场上有一尊很特别的塑像，是一只"伊尔底斯"号（Iltis）战舰的半截桅杆。这尊塑像最早竖立在上海的外滩上，用来纪念在1896年山东半岛的一场风暴中遇难的德国船员。一战中德国战败后，塑像被移走，但很快又出现在这所德国的学校里。20世纪30年代学校里成立了希特勒青年团，那些身为团员的男孩们都穿着褐色制服，并戴着纳粹卐字标志的红袖章。

在这些世俗学校之外，上海还有一些教会兴办的学校，其师资主要是来自美国、法国和爱尔兰的神父和修女。对外国人来说，这些学校中最好的几所是以英语教学的圣芳济学院（Saint Francis Xavier School）男校，圣心修道院（Sacred Heart Convent）女校（那里的学生可以选择英语或法语的课程），以及圣贞德男校（Sainte Jeanne d'Arc French religious school for boys）。由于这些学校学生的国籍、种族和经济背景相差很大，他们平时很少交往，除非是在体育场上比赛足球、排球和曲棍球或是在俱乐部里进行游泳和水球比赛。除了这些中学外，上海还有一些以英语或法语向中国学生授课的教会大学，如美国圣公会的圣约翰大学(St. John's University)、浸信会的沪江大学(Shanghai College)和法国耶稣会的震旦大学（Université l'Aurore）。

这样一来，我父母在为我们择校时就有了很多选择。替姐姐瑞娃择校的任务落在了父亲头上，因为妈妈16岁时就因为举家搬离诺沃尼克拉夫斯克而辍学了。在经济和教育方面，母亲总是依靠我父亲，因为她知道父亲了解不少政治和古典音乐的知识，并且会说好几种语言。父亲想让瑞娃上一所法语或德语学校，因此有两所声誉很好的学校可供选择，一所是法国公学，另一所是恺撒学校。他决定选择后者，因为德国的教育体系在俄国备受推崇，而且父亲在海参崴的一家德国公司工作过。于是，1931年瑞娃进入了幼稚园，她的二十多个同学中大多数都是德国人。

两年后，我也进入了恺撒学校——尽管此时希特勒已经在德国发起了反犹运动。据我父母说，我们很喜欢幼稚园的老师坦特·格雷琴，她后来死于猩红热（她是一名基督教科学派的信徒，因此得病时拒绝看医生）。母亲还告诉我，我肯定对纳粹德国怀有一种先天的反感，因为我在入学的第二周就曾试图从恺撒学校逃跑——不过我自己的解释是，我不想整个早上都不能向老阿妈叽叽歪歪。有天早上，老阿妈送我上学刚到校门口，趁她还没从人力车上下来，我便沿着马路疯跑起来，想让她找不着我。可是，最后她还是设法抓住了我，在马路上就对我大声喊道："丽丽小姐非常非常坏，不想上学，啊呀、啊呀。"接下来的几个月里，我又试图逃跑过几次，结果父亲在1934年1月把我们俩都转出了恺撒学校。那时，我们已听说阿道夫·希特勒在德国发表了刺耳的反犹言论，并采取了疯狂的反犹行动。当少数德国的犹太难民因逃避反犹法律以及被关入监狱和集中营的命运而来到上海时，这一残酷的事实终于得到了证实。

我和瑞娃随后被法国公学录取，这所学校的学生大多是法国人，有一些孩子的父母还是我父亲的客户。瑞娃不得不抛开德语开始学习法语，而我重新回到了幼稚园。那时我7岁，不得不重入幼稚园学习法语。对于把小孩转到另一个语言环境里，我们的父母并没有什么顾虑，因为那时上海的小孩们往往都能听说多种语言，再多学一种语言并没有什么坏处。我和瑞娃并未受语言转换的影响，因为我们从没把任何一种语言当作自己的母语，所以在我们看来，学习一门新的语言实在是很平常的事。

除讲授法语外，法国公学的目标便是培养所有学生——不管是不是法国籍——肩负起法兰西第三共和国的文明使命，也就是

在法国公学读一
年级时的丽丽

维护法国在其广大领土和殖民地的伟大和荣耀。在法属殖民地和法国占领的地区，学校的课程设置与法国本土很相似，而且讲授核心课程的教师都是在法国本土接受的训练。这些教员们在上海居住了很多年，他们在这里是殖民者，因此经济和社会地位比在法国本土要高得多。

　　跟说法语的同学交往了几个月后，我和瑞娃就可以在英语和法语间自如地转换了。不过母亲后来告诉我，入学的第一天，我不知道该怎么请别人带我去厕所，结果尿湿了裤子。从此以后，想要上厕所时，我只好先举手示意，然后指指我的衣服后面，这样一直到我学会用法语说出自己的意思。

我至今仍清楚地记得幼稚园的一位英国女老师汤普生小姐。她教我们英文，我很喜欢她的课，因为我总是能听懂她说什么。她是一个身材高大的女人，站在她面前会让我有一种压迫感。她经常斥责我在课堂上太吵，甚至在我的一年级成绩报告单上说我是"一只话匣子"，还说"丽莲并不知道这样有多么无礼"。很显然，我当时只有7岁，而且又被老阿妈给惯坏了，不可能一夜之间变成个乖孩子。这位老师还发现，虽然我能够记住短句子，却无法读出单词，因此不得不把整个句子从头开始读一遍才知道某个单词怎么发音。汤普生小姐给我父母的建议是，我需要找个家庭教师教我怎么读一个一个的英文单词。我读法语时就没有这样的毛病，因为每一个词对我来说都是新的。

上小学时，我们学校在上海本地聘用了几名非法籍的教师，负责教美术、缝纫、声乐和体操等"不重要"的课程。我们的美术老师奥尔加·阿列金夫人个头很高，是个白俄。因为她说的法语有太多的语法错误，所以我们并不怎么尊重她——一个成年人要是不能说正确的法语，是会受到嘲笑的。而我个人不喜欢阿列金夫人，是因为她批评我画的一只兔子抄袭了明信片，可事实上我明明是自己画的。那时我还小，还没学会骗人，因此很痛恨这个老师把我可能拥有的一点点艺术天赋就此摧毁了。幸运的是，阿列金夫人只负责教我们小学的美术课，并没有一直教到中学，因为在法国公学不同的年级配有不同的老师。

我是个好动的小孩，而我的好奇心也很强。我经常思考为什么我们的校长查尔斯·格罗布瓦——他经常来听我们一年级的课——总戴着一只棕色的皮手套。对此我一直心存疑惑。我的结论是，他肯定弄丢了另一只手套，而且因为花了太多时间在学校里听课，所以没时间去买一副新的。很久以后我才知道，原来他参加过第一次世界大战，在战争中他失去了右手。虽然手有残疾，但在与朋友们一起演出的室内音乐会上，格罗布瓦却担任小提琴手。

我们从小学开始就被反复教导，不正确地使用法语是一项不赦之罪！很多年后，在巴黎的一次法国公学校友聚会上，我以前的同学珍宁·雷诺回忆说，她在小学时曾经问过我是不是法国人，我回答说"不，罗马尼亚人（Roumanienne）"，而她则傲慢地向我指出，罗马尼亚人应该说成"Roumaine"。

法国公学的 500 名学生中有三分之二是法国籍，其中一小部分来自比利时和瑞士的法语地区，还有一些是来自印度支那和非洲的会讲法语的小孩（他们的父亲在法国殖民军队中服役，就驻扎在上海）。非法籍的学生则主要包括无国籍的俄国人、欧亚混血儿（父母一方是法国人）和少数上流阶层的中国人。这所学校并不采取任何基于种族或国籍的歧视性政策。瑞娃的同学玛格丽特·何的父亲就是中国政府的一名高官，她和妹妹经常来我们家一起学习、吃饭和玩耍。我们也去过她们家，但我们双方的家长却从未见过面。我父母从来没有结识过说英语的中产阶级或上流社会的中国家庭。这两个社会地位相似的群体之所以如此隔膜，与其说是因为各自都有优越感，倒不如说是因为他们彼此都缺乏兴趣去了解对方的文化。我有个初中和高中的同学名叫克劳德·达罗索，他有个妹妹叫克里斯蒂亚娜，虽然他们的父母是来自安地列斯群岛的非洲人，但他们俩却被大家认为是真正的法国人，并被白人学生们视作自己人。他们的父亲曾在一战期间服役于法国军队，在上海时是军队里的一名军需官，因此他的家庭也跟法国人同属一个社会等级。可是，中国人的看法却与此不同。每当克劳德跟我们一起骑车离开学校时，总会有中国的行人停下脚步盯着他看，并冲着他指指点点，因为非洲人在上海很少见，通常所谓的外国人要么是白种人要么是日本人。所以说，虽然法国人对自己的文化自视很高，但跟美国人和英国人（尤其是后者）比起来，他们对其他民族倒并不是特别蔑视。

公共学校必须实施非宗教的世俗教育，这一点早于1881年成为法国的法律，但一位上海的天主教神父博塞神父每周都要来我们学校一次，向准备领圣餐的小学生们讲授教义问答。生活在中国的法国官僚们并不认为，在世俗学校进行每周一次的宗教教育违反了法国本土政教分离的严格法律。另一位神父——来自耶稣会的雅坎诺（中文名为饶家驹）——也经常来我们学校，大概是来见我们的校长吧。有好几次，他在学校的操场上一边等候一边看我们课间玩耍。同学们见到他都会低声说"神父好"，我却不声不响地走过去，不愿意对一个天主教的代表说这样的话——因为我听说天主教对我信仰的宗教持批评态度。不过，我竟然惊奇地发现他上衣的一只袖管空空地垂在那儿，因为他的一只手没了。我当时感到很奇怪，为什么这些地位很高的法国人好像都只有一只手呢？

法国公学的法籍和外籍学生们整天都沉浸在法国的文化和历史里，从低年级开始就要背诵《我们的祖先高卢人》（*Nos ancêtres les Gaulois*），我们很快就相信只有法国才有文明和文化。我们背诵法国国王的姓名以及他们的统治年份，学习英勇的法国陆军和海军军官们如何率领部队战斗并征服远方的殖民地，在传教士的帮助下，他们不惜牺牲生命，将文明和基督教带给野蛮的土著人。在小学的地理课上，我们得画出中南半岛、北非、"黑非洲"、安地列斯和南太平洋群岛的详细地图，并需要记住这些地方。看到地图上英国人比法国人有更多的红点（殖民地的标志），我感到很气愤；得知残忍的英国人将圣女贞德活活烧死在火型柱上后，更是感到无比震惊。

像我的同学们一样，我很小的时候就知道，从上海的侨民们所讲的语言就可以判断出他们各自的经济和社会地位，这一点特别明显。有一天，母亲乘了一辆人力车来我们学校，而平时都是由父亲开着他的汽车来接我和瑞娃。当我走向母亲的时候，听到她正跟一个朋友用俄语交谈。一见到我，她就用带着浓烈的俄罗斯口音的英语对我说，要我等她一下。在家的时候，我从来没有在意过父母的英文带有明显的俄国口音，但此刻我却感到极为尴尬。我很快地跑开，直到同学们都走光了才回来，因为我不想让他们把我当作白俄——那时我已经知道白俄的社会地位只比"混血儿"高一点儿，我一直坚称自己是罗马尼亚人。

就是在这所学校里，当我到了10岁的时候，我发现自己能够听懂一些俄国同学之间的俄语交谈，但我假装听不懂，可是又会偷听他们怎么议论我——他们从来没说过我的好话。我不想跟这些俄国同学成为一伙，要是知道我是犹太人后，他们当中的一些人可能也不会想跟我交朋友。

虽然我不是法国人，却有很多要好的法国同学，像吉内特·格里伦和丹尼丝·弗洛凯，还有一个比利时女孩艾琳·博德松。我们经常到彼此家里去玩，一起议论班里的男生，而且规定每个人都得给自己挑选一个"秘密男友"。我挑了一个叫皮埃尔·施密德的瑞士男生。虽然他的成绩很好，但我选他并不是因为他聪明，而是因为他长了一头浅黄色的头发和一双深蓝色的眼睛，看上去跟我们周围那些黑头发、褐眼睛的中国人反差巨大。

我最喜欢的科目是英文。对我来说这门课非常容易，因为平时我和姐姐以及其他不说法语的朋友都是用英文交流。教我们高年级英文的玛格丽特·埃加勒夫人是我喜欢的少数几个老师之一。她性格活泼，充满活力，说的英文带有很重的法国腔，而且发不出"th"这个音。每次她给我们读故事，一听到她说"ze fazer"（正确的读音是"the father"，意思是"父亲"）"ze mazer"（正确的读音是"the mother"，意思是"母亲"）和他们"verry，verry"（正确的读音是"very，very"，意思是"非常、非常"）好的或者坏的小孩，我就觉得好笑。我能够接受她不标准的英语发音，是因为她带的是法国腔，而不是我母亲那样的俄国腔。埃加勒夫人可能是唯一能够容忍我在课堂上乱说乱动的老师，因为我可以说比较正确的英文，而且能够清晰地发音，而那些法国同学的语法和发音却一团糟。总的来说，法国学生不喜欢和英国有关的一切东西，因为英国人是他们的宿敌，历史上曾经多次打败过他们。许多生活在上海的法国成年人觉得根本没有必要学习英文，因为男人们在工作和社交场合只说法语，跟比他们职位低的职员交谈时说洋泾浜英语，而在家里，他们的妻子则会教仆人讲一些和家务有关的最基本的法语单词。

我觉得我们所有的老师都要求太高太严格，要是我未能按时交作业，他们从来不接受任何借口。我们通常在晚饭后忙着写作业，包括阅读、写作和算术，还得背诵诗歌、古典戏剧三巨头（高乃依、拉辛、莫里哀）以及其他剧作家的作品片段。直到现在，每次碰到跟我同辈的、曾在殖民时代上过法国学校的非洲人或越南人，我们都会回忆起那些曾令我们感到无上光荣和骄傲并永远代表着"法兰西之荣耀"（gloire de la France）的戏剧作品。身为这些小学里的外国人，我们当年都坚信我们的祖先就是高卢人。

第九章　学校里的战斗

法国公学出色的教育体制让我受益良多，但对普通学生来说，要想顺利完成学业仍然困难重重。为了通过学校的考核，大多数人从中学就开始在小测验中作弊了，而且还发明了许多不易被老师发现的方法。例如，我们先把诗歌、战争发生的日期以及国王在位的时间抄在小纸片上，然后把纸片别在前排同学的背上（当然他是自愿的）。这样一来，每次被老师点名背诵课文时，我们自然就能准确无误而且充满激情地完成任务了。不过，因为我眼睛近视，经常看不清纸条上自己写的字，因此不得不凑近跟我合谋的前排同学的脖子才能看清楚。可是，如果被老师喊到教室前面去背的话，问题就来了。因为我根本没去学那些诗，所以就会显得不知所措，于是老师一生气就会立马叫我回到座位上，然后给我一个很低的分数。我们中学时有一位教法语的老师叫露易丝·哈默里夫人，她像我们的英语老师埃加勒夫人一样容易激动，却没有后者那么友善。她总是用法语厉声呵斥"Tu vas sentir ma main", 意思是"真想扇你个耳光"。其实她只是想吓唬学生罢了, 因为我们学校不允许体罚。哈默里夫人成天围着她的女儿转。她女儿名叫波莱特, 各科成绩都名列前茅, 这一点让我和我的一些同学们很讨厌。我们当时不知道, 哈默里夫人担心的其实是她女儿的糖尿病和萎缩症。直到她十几岁就去世时, 我们才意识到她病得有多重。我们当时猜测, 深陷于悲痛之中的哈默里夫人会不会连头发都掉了, 因为我们发现她开始戴假发了, 而且她有两顶假发, 时不时地换着戴。

尽管跟我玩得好的一帮同学在代数、几何、物理和化学等科目上都比较弱, 但我们却能够在严格的测验和考试中幸存下来,

丽丽（女生的第二排中间）和同学

这是因为我们的老师卡米尔·贝赫斯先生戴了一副高度近视眼镜，就算站在我们的课桌旁边也看不到我们作弊。甚至在他上课讲解数学方程式的时候，有几个男生还能想办法偷偷溜出教室跑到厕所里去抽烟。我们听说贝赫斯先生在一战末期被芥子气伤害得近乎失明，至今仍未从战争的创伤中完全康复。有好几次他带着一身酒气来上课，我们猜想他大概是因为伤口疼才去喝酒的。不过，我们对贝赫斯先生并没有多少同情，因为他总是骂我们"bêtes comme des ânes"（蠢得像驴）——其他老师可能也这么看我们，但没人像他这样说出来。其实，我们对这样的评价毫不在意，因为我们的心理已经在这种充满敌意的环境里锻炼得无比强大，而作弊就是我们在这种教育制度下的生存防御机制。

我和同学们采用的是"物物交换"的"作弊系统"：我为他们提供英文语言和文法考试的答案，而他们为我提供科学和数学测验的答案。此外，当老师转过身去的时候，我们就会掀开课桌的面板，迅速地瞟一眼打开的课本寻找答案。我们甚至发明出一种方法，将小纸条揉成一个团从空中扔给对方。这些方法很少被老师抓到，我们为此感到很骄傲，整个中学阶段同学中都流行这些"物物交换"和"航空传递"的技巧。但是，当可怕的中学结业考试来临时，我们就感到压力巨大了。特别是教我们法语语法和写作的德拉格夫人，在她的监考下我们就没有那么幸运了。她板着面孔，用鹰一样的眼睛注视着我们的一举一动。她很清楚我们的把戏，因为她有个女儿就在我们班上，她把我们的手段都报告给了妈妈。幸运的是，我的法语课成绩比一般学生要好——事实上，那些不是以法语为母语的学生通常比法国的同学更擅长写作，这一点真是令人费解。

　　法国公学的音乐课由两个白俄教师负责。胖胖的捷利亚科夫斯基夫人总是穿着色彩鲜艳的长裙，她教我们唱歌，喜欢把一只手握成杯状放在唇边发出奇怪的声音。与她配合的斯塔尔尼茨基夫人则身材小巧，不停地敲打着钢琴的键盘。因为我们老是把握不准调子，她不得不反复教我们唱同一首歌。我们的舞蹈老师斯韦特拉诺娃夫人为了准备学校一年一度的公演，试图教女孩子们跳各类舞蹈。但大多数学生学起来都挺费劲，她们对表演毫无兴趣，一出教室却满心欢喜，上课时只会跳上跳下地瞎糊弄。看到我们跳两步舞或阿拉贝斯克舞步的样子，这位受过圣彼得堡芭蕾学校专业训练的老师肯定万分痛心。

　　我们学校的选修课很少，其中一门是拉丁语，要是不选拉丁语的话，学生就得选修除英语外的另一门外语。我们可以选修德语，但没有西班牙语或者意大利语，因为这两种由拉丁语演变而来的语言被认为与法语太相近了。虽然俄语在法租界是一门有用的语言，但并不属于学位考试的一个科目，结果我选修了德语，老师是卡萨特金先生。他是个白俄，曾经同布尔什维克打过仗，我们很多学生都认为他同情德国纳粹，要不然他为什么要教希特勒说的那种用喉咙发音的咕噜咕噜的语言呢？我学不会德语的语法，结果考试不及格退掉了这门课。出人意料的是，学校竟然允许我参加私人教师的西班牙语课以便满足两门外语的要求。

在法国公学里，有一类课被大家认为对身体有益但对头脑无用，那就是体操和体育。老师是一位红脸膛的爱尔兰人詹姆士·凯利，他老是提醒我们他来自爱尔兰，而不是英格兰。每天上学和放学我们排队进出学校的时候，他还要负责维持队形。此外，他还指导我们的课外足球赛，并督导我们每周的体操课。凯利先生来上海前曾在远东地区的其他地方工作过，现在竟降尊来维持学生们的队形，恐怕这些学生的行为有时会让他想起在锡兰见过的凶猛动物吧。凯利先生每年只有一次机会体现自己的真正价值，那就是负责协调在学校操场上举行的运动会。运动会要持续一整天，比赛项目包括排球、接力跑和撑竿跳。来自法租界公董局和军队的官员会给获奖者颁发奖牌和绶带。

每次我们作弊被逮到或者在课堂上跟同学说话声音太吵，老师就会把我们赶出教室以示惩罚，我们得背靠着墙或柱子一直站到下课。其实我们很喜欢被罚站，因为这样就不用上课了，但我还是害怕被新上任的校长看见。这位新校长个头很矮，名叫皮埃尔·吉耶蒙，高年级的中学男生们私下都叫他"Putia"（布提亚）——这个外号是从"petiot"（小家伙，法语里对矮子的俚称）转化而来的。布提亚习惯趁上课的时候在走廊上巡视，一旦发现哪个学生正在接受惩罚，就会像美洲豹一样猛扑上去。有很多次，他用冰冷的蓝眼睛瞪着我，问我为什么被老师罚站。在问话的过程中，他一直踮着脚，好像这样能使自己显得高点儿。他不会接受学生的任何说辞，命令我放学后继续留在学校里完成额外的作业。我总是搞不明白布提亚哪来这么多时间泡在学校里。

老师是我们的敌人，为了挫败他们，我们不得不想尽一切办法，包括考试作弊以及向父母告老师的状。但是家长对我们的抱怨总是不以为然，他们对我们的老师极为尊敬，根本不认为老师也会犯错。

我们每年都得到学校医务室去一次，注射斑疹伤寒、天花和霍乱疫苗——这在被各类传染病和疾病包围的上海可是件非做不可的事。每次注射疫苗的时候，我和同学们总是非常开心，因为作为对打针的补偿，我们可以一个下午不用上课。每逢礼拜三下午，我们也不用上课，学校给我们时间专门用来赶写作业。不过，礼拜六上午我们得到学校把缺的课补回来。我对每个礼拜三的下午总是充满期待——不是想利用这个时间学习，而是想骑自行车出去玩。秋天和冬天时，我会用这个下午去买烤红薯和炒栗子吃——路边的小贩们把这些东西装在大盆里卖，下面还用炭加热。天气变得暖和后，我们就去买甘蔗吃，然后一边骑车回家一边享受甜甜的汁液，把吃完的渣子吐了一地。我还喜欢跟同学赛车，每当我骑得离行人太近时，那些受到惊吓的中国人就会用中文冲我喊"该死的外国佬"或者"长鼻子的白鬼子"。

我们在学业上的进步（或者毫无进步）都被记录在成绩册上。上面登记着我们的课堂作业、家庭作业以及日常行为的得分，每周都由会说法语的中国职员记录在案。校长吉耶蒙先生会仔细检查每一份初中和高中学生的成绩册，因为他要在所有成绩册上签名，要是某个学生的成绩非常低的话，他还会附上评语。每周六下午，我们把成绩册带回家给父母看，看完后需要父亲或者母亲签名。我总是好奇布提亚是不是有空睡觉，因为每个星期他至少要看两百份成绩册。父亲对我糟糕的课堂表现和不断下跌的数学成绩总要有所斥责，对此感到厌烦后，我干脆不再给他看我的成绩册，而是要不懂法语的母亲在上面签名，这样一来，我就可以将布提亚对我课堂表现的负面评语瞎翻一气给她听。我经常被老师批评上课不听讲，老是跟邻座讲话。每当这时，老师就会冲我喊："Silence，Willens"（安静，威伦斯！）在我听来，法语的"silence"（安静）一词跟我的姓连在一起发音，有一种诗一般的韵律感。根据学校的规定，要是一个学生在一学年中有两门功课不及格，就得重修，因为那时还没有"讨论通过"（social passing）（即虽然学生的考试成绩未达到及格标准，但经过教师讨论后仍准予结业的制度）一说。布提亚因此建议我找一个数学家教，父亲便请他一个客户的儿子伯纳德·圣－奥永在暑假期间帮我补课，但效果并不理想。

学校的二楼有个法语联盟图书馆，老师不时要我们去读一些课上要求看的书，但我们却把时间尽可能多地用在读禁书上，比如著名女作家柯莱特的作品。虽然无法理解为什么柯莱特的书会被禁，但我们都清楚为什么有着生动性描写的《查太莱夫人的情人》不适合法国公学的学生阅读。我们将那些情色段落的页码记下来，然后把这些珍贵的情报交给其他同学，他们则会趁法国图书管理员下班后只有中国职员在场的时候把那些段落找来一读。有个同学曾告诉过我，她的哥哥以及他的朋友们专门去看拉鲁斯医学辞典里关于女性生殖器官的部分，我们因此曾想把这本书找来学习一下男生的生殖器官，但就是找不着，又不敢叫图书管理员替我们保留这本书。我们这群女生都确信，这本书肯定被那帮男生藏在图书馆的某个地方，这样他们一有空就可以去看了。

虽然我们不太喜欢法国公学，但学校里每年有两项活动却让我们无比期待和激动。一项是每年 2 月在学校大礼堂举行的集会，以表彰曾大力支持法国教育事业的查理曼大帝（事实上他具有德国血统）。除了幼儿园和一、二年级的学生外，全体学生都会被邀请参加 "La Fête de la Saint Charlemagne（圣查理曼大帝纪念日）" 的聚会，聚会上有用来招待学生的茶和饼干，会后还可以观看高年级的同学放风筝。我们很喜欢这样的聚会，可以大口大口地吃东西，高声聊着感兴趣的话题也不会被老师训斥，因为老师们都集中在礼堂的后面。我们同表演者一起唱歌，开心地大笑，拍巴掌，看到认识的朋友表演节目时更是如此。我的妹妹小杰曾经在聚会上演奏过肖邦的《幻想即兴曲》，另外一次我和舞蹈队的小伙伴们在台上扮演俄罗斯农民。我们穿着彩色衬衫，宽大的裙子，红色的靴子，在台上笨拙地跳着舞。我非常享受大家的关注和掌声，甚至觉得这些关注和掌声几乎都是冲着我来的。对女孩子来说，这一天最开心的事情当然是展示她们的新衣服了，而男孩们则身穿西服上装、僵硬的白色棉衬衫和短裤，脖子里还系着领带，看起来很不舒服的样子。

另一个让我们开心的活动，是在每学年结束时给各门功课成绩优秀的学生颁发奖章和书本。颁奖典礼当天，礼堂里装饰着法国国旗，沿墙壁摆放着一大盆一大盆的松树。各班级在凯利先生严厉的目光注视下进入会场，空气中弥漫着兴奋的气氛，因为大家都希望至少得到一本书作为这一学年学习的奖赏，同时也期待着等待了很久的暑假。我知道自己不会空手回家，因为我总能因为英语或者法国历史的成绩优异而获得一本书。教师们先在台上就座，随后是法租界公董局的官员，然后是身穿卡其色或白色制服的陆军和海军军官，制服上面还挂着勋章——他们的服饰与来自各个法国教会学校的神父们身上的黑袈裟形成了鲜明对比（我能从这群神父中认出只有一只手的那名耶稣会士）。当法国总领事到场后，法国的警察乐队便会开始演奏国歌《马赛曲》。总领事随后致简短的开幕词，接下来布提亚的发言会长一点儿。他一定会说现在全世界的学生正变得越来越懒，但读到那些通过了学位考试第一和第二部分的学生名单时，他看起来还是满自豪的。最后，他总要勉励我们在暑假里多读书，下学年要更加努力地学习。我们心不在焉地盼着他的讲话赶快结束，因为大家都想赶快拿到奖品然后离开学校。当我们的名字被叫到时，我们就会跑到台上，从布提亚手里接过书——他把书递给我们的时候，脸上会勉强挤出一丝笑容。最高级的奖项是颁给中学各班级最优秀的学生的。有意思的是，获得这一奖项的几乎总是出生于上海的非法裔学生，尤其是两个来自俄罗斯的犹太女孩艾拉和吉妮亚，以及拉萨罗姐妹俩（她们是虔诚的天主教徒，其印度裔父母来自被葡萄牙人殖民的城市果阿）。典礼结束后，总领事会说一些辞行的话，然后来宾和教师们在警察乐队的乐声中缓慢退场。我们静静地跟在他们身后，但一旦到了他们听不到的地方，就会欢唱起来："暑假万岁，再也没有惩罚，让我们把笔记本和老师们统统扔到篝火里吧。"在我上小学的时候，学校会为小学生们举行一个较短的颁奖仪式。仪式通常放在上午，给获奖的学生颁发书本的都是法租界要人的妻子。这些女士们穿着丝绸和薄棉的夏装，戴着帽子和手套。当孩子们胆怯地爬上讲台领取书本时，她们就那么坐在台上面带微笑地看着。

在每年11月的第一次世界大战停战纪念日，12岁以上的学生都要去天主教墓地参加一项庄严的仪式，以纪念一战中为了法兰西的荣誉而战斗和牺牲的英雄们。大家来到墓地时，那些老兵的墓碑上已经放上用菊花扎成的花圈，总领事和军队各部门的代表们依次发表致敬的讲话。这一天，所有市政当局的建筑和法租界的六个巡捕房都会亮灯庆祝停战纪念日。

这些仪式以及表彰伟大的法兰西文化和文明及其殖民扩张的爱国言论对我产生了终生影响。现在，每当我听到《马赛曲》，特别是"拿起武器，公民们"那一声大吼，我还会起鸡皮疙瘩。每天早晨上课前，在学校操场举行的简短仪式上都会反复强调这

二战时法国公学的教师在贝当元帅的肖像前合影

些内容，同时，一个成绩和操行都很好的学生会被挑选出来升法国国旗，而一名来自殖民地部队的安南士兵会在一边吹军号。让我感到很遗憾的是，我从来没被选中过充当升旗手，因为只有法国公民才有资格参与这些爱国仪式。我安慰自己说，就算我是法国公民，也会因为成绩和操行太差而没有资格升起那面尊贵的三色旗。但事实上，身为上海无国籍人口中的一员，我当时一直都很向往成为法国公民。

第十章　多姿多彩的 30 年代中期

　　随着交际圈的不断扩大，1935 年年初父母决定搬家，于是我们住进了善钟路（Route de Say Zoong，法租界仅有的几条以中国人命名的道路之一，今为常熟路）上的赛华公寓（Savoy Apartments，今瑞华公寓）一所大得多的房子里。赛华公寓靠近霞飞路，是座刚建不久的装饰艺术风格的八层大楼，带有一座巨大的花园。

　　在上海，并不是只有列强国家的公民才能享有丰富的社交生活，其他中产阶级的家庭（包括许多像我父母一样无国籍的俄国犹太人）生活得也很多姿多彩，不过后者交际的范围要小一点儿。我父母从来没有加入过 1932 年新成立的上海犹太人总会——会员可以在那里玩扑克、打麻将、听讲座和音乐会，也可以聊聊八卦，但他们每年都会到这个俱乐部参加慈善舞会和跨年夜的庆祝活动，用以资助为孤苦的犹太老人以及在 20 世纪 30 年代初开始陆续抵达上海的德国和奥地利难民而设的收容所。为了参加这些正式的社交活动，母亲通常先到四家中国人开的百货公司（先施、大新、新新和永安）购买织锦或丝绸的料子，有时也会光顾价格更高的英国惠罗百货公司（Whiteway and Laidlaw），然后找一位灵巧的俄国裁缝，将这些衣料做成两件晚礼服和几条裙子。在社交场合，母亲会戴上珍珠项链以及从迈克尔·苏克尼克的商店买来的钻石戒指和耳环。一旦天气变凉，她还会披上一条银狐披肩，父亲则会穿上燕尾服陪伴母亲——不过他从来不喜欢穿这种僵硬的正装。我父母的文化生活主要就是听上海交响乐团的音乐会，音乐会在兰心大戏院（Lyceum Theater）演出，由著名的意大利指挥家梅帕器（Mario Paci）执棒。尽管我和瑞娃已经不是小孩子了，但每次父母外出时，老阿妈总要警告我们（或许是想吓唬我们吧），要是我们不按时上床，摆在房间过道里的木雕神像就会到卧室里把我们带走。

虽然我的父母没有加入任何俱乐部，但他们是阿什肯纳兹犹太教会的成员，每逢逾越节和高圣日（High Holy Days）——包括犹太新年（Rosh Hashana）和赎罪日（Yom Kippur），他们会购买参加宗教仪式的入场券来支持教会。父亲在宗教信仰上很正统，而母亲从小是在诺沃尼克拉夫斯克的世俗环境下长大，不过她的祖父帕维尔却是个严谨的正统信徒。在我7岁的时候，我和瑞娃开始跟随母亲参加教会的活动。我们和参加仪式的老妇人们一起坐在楼上，她们因为不能阅读希伯来文，所以参加这样的仪式有些困难。我们每年去教堂两次，却从来听不懂她们说什么和唱什么，因为我们根本没学过希伯来文——只有日后需要参加成人礼（Bar-Mitzvah）的男孩子才能学这种语言。我们觉得那种肃穆的气氛很无聊，因此很多时候只在教堂外面跟朋友聊天，互相称赞彼此的新外套。父亲从来没跟我们谈论过犹太教，因此我们姊妹三个对逾越节仪式的含义以及高圣日的阴郁气氛完全不能理解。我们不知道自己信仰的宗教禁止吃猪肉和贝类食物——事实上我们去布莱尼娅姨妈和瑞娃姨妈家吃午餐时，都很喜欢这些属于"非犹太洁食"（Non-kosher）的食物，但母亲警告我们不要告诉父亲我们吃了这些东西。有时小王和老阿妈做了中式的猪肉和咸鱼，我们也会瞒着父亲到厨房去尝一尝。我们很喜欢这些"禁食"，将它们跟米饭一起吞下去，然后心满意足地打个饱嗝，真是一种享受。我们不必担心父亲会来厨房，因为这个地方绝对只有仆人、妇女和小孩才能进出。

喜欢吃吃喝喝和做游戏，不喜欢写作业，这是我小时候最主要的性格特点。放学后，我会奔到公寓楼下面的花园里，玩跳房子和弹珠，还会爬树、溜旱冰、骑自行车，而旁边的阿妈们则边打毛线边聊天，同时照看着童车里的婴儿。我跟几个小伙伴一起玩一种叫"戴绿"（Wearing the Green）的游戏，规则是在游戏中必须始终把一片树叶或一叶草放在身上，我会猛地抓住靠近我的任何人，嘴里喊"绿"，要是那人拿不出树叶或草，就得给我一个从白雪公主冰棍的包装纸上撕下来的小矮人。等到攒齐七个小矮人的纸片后，老阿妈就会带我到附近的面包房换奖品，奖品

赛华公寓

通常是一根免费的黑兹尔伍德牌巧克力冰棍儿。这个优惠活动是在《白雪公主与七个小矮人》的电影在上海公映后才出现的。

我还喜欢在星期天乘父亲的汽车外出，当然不是去上学，而是去位于公共租界外的兆丰花园（Jessfield Park，亦称极司非尔花园，今为中山公园）。我们会在那儿野餐或者做游戏。外出时，我总要坐在汽车的前排，因为我喜欢对着汽车前面穿过的行人做鬼脸和吐舌头。母亲每次都满足我的要求，自己坐到后排去。她不想听我吵闹，也不要听父亲冲那些挡住路的行人或者运动的物体（特别是人力车）乱吼。父亲用俄语骂的脏话迅速丰富了我的外语词汇量，不过我经常弄不明白这些词到底是什么意思。幸亏我每次出门都坚持坐在汽车前排，有一次我还真的发挥了作用。

那是一天下午，父亲把车停在霞飞路上，然后下车去接母亲——母亲去拜访开干货店的姐姐布莱尼娅和她的丈夫约瑟夫了，而我就一个人留在车上。就在这个时候，有一辆车突然撞到了我们的车，我们的车身被轻轻撞了一下，瘪下去一块，我迅速看了一眼对方的车牌，事后把四位数的车牌号码告诉了父亲。父母都感到很吃惊，没想到我不仅知道看对方的车牌，而且还能记住上面的数字。父亲联系了肇事者，对方支付了轻微修补的费用，而我也因为警惕性高得到了一块中国银元作为奖赏，我把这块银元跟积攒下来的铜板放在了一块儿。能得到这块"鹰洋"我真是开心极了——这种银元是从墨西哥进口的，直到20世纪30年代初一直是中国的标准货币。

父亲订阅了英文的《字林西报》和法文的《上海日报》，报纸都会送上门。我对图片的说明文字很感兴趣，经常向父亲询问报上提到的各个国家的情况。因为看起来我似乎对地理很感兴趣，父亲就从办公室带了一些外国的邮票给我。我把它们小心翼翼地放进相册里，里面已经收集了相当数量的中国邮票，上面画着彩色的小船和神情严肃的孙中山。那些来自埃及以及英国殖民统治下的香港和马来亚——太阳人寿在那里都有分公司——的邮票款式之多，让我激动无比。然而，作为一个成长中的法国崇拜者，一想到英国的殖民地比法国更多，我就感到非常失望。

有一个机会让我对大英帝国了解更多。那是1935年5月，父亲开车载着母亲、瑞娃和我去外滩，暗黑的天空被电灯和烟花照亮。烟花是从停泊在黄浦江边的驳船上发射的，这是公共租界当局为了庆祝英国国王乔治五世登基25周年而安排的庆祝活动。当我告诉一个英国男孩我参加了为他们国王举行的庆典后，他对我说这个统治者应该被称为"大不列颠联合王国、爱尔兰及海外英属领地的国王陛下和印度皇帝"。经历了这个激动人心的夜晚之后，我决定原谅英国比法国占有更多的殖民地了，也原谅这个国家曾经出现过一些坏得应该被送上断头台的君主了。1936年年初，当得知英国的老国王去世后，我感到有些失落，因为我对他那张印在所有英国和不列颠王国邮票上的蓄着胡须的脸已经很熟悉了。父亲再一次带我们来到外滩观看照亮了全城的烟火，这一次是为了庆祝一位新的英国国王和印度皇帝爱德华八世加冕。

报纸上的新闻标题和来自各个国家的邮票使我对外部世界的兴趣与日俱增。我可以轻而易举地认出经常见到的希特勒、墨索里尼和斯大林的照片，母亲告诉我他们都是"坏家伙"。我从10岁起就开始热衷于政治，对住在同一栋公寓楼里的两个男孩进行了口头攻击。他们一个是意大利人，另一个是苏联人，老是喜欢吹嘘各自的国家有多牛，可是我却没法向他们吹嘘罗马尼亚，因为我对这个国家根本一无所知，而且母亲也不许我向父亲打听这方面的事，我只是从邮票上才得知这个国家由一个国王统治。我对那个意大利男孩说，墨索里尼长得又胖又丑，他那个突出的下巴就像一只英国斗牛犬，他打算轰炸那些毫无防御能力的埃塞俄比亚人，而埃塞俄比亚人最多只能向他投掷标枪。其实我并不知道埃塞俄比亚位于哪个大陆，但我知道那里有一个皇帝，因为我收集的几张三角形的埃塞俄比亚邮票上印着海尔·塞拉西皇帝的画像。那个意大利男孩对埃塞俄比亚没有我知道得多，于是他转变了话题，吹嘘说他父母带他参观了停泊在黄浦江边的意大利"康提凡蒂"号（Conte Verde）邮轮，而我根本不会得到邀请去参观这艘船。那个生性好斗的苏联男孩看起来就像个俄共的官僚，试图向我介绍他那个"斯大林爸爸"，而我知道我父母很鄙视斯大林这个人，因为他对他的人民很刻薄。这个男孩的英语不怎么行，因此没法给我讲许多关于苏联的事情，我则用有限的俄语词汇对他说"回去找你的'斯大林爸爸'吧"，然后就用源源不断的俄语脏话把他给骂跑了——我最喜欢骂的俄语脏话是"猪"和"见鬼去吧"。我尤其讨厌"斯大林爸爸"，因为1935年为了响应斯大林要海外的俄国人回国建设祖国的号召，索尼娅姑妈的儿子弗拉基米尔返回了苏联。他是一名工科学生，父母都很富有，因此被批判为"资产阶级"，从此杳无音信。

令人遗憾的是，我跟意大利男孩和苏联男孩的争论结束得太快。我们家搬到赛华公寓还不到一年，我调皮捣蛋的坏名声就越传越响。好些家长向我母亲告状，说我把他们的小孩弄哭了。他们问母亲为什么我不像瑞娃和小杰那样听话——当然，母亲也不知道答案。居住在赛华公寓里的家长们（包括我的父母）要是知道我和几个小男孩在屋顶花园里玩的游戏，肯定会感到震惊。我们悄悄地爬上八楼，不乘电梯，因为不想碰到那些好问东问西的大人们，他们肯定要问我们提着一桶冰块想干什么。我们的计划其实是想用这些冰块去扔马路上的人——从楼顶看下去，他们就像蚂蚁一样渺小。我们的"炮弹"一旦着陆，大家就急着想看看那些行人和骑自行车的人怎么反应，他们通常会环顾四周，然后抬起头，但他们看不到我们，因为我们正躲在屋顶的栏杆后面咯咯地笑呢。不过说起来，这些行人还是很幸运的，因为我们的准心很差，从来没有人被这些从天而降的冰块打中过。

20世纪30年代中期，上海的外国人享受着午餐、下午茶、晚餐、音乐会、各种聚会和舞会，而生活在租界那堵无形的围墙内外的中国人则大都境遇悲惨，两者的生活方式反差强烈，完全生活在两个不同的世界里。我和父母、姐妹以及我们的朋友都已经习惯了和中国人居住在同一座城市里，但我们对他们完全漠不关心。

第十一章 夏天的假日

　　每当一个学年结束之后，最让我们姐妹仨激动的就是逃离上海闷热的夏天，去海边或山里的避暑胜地度假。家里虽然窗户洞开，我们一边吹着吊扇和台扇，一边一杯接一杯地喝冰水，但还是不能稍减炎热和潮湿的感觉。我们将厚实的中国产的羊毛地毯从所有房间里取走，挂在栏杆上，让仆人用力拍打，以便除掉积攒了一个冬天的灰尘和线头，然后把它们卷起来，用厚纸裹好，在房间里找一个密闭的地方收起来，或者寄存在房子比我们家大的朋友那里。现在房间里都换上了轻便的棉质或麻质的小毯子，营造出一丝凉爽的氛围。晚上上床前，老阿妈会给我们扑爽身粉，然后我们钻进蚊帐里，开着窗子睡觉。在6月到9月间，用人们住的房间因为不透气而酷热难当，很多人就睡在室外的吊床上，或者干脆睡在草席上，而外国人则开始匆忙地离开这座城市了。

　　在20世纪30年代的七八月间，外国的妈妈和她们的孩子

（有时候还有阿妈陪伴）离开上海前往海滩和山里避暑，而她们的丈夫则继续留在上海工作。1931年我4岁，母亲带我和瑞娃去哈尔滨看望索尼娅姑妈一家。我们乘船先到大连，然后坐火车经沈阳到达哈尔滨。我知道我们在哈尔滨期间肯定会得到很多礼物，因为索尼娅姑妈和她的丈夫总是在我们生日时寄来很多礼物，而我们的父母却只会给我们买一件礼物。我们在那个俄化的城市待了整整一个夏天，表兄弗拉基米尔和表姐沙拉很放纵我们，经常带我们到松花江去游泳。老阿妈留在上海照顾父亲，而我们则由索尼娅姑妈的俄国保姆负责照看。每天早晨她送我和瑞娃去托儿所，在那儿我们很轻松地一会儿说洋泾浜英语，一会儿说俄语（当然是不讲语法的）。我相信待在哈尔滨的那段日子里，我的俄语肯定说得很流利，因为我每天都跟那群说俄语的男孩们咿呀学语或者一起唱歌。作为一个小孩，我当时认为每一个成年人都会用自己最熟悉的语言跟我交流，而我回应他们时也会自动地切换到他们所说的那一门语言。

我和瑞娃只在哈尔滨待过一个夏天，因为当时日本兵已经开始控制这座城市了。那些向富人和商人敲诈钱财的日本宪兵常将犹太人作为目标，认为他们参与了令其憎恶的共产党第三国际的政治活动。哈尔滨有一些持反犹立场、倾向于法西斯主义的乌克兰人，他们当中有一些人自愿跟日本人合作，骚扰或绑架犹太家庭的户主以勒索大笔赎金。索尼娅姑妈的丈夫拥有一家效益很好的制药厂，因为害怕被绑架，他们在20世纪30年代初变卖了产业，举家搬到了上海。

1934 年我和母亲、瑞娃、仅有两岁的小杰还有老阿妈一起去青岛度假。青岛是一座海滨城市，外国人很多，特别是美国和英国的基督教传教士以及他们的家人——他们在沙滩上休息放松后仍得返回条件艰苦的中国内地。青岛一向是最受德国人青睐的度假胜地，因为这个地方在第一次世界大战前一直处于他们的控制之下。德国人在那里建了很多避暑的度假屋，很像他们本土的巴伐利亚式的建筑风格。始建于 1903 年的青岛啤酒厂生意兴隆，在中国所有的通商口岸生产和销售啤酒，深受中外消费者（尤其是各国军人）喜欢。

我们乘坐日本邮船株式会社的客轮前往青岛，路上花了两天时间。船舱很舒适，服务周到，日本船员对乘客（特别是小孩）也很友好。母亲总是很节省，只买了二等舱的票，不过日本的船无论什么等级的船舱都非常干净。每当我跑到船员区时，日本的船员总会拍拍我的脑袋，还给我糖吃。我在返回船舱前就会把糖吃完，这样就用不着跟瑞娃或其他人分享我的战利品了。我们在青岛待了一个月，母亲和我们的亲友租了一座带环形游廊的大房子，一到晚上，大人小孩就聚在一起聊天唱歌。有几家带了阿妈去照料小孩，同时也帮着做饭。我和瑞娃跟小朋友们一起去沙滩玩，在阿妈们的照看下堆沙堡、捡贝壳、套着救生圈游泳（除了阿妈们，这里没有中国人，因为这块地方只对外国人开放）。沙滩上有一些用水泥修筑的战壕，战壕里伸出炮管，那还是德国人于一战时修建的，我跟同去度假的男孩们经常在里面玩。这些挖得很深的防御工事下面铺着窄窄的轨道，上面停着运送弹药到港口的小车，这是当年为了防备中国东北的日军向此地发动进攻而预备的。我很喜欢骑在大炮上面，在战壕里跳上跳下，跟男孩子们一起玩打仗的游戏，战斗的双方是中国人和日本人。那时我们知道在现实世界中胜利总是属于日本人，因此大家都喜欢扮演日本兵。

接下来的一个夏天，我已经8岁了，父母将我和瑞娃送到青岛一家私立英国学校，去那里的唯一目的就是为了提高我们的英语口语，因为我们的英语口语总是混杂着太多的法语和洋泾浜英语的词汇。我们进入了圣吉尔斯寄宿学校，刚从澳大利亚回来的瑞娃姨妈也将两个年纪很小的儿子布鲁斯和哈利送到那里读书。一想到整个暑假都不能到海边玩而要在教室里度过，我就很不开心。更糟糕的是，没有老阿妈在身边，就没有人帮我洗澡、洗头发，也没有人每天早晨替我把衣服准备好。寄宿学校有很多规矩和守则，很快我就因为跟同学争斗受到了英奇先生的惩罚——他是一位非常严厉的英国校长。他把我叫到办公室，然后把我摁在他的膝盖上，用一把刷子打了好几下我的屁股，我被打得大哭——不仅因为痛，更因为难为情。我自以为已经长大了，就算仍会遭到母亲的呵斥，但她再也不会打我了啊。现在这个男人把我们的裤子脱下来，而且没有第二个成年人在场，可家长们竟然从未质疑过这件事。如今回想起来，我很想知道，当年那个单身汉把这么多年轻女孩和男孩的裤子脱下来，会不会由此激发他的性欲呢?

我们在家里从来没有提过有关性的话题。因为没有兄弟,我很好奇男孩子的性器官长得什么模样儿。我在太平洋的海水里曾经有过一次机会,和一个跟我差不多大的男孩很纯洁地互相"展示自己"。我们的动作很快,而且一直在笑。我很想知道小孩是怎样生出来的——我和瑞娃曾经鼓足勇气去问父母这个问题,他们回答说小孩是从白菜地里长出来的,或者是挂在鹈鹕的长嘴上送来的,现在我再也不相信这样的答案了。自从第一次见过男孩的小鸡鸡后,我就开始向同学打听这玩意儿在男人和女人之间怎么个用法。我对答案感到很震惊,就问瑞娃这是不是真的,因为我无法想象我的父母会做这么下流的事情。我很高兴终于揭开了性的神秘面纱,但同时也深感失望,因为我不得不相信自己的父母也参与了如此可怕的游戏。

1936年夏天母亲本打算带我们重返青岛,但中日两国在华北的冲突妨碍了她的计划。她考虑了其他的度假胜地,包括中国的莫干山和北戴河,还有日本——她的朋友计划去长崎和别府。很多生活在上海的外国人选择去日本避暑,因为日本政府对游客非常欢迎,就算没有国籍也可以入境。但父亲对日本人一直心存戒意,而且母亲也认为,虽然父亲去年的保险业务很成功,但去日本的花费实在太大。母亲在财务方面从来没有安全感,总觉得有必要多存钱以应对突发状况,因为她一直念念不忘当年还是小姑娘时逃离俄国的情景。

瑞娃、丽丽、妈妈和小杰（左起）

母亲最终选定了位于天津东北的北戴河。她和几个亲戚朋友一起租了一座小度假屋，把老阿妈也带上以便照料我们三个小孩，帮我们洗衣服，并和大家一起准备饭食。我和朋友们早上去海里游泳，午饭后不情愿地睡个午觉——老阿妈坚持说必须得这样，因为午后的室外温度太高。下午稍晚些的时候，我们骑着租来的自行车去附近的湖边，那里四周都是有钱的中国人的度假屋，也有外国人租住在那里。晚饭后，我们在光线昏暗的街道上散步，用手电筒对着身边的萤火虫照，或者在黑暗中互相吓唬。

当中日之间在华北的冲突加剧后，上海的外国人就不再去北戴河了，他们转而到离家较近的位于上海西南 120 英里的莫干山避暑。度假的地方位于山顶，最早是在 20 世纪初由英国和美国的传教士们开发出来，以便在夏季于辛劳的布道间歇稍事休整。1937 年 7 月至 8 月初，我和母亲、姐妹、老阿妈以及亲戚们住在山顶的一所房子里。我们先得坐五个小时颠簸的大巴，然后换车再坐两个小时才能抵达莫干山麓。为了使我们免受饥饿和长途跋涉之苦，母亲随身带着冷鸡肉、煮鸡蛋、面包、蛋糕和果汁。因为没有通往山顶的公道，上山的唯一交通工具就是那些在山脚下待客的滑竿。滑竿有两根平行的竹竿，由两个人抬着，一人在前，一人在后，第三名替换的轿夫则紧紧地跟在旁边。要是乘客很胖的话——很多来自上海的外国人就是如此，轿夫们就得承受很重的压力。当我被两个男人抬着，哼哧哼哧地走在又窄又滑的山路上时，我很担心最终是否能到达目的地——其实，穿着草鞋的轿夫很可能会在光溜溜的石头上滑倒，不过我当时并没有意识到这种危险。

蝉鸣声中的莫干山空气凉爽怡人，我们一起玩中国象棋，在草地上打羽毛球，在吱吱嘎嘎的留声机上听音乐，在花园的吊床上打闹。晚上，我们在竹林里散步，然后坐在游廊上听我复述老阿妈讲过的神话故事。不过有一天，我那 5 岁的妹妹小杰和比她大几岁的小伙伴们给我讲了一个真实的故事：他们遇上了蒋介石将军，有许多卫兵陪同，在一条山道上散步。小杰说这个高个子的中国男人对她笑着用英语说"hello"（你好），她则向他挥了挥手，根本不知道这个人就是中国的总统。听了她的话，我向几个朋友建议说我们应该去找一找总统的家。当我们走近他的大房子

丽丽和瑞娃在青岛海边

时，卫兵冲我们喊，要我们离开，于是我们便在卫兵的枪口下迅速地跑走了。

下莫干山时，我才终于意识到坐滑竿的危险之处。轿夫们一路跑下陡峭的山路，我则坐在椅子上，身子被一股力量推着向前倾。在狭窄的山道两边，我看到深深的悬崖一直通向谷底，于是只好双眼紧闭，牢牢抓住竹椅，努力不去想象翻下山崖的情景。直到感觉到达平地的时候，我才敢睁开眼睛。

莫干山的这个暑假很是悠闲自在，这也是我们家在中国度过的最后一个这样的夏天。就在我们避暑的时候，得知中日两国的士兵于 1937 年 7 月 7 日在北平附近的卢沟桥开枪互击。不久，一个日本海军军官在虹桥被枪杀，日本人随后轰炸了闸北、虹口和浦东。抗日战争开始了，这场战争持续八年之久，两千万中国人在战争中丧生。

第十二章　乌云压城

直到中日两国未经宣战而爆发战争时，我父母一直都相信，只要控制了中国东北，特别是哈尔滨这座重要的城市，日军就会心满意足了。和其他上海的外国侨民一样，他们很少关注 1932 年中日间的争执以及 20 世纪 30 年代中期国民党军队与其共产党反对派在中国腹地的冲突。总的来说，上海的各国侨民们依然过得很舒心，特别是那些列强国家的公民，继续在鸡尾酒会、晚餐会、舞会以及本国的俱乐部和大饭店里享用着各式美酒佳肴。

1937 年 5 月英王乔治六世加冕，之前因爱德华八世逊位而心情复杂的英国人，对此感到由衷的高兴，举行了庆祝活动，公共租界的各个主要十字路口都竖起了装饰着纸花环的竹牌楼。晚上，父亲开车带我们来到聚光灯照耀下的外滩观赏烟火。我听父母说，英国国王是被迫放弃王位的，因为他想和一个离过两次婚的美国女人结婚。

但是，1937 年发生了两件事，让我对死亡产生了无比恐惧而又真实的感受。一件事是我的外婆安娜死于肺炎，我和瑞娃跟随父母参加了她的葬礼。眼看着棺材下葬，我难过地浑身发抖。当犹太牧师进行祷告时，站在我身边的母亲和她的姐妹们都在哭泣。我从未见过母亲哭，因此当我看到布莱尼娅姨妈扑在棺材上哭得歇斯底里直到被人拉走，内心感到非常震撼。

另一件事就是中日战争。我看到日本的战舰竖起了大炮，日本的飞机轰炸了闸北。8月14日这天，中国的飞机出现在上海的上空，试图轰炸停泊在日本领事馆附近的日本旗舰"出云"号。那天我正在法租界艾拉·拉比诺维奇同学家的花园里玩耍，突然听到低沉的高射炮声，还有惊天动地的爆炸声。我害怕极了，特别想要家的安全感，于是迅速跨上自行车，伴随着炸弹的爆炸声，一路向家飞奔。那天晚上我听父母说（他们并不知道轰炸时我正在骑自行车），公共租界里死了许多人。

接下来的几天我才得知，那天中国战机飞越城市上空时，其中有两架装载的炸弹被高射炮击中，从架子上掉了下来，落在公共租界的商业中心。其中一架飞机上的炸弹落在南京路，就在汇中饭店（Palace Hotel，后为和平饭店南楼）和华懋饭店（Cathay Hotel，后为和平饭店北楼）之间，炸死很多中国的行人、人力车夫、开车的人和一些外国人。从另一架飞机上掉下来的炸弹落在法租界边缘的大世界游乐场。当时游乐场里人群聚集，大约有1000名正在那儿领取救济粮的中国难民被当场炸死。在这个后来被称为"黑色星期六"的日子里，上海市中心有2000人丧生，

2500 人负伤。

数天之后，日本飞机直接命中了永安百货公司的大楼，楼里的顾客以及南京路和附近街道上的行人死伤无数，英文和法文报纸都刊登了受伤的平民和大街上尸体的照片。战斗随即打响了，交战双方分别是驻扎在虹口的日军和驻扎在闸北以及南市的中国军队。日本人占领了杨树浦附近的美国基督复临安息日会，命令居住在那里和虹口的外国传教士离开住所。日本人还警告说，要是这些传教士庇护中国士兵，那么他们位于中国人居住区内的教堂、学校以及医院都将被铲平。

我被闸北的炮火吓坏了，但仍然乘电梯来到我家公寓大楼的顶层，观看远处黑暗中升起的灰色烟雾，父亲则从位于外滩的办公大楼的楼顶目睹了闸北区房子被毁的景象。上海义勇队的队员们再次奉命组织起来，他们很快在公共租界的马路上拉起铁丝网，再堆起沙包，架起机枪。守卫法租界的则是中国和印度支那的巡捕，以及由法籍军官和印度支那士兵组成的殖民军队。

8 月底，我从一位同学那里得知（他父亲是法国警察），日本人和美国人之间发生了一起非常严重的事件。上海义勇队美国连的几名队员开着私人汽车在虹口区南边的边界地带行驶时，遇到一队配有步枪和刺刀的日本士兵正向公共租界开进。美国指挥官命令他的司机在日本人前面停车，以阻止他们继续前进，随后大家从卡车上跳下来，面对日本人站成一排。尽管日本人以刺刀

上海义勇队（上、中）和驻守在闸北的日本海军陆战队
队员（下）

相威胁，装备简陋的义勇队的平民们仍坚守住了自己的阵地。这次遭遇很可能导致可怕的后果，幸而有几名美国海军陆战队第四团的士兵前来解救，才最终化解了危机。美军陆战队的军官用极其强硬的语言斥责日军越界，并命令日军指挥官带着他的人立即离开公共租界的地面。他大声吼道：公共租界处于美国人和英国人的管辖之下。随后，经他同意，两名身高力壮的海军陆战队员从威胁义勇队的两名日本士兵手中夺下步枪，在空中晃了几下，然后又扔还给日本人。日本兵虽然装备精良，人数也超过美国的义勇队员和海军陆战队员，但日本军官并未下令报复——很显然，他还没有接到命令对美国人开战。他转过身，带着他的人径自走开了。

外滩的一战纪念碑

尽管租界附近爆发了中日战争，并一直持续到 11 月中旬，列强还是举行了一战停战日的纪念活动，包括在胜利女神纪念碑前祈祷和敬献花圈。这座纪念碑是为了纪念第一次世界大战中牺牲的协约国士兵而建，于 1924 年在外滩落成。纪念碑顶部是一座六英尺高的天使铜像，被置于一根高高的柱子上。天使有着一对巨大的翅膀，一只手放在一个小男孩的头上。这座纪念碑面对爱多亚路的入口，以其雄姿问候着驶入上海港的大小船只。纪念日当天，公共租界边界上的礼炮声震耳欲聋，西方列强的代表依次发表庄严的演说。参加纪念活动的军官们对上海正在发生的战争似乎并不怎么关心，因为到目前为止这场战争还只是亚洲人内部的冲突（对这场发生在他们身边的军事冲突，列强此前已经宣布保持中立）。

战斗在租界北边的闸北区持续了三个月，超过一万名的中国士兵和平民在战争中死伤，有些则死于疾病。日军由陆军、海军和海军陆战队组成，装备精良，占有绝对优势，中国军队最终只能撤出闸北，并将这一地区烧成一片废墟。许多国民党士兵脱下制服，混在数千惊恐万状的难民中躲进了租界。就像 1931 年一样，警察和外国的慈善团体再次面临超负荷运转的局面。虽然大街上和临时难民营的难民们接受了疫苗注射，每天仍有数百难民和他们的小孩被天花、痢疾和疟疾等流行病夺去生命。

1937 年 11 月，日本人宣布赢得了战争的胜利，他们全面控制了闸北以及位于公共租界北部的杨树浦工业区。战斗结束了，但日本人竖起了更多的军事路障，以此向外国当局表示他们将永久占领这些地区。英国当局在英国军队和上海义勇队的支持下，在面朝虹口的苏州河上划定了防御线，由此非正式地放弃了虹口区。我们家的厨子小王告诉我们，他听说日本人于 12 月初在虹口举行了庆祝胜利的游行。在一名骑马的司令官率领下，一辆辆装甲车以及扛着枪和太阳旗的日本士兵依次通过虹口的主干道，他们一边行进一边唱歌和演奏军乐，这一幕简直令人难以置信，路边旁观的一小群中国人无不面色阴沉，外国人也感到非常震惊。

我有几个法国同学的父亲是高级警察和高级军官。听他们说，当第二天日本人试图在邻近法租界的南市区举行类似的游行时，计划进行得并不顺利。他们本想穿过租界内的一条大街到达目的地，但事先并未征得法租界当局的同意，因此当他们接近那条大街时，法国的坦克和军队挡住了他们的去路。法军指挥官镇定地坐在一把椅子上，挡住正向租界驶近的日军坦克，充分展示了他的勇气和对日本人的蔑视。经过长时间的交涉，日本人颜面尽失，最终仅有一支负责供应伙食的军需小分队获准在法军的监视下穿过法租界到达南市，而且这支小分队既不能携带武器，也不能打任何旗帜或者呼喊口号。法国人竟然阻止了日本人举行一场全副武装的胜利游行，我和同学们听到这一消息后都感到非常兴奋。

当时，上海的外国侨民还没有真正意识到，随着 1937 年日军的到来和对虹口的入侵，近一个世纪以来控制着上海租界并享有治外法权的白人已经开始丧失他们的军事优势了，日本人已经证明他们的军事实力足以与西方列强抗衡。现在，在海军的支援下，日本陆军已经控制了此前由中国人管辖的闸北和南市，还有公共租界内的虹口区。日本人想要在工部局里占有更多的席位，并企图取代英籍总巡捕的职位，但这一要求遭到了拒绝。

当局势在秋天重归平静后，父亲打算去闸北一趟，以便评估当地遭受的损失，我坚决要求他带我一同前往。看到由于日军炮击引发大火而造成的灾难，我感到无比震惊。我一下子明白了，战争意味着活生生的人被杀害，而不仅仅是报纸和广播里对死亡人数的统计。整个闸北区只剩下少数几栋建筑未被夷平，废弃的街道上四处散落着破屋子的木板碎片、扭曲的金属和水泥块。我看到一间被炸毁的商店里有一辆崭新的自行车闪着光亮，就对父亲说想把它放进我们汽车的后座里，但他说我们不能偷别人的东西，虽然店主也许已经逃跑，甚至可能在大轰炸中丧生了。

在租界区的无数难民身上，我看到了战争的另一面。租界当局设立了露天的难民营，难民们盖着草席，每天都有美国、英国、法国的传教士和宗教团体设立的慈善机构给他们发放食物。很多年后我才得知，那个在我们学校很出名的独臂耶稣会士饶家驹竟然说服日军在南市划出一块一平方英里的"安全区"，用来安置25万名无家可归的难民——这些难民无法进入公共租界和法租界的难民营，因为那里早已人满为患了。

当战败的国民党军队封锁了所有进出内陆的水运交通后，商贸活动开始停滞，上海的经济陷入了困顿。那一年，父亲仅向外国客户卖出两份人寿保险。不过我们的生活方式并没有什么改变，因为父亲仍然可以从过去几年卖出的保险中获得稳定的佣金。我的两个姨父跟人合伙在霞飞路上开了一家皮草行，如今生意大幅下跌。为了方便日后移民到别的国家，布莱尼娅姨妈的丈夫申请并获得了中国公民的身份。他们随即递交了移民美国的申请，并建议我父母也这么做。父亲对移民美国没有多少兴趣，而且认为没有必要去申请中国护照，因为他觉得日本人的胜利只是暂时的，局势很快便可以恢复正常。事实上他想错了。

日本军队在中国的攻势仍在继续，有一次他们甚至攻击了美国的海军，还有一次他们对中国军队发动了凶狠的进攻。1937年12月12日，日本飞机发动突然袭击，对停泊在南京上游25英里的美军"帕奈"（Panay）号炮舰进行低空扫射，最终将其击沉。附近的一艘英国战船也遭遇了相同的命运。幸存者试图爬上仅有的几只救生艇，却遭到日本巡逻艇的机枪扫射，有好几个人遇害。事后日方借口说误以为这两艘船是中国的，但事实上他们的攻击是蓄意的，因为这些船的甲板上画着巨大的美国和英国的国旗，绝不可能跟中国的战舰混淆。日本政府为此事件道了歉，并表示愿意提供维修，美国政府接受了，美国公众的怒气也很快平息了下去。但当那些幸存者返回上海时，上海的美国人和其他外国侨民无不义愤填膺。

另一场规模更大、也更加残暴的悲剧是1937年12月13日日军对南京城的占领。南京那时是中国的首都，被胜利冲昏头脑的日本士兵在那里实施了暴行，对中国人不加区分地杀害和强奸。暴行是在日军指挥官的首肯下发生的，他们很可能遵循了一项所谓日军的传统，即占领一地后给予参战的士兵三天"假期"来为所欲为。然而这一次，虐杀持续了六个星期。虽然至今仍没有准确的统计数字，但据远东国际军事法庭估算，在日军占领南京的头六个星期内，有26万南京居民和被捕的国民党士兵遭到屠杀，超过两万名妇女和女孩被强奸。

我是从广播里听说日军占领南京的，父母和其他人则被报纸上关于大屠杀的报道吓坏了。他们没有把这个消息告诉我和瑞娃——这一点完全可以理解，因为当时我们只有10岁和12岁，不过我还是偷听到他们私下低声谈论日军的暴行。我不仅能听广播，还读得懂《字林西报》和法文《上海日报》上报道大屠杀的新闻标题，报纸上还刊登了遇难者的照片。但我当时并不能完全理解这场悲剧的残暴性，因为上海的外国侨民很快就忘记了被屠杀的中国人——他们将注意力转向了欧洲，纳粹德国发动战争的可能性正变得越来越大。

老阿妈告诉我很多次，说日本人（她轻蔑地叫他们"小日本"）"非常、非常坏"，她不晓得他们为什么要轰炸城市并在农村杀人。她扳着指头给我解释，在中国每五年就要爆发一场战争（1927年、1932年和1937年），再过五年，日本还会发动进攻。事实证明老阿妈的预言是对的，但这一次进攻的目标却是美利坚合众国。

第十三章　欧洲难民

1938 年年初，大街上的铁丝网和沙袋消失了，宵禁的命令也取消了，在马路上巡逻的上海义勇队和外国士兵也不见了。居民们感觉敌对状态已经结束，终于放下心来，但城市里仍然有一种莫名的不安气氛。日本人在虹口的势力最大，他们便以那里为大本营统治着整个上海，日本的舰队则停泊在黄浦江上。公共租界和法租界被全副武装的日本兵包围着，他们拥有高射炮和坦克车，人数也不断增加。现在，真正统治着上海的不是租界当局，而是日本人。日军还控制了上海的港口以及连接南京、北平和天津等主要城市的铁路线。中国现在并存着三个政权，分别是南京的日本人、重庆的蒋介石和延安的毛泽东。

然而，上海那些西方人和中国人开的工厂，其产量和货物的进出口量很快就恢复到了 1937 年前的水平。而且，当中日两国在上海附近的敌对状态结束后，父亲便向很多家庭卖出了人寿保险——他们担心的肯定不只是中国的战争，还有随时可能爆发的欧洲战争。因为父亲得在晚上拜访客户，所以再也不能辅导我和瑞娃的家庭作业了。父母因此决定聘请一位讲法语的家庭女教师玛利亚·斯捷潘诺娃专门教我们练习法语并督导我们写作。她还负有另一项重要的任务，那就是培养瑞娃（特别是我）作为年轻女孩应该具备的仪态举止。玛利亚·斯捷潘诺娃是一名白俄，长着一头火红的头发，举手投足颇有贵族风范，因为俄国革命前，她在圣彼得堡专门给俄罗斯的贵族做家庭教师。听到我们和家庭女教师用法语对话，母亲感到很自豪。但是，这三个个性都很强的女人（我母亲、老阿妈和玛利亚·斯捷潘诺娃）对儿童教育的理念各不相同，她们之间的矛盾也因此产生了。结果不到半年，我们的家庭女教师就被气走了，因为身为一名专业的教育工作者，她很反感母亲老是干涉她的工作，而且老阿妈对她的态度也很冷淡，因为老阿妈将我们视同她自己的小孩，而家庭教师的到来使她丧失了对我们的控制。玛利亚·斯捷潘诺娃的离去让我感到一阵轻松，因为对我这样的女孩来说她实在过于严厉了。最终，我既没有变得不那么好斗，也没有学会文雅的举止。

虽然虹口的日本兵和黄浦江上的日本战舰越来越多，有钱的外国人和中国人仍然可以到高级的餐馆里用餐，在雅致的饭店里参加周末茶会和舞会，去拥挤的电影院观赏最新上映的影片。霓虹灯又在全城点亮了，特别是涌泉路上那个蜂巢牌毛线 (Beehive Wool) 的广告，霓虹灯上的小蜜蜂看上去又从蜂巢里飞进飞出了，这一幕真是让人感到宽慰。跨年夜那天，父母召集了一些朋友来家里聚餐，饭后他们还出去跳了舞，接下来是 1 月父亲的生日聚会，小王每次都会做许多菜招待客人。

在这些忙乱的社交活动中，我和瑞娃听说上海来了不少奥地利和德国的犹太难民，因为这两个国家的反犹运动正愈演愈烈。那时候，外国人进入上海无需任何签证或许可证。当局之所以允许难民随意进出上海倒不是出于同情，而是因为对他们根本漠不关心。难民们到上海后，立即得到塞法迪犹太人和阿什肯纳兹犹太人社团的照料。新来的难民中有许多专业人士，如医生、律师、建筑师和工程师等等，很多人都随身携带着财物，因此能够很快从肮脏的虹口区搬到外国人居住区。他们虽然可以在医疗、银行、保险、工程和进出口公司谋得一份工作，但仍需尽快掌握英语。有少数曾在欧洲的交响乐团演奏过的音乐家，如今要么加入了上海交响乐团或其他演出团体，要么成了私人教师——他们的学生大都是喜欢西方音乐的中国人。

对于上海的外国侨民来说，听到内维尔·张伯伦和希特勒会面后宣称"我们这个时代将是和平的"，大家都感觉放心了。但我父母看起来对希特勒 1938 年 3 月提出的"德奥合并"仍感到忧心忡忡。父亲对我解释说，尽管这次合并得到了奥地利领导人和民众的总体肯定，但其实质就是对另一个国家的吞并。那年夏天，罗斯福总统在法国的埃维昂莱班发起了一次会议，讨论如何安置离开德国和奥地利或被这两个国家驱逐出境的犹太人。与会的 33 个国家（包括美国在内）几乎一致表决不增加针给犹太难民的移民配额。出人意料的是，竟然只有独裁者拉斐尔·特鲁希略领导下的多米尼加共和国愿意接纳10万德国和奥地利的犹太人。但是那时候犹太人想要离开欧洲已经非常困难，只有700名难民在第二次世界大战爆发前设法抵达了加勒比岛。

在我们家的下午茶会上，母亲哀叹说德国颁布了越来越多的反犹法律。我听到父母和他们的朋友在谈论希特勒，但我并不能完全理解遥远的欧洲所面临的危险，因为他们都是用俄语交谈，我只能听懂一部分。不过，他们谈话的几个要点我都抓住了，说德国和奥地利的犹太人被禁止进入学校和大学，甚至被迫在衣服上佩戴一种黄色的大卫星标志，从而成了当地的恶棍和警察辱骂殴打的对象。为了将犹太人从德国的经济体系中清除出去，纳粹最近颁布法律剥夺了他们的财产，然后将其逮捕，关入监狱和集中营。我无意中听到母亲在电话里对她的妹妹布莱尼娅哀叹道，犹太人在德国的悲惨遭遇使她想起了沙皇俄国对犹太人的大屠杀。

在1938年11月9日至10日的"水晶之夜"[1]中，生活在德国和奥地利的犹太人，其商店、住家和教堂被纵火焚毁，人身受到纳粹冲锋队的攻击甚至杀害，在此之后的几个月里，上海涌入了更多的犹太难民。1939年初春，我和瑞娃每个月都可以见到

---

[1] "水晶之夜"指1938年11月9日至10日德国纳粹对全德国的犹太人进行的有组织的暴力袭击事件。许多犹太商店的玻璃被袭击者砸碎，因此这次事件也被称为"碎玻璃之夜"。

大约 1000 名浑身肮脏、身无分文的德国和奥地利难民乘坐着意大利邮船公司（Lloyd Triestino）的客轮在外滩登陆。他们大都需要贿赂欧洲的旅行社，并支付高昂的费用才能经过五个星期的航程到达上海，途中会停靠塞得港、科伦坡港和香港。这三个港口都被英国人控制着，他们害怕难民们在当地滞留并转道前往巴勒斯坦，因此不准他们中途上岸，甚至连伸伸手脚也不行。当这些船停靠在上海的码头后，塞法迪犹太社团的代表就会去迎接这些难民，然后用卡车将他们拉到位于虹口区中心的"家"（Heime）——一个像集体宿舍似的临时安置点。安置难民的资金是由富有的塞法迪犹太人提供的，而施粥所和伙食供应则由阿什肯纳兹犹太人的志愿者负责，他们自己也会捐款以缓解这批新难民的困境。虽然 1939 年关于欧洲战争即将爆发的传言很盛行，难民们仍然相信他们很快就能离开上海前往另一个国家，过上崭新的生活，为难民提供经济和精神援助的各个犹太团体也抱着这样的打算。难民的小孩在塞法迪犹太人的资助下得以进入上海犹太学校，他们在那里很快学会了英文。美犹联合救济会也为初到上海的难民提供了住宿和食物的帮助，而阿什肯纳兹犹太人则给难民们送来了衣服和家具，并邀请他们参加自己的社团活动或到他们的教堂里进行宗教活动。一些年轻的难民加入了主张犹太复国的武装组织，很自豪地穿起褐色制服、高擎着大卫星旗帜在大街上游行，并用德语和意第绪语引吭高歌。跟他们同在大街上游行的是另一支武装组织——来自恺撒学校的希特勒青年团。他们也穿着褐色制服，打着红、黑、白三色的纳粹卐字旗，戴着同样标志的袖章，扯着嗓门唱着纳粹军歌。

难民的人数持续增加，不仅成为塞法迪犹太人的一大经济负担，也引起上海公共租界工部局的关注，他们担心难民的涌入会很快令公共租界不堪重负，甚至影响到他们自己上流社会的舒适生活。1939 年，人们对德国和奥地利犹太人的处境似乎了解得并不多，就算上海的犹太人救济组织也是如此。所有人都觉得有必要终止犹太人向上海的移民潮，于是公共租界工部局通过了一项法令禁止移民们进入上海，除非他们在上海有亲戚、具备一定的经济基础或者找到了工作。此外，工部局还试图跟各方协作一起来限制移民的涌入，例如要求德国政府不要再将难民送往上海，并暂停所有开往中国的船只。然而，工部局的计划并未得逞，因为当时控制着上海全城的日本当局继续允许载有难民的船只停靠上海。日本人这样做，是因为1939 年上半年德国政府曾请求日本人帮忙清除德国和奥地利境内的所有犹太人，而日本人正渴望取悦他们的新盟友，因此不可能拒绝德国人的要求。

我和瑞娃在家里听到很多大人间的谈论，说看到虹口区中国人的生活如此贫穷、肮脏和悲惨，移民们感到非常震惊，但这些原先属于中产阶级和上流社会的欧洲人如今也不得不居住在狭窄的巷子里，而且通常是几家人合住一所狭小的公寓。这些房子里通常没有卫生设备，这意味着他们得像中国邻居一样使用木头马桶，并在每天凌晨将马桶放在人行道上等浦东人来清理。住在这样不卫生的环境里，难民们最担心的还是霍乱、肺结核、痢疾和其他的流行病。对他们来说唯一的安慰就是，他们坚信自己无须在上海滞留太久就可以获得签证前往美国或其他国家。当然，不管他们面临着什么困境，内心如何焦虑，毕竟他们现在已经远离纳粹控制下的德国和奥地利了。

到达上海后难民们才发现，他们跟那些给自己提供资助的极为富有的塞法迪犹太人和阿什肯纳兹犹太人并没有多少共通之处。塞法迪犹太人不说德语和意第绪语，他们跟难民从来就没有什么交往，而阿什肯纳兹犹太人会说意第绪语，因此难民跟他们的接触相对多一些。不过，俄裔犹太社区的店主和商人们总有一种感觉，那就是许多受过高等教育的德国专业人士瞧不起自己。比如那些来我们家兜售小玩意儿的德国犹太人就让母亲感到很讨厌，他们总是热切地说着意第绪语或洋泾浜英语，自夸德国人多么有教养、文化多么高雅。买下一两件东西后，母亲会试着提醒说，他们已经不再是德国人了，现在帮助他们的是跟他们具有共同信仰的上海的犹太人。她告诉他们，当年她和家人以及其他俄国人在布尔什维克革命中逃到上海时，可没有谁来帮助她们，只有靠自己勤奋工作才能提高生活质量。虽然说了这些令人扫兴的话，但母亲还是会找一些衣服和居家用品送给难民们，而父亲则会帮他们将德文的文件翻译成英文和法文以便提交给租界当局。他还开车带母亲到难民安置中心去捐赠食品和衣服。事后他对我和瑞娃说，看到白种人住在虹口区那些狭窄肮脏的房子里，他们感到非常震惊和沮丧。我和瑞娃简直无法想象那些白人跟赤贫的中国人比邻而居的情景。

不过，难民们觉得这样的居住环境还是可以忍受的，至少从心情上来说是这样，因为他们发现周围的中国人对犹太人并没有丝毫的反感。他们得知，孙中山的遗孀宋庆龄正在为犹太人争取权益——她当时是中国民权保障同盟的领导人。早在1933年她就曾率领这个组织的代表面见德国驻上海总领事，抗议纳粹对犹太公民的处置。可想而知，德国人对这群中国知识分子的抗议充耳不闻。由于语言和文化的隔阂，中国人与难民之间的交往非常有限。这些中国人居住在拥挤的虹口区，大都贫穷而且没有文化，但他们对蜂拥而来的难民并没有表现出任何怨恨。

到了1939年夏天，形势已经变得很明显，欧洲和亚洲的战争迫在眉睫。上海的美国人纷纷乘船去了马尼拉或者回了美国，英国人则去了香港、新加坡或者回到英国——他们当中有很多人自出生以来还从未见过自己的"祖国"，法国人则觉得还没有必要现在就离开上海。一天下午，父亲开车带我们到跑马厅，观看来自乌尔斯特的恩尼斯基伦燧发枪手团和西福斯高地团出发去英国前举行的告别阅兵式。士兵们穿着苏格兰短裙，一边行进一边吹着风笛，他们色彩鲜艳的礼服一下子就吸引了我们。围观的中国人看到这些穿裙子的男人都感到很惊奇，不过他们好像挺喜欢苏格兰音乐的——那调子听上去跟中国的音乐有点儿像。

英国军队撤退后，在日本当局和虹口区宪兵的密切监视下，美国军人和上海义勇队开始担负起公共租界的巡逻任务。在家里，父亲有好几次对母亲说，他发现停泊在黄浦江边的美国和英国战舰比以前少了，估计是因为希特勒近来发表的讲话挑衅味越来越浓，这些战舰都奉调回国了。

1939 年 9 月 1 日，德国进攻波兰，第二次世界大战爆发了，英国和法国随即对德国宣战。在上海，恺撒学校的学生举行了一次游行，庆祝德国对波兰的侵略速战速决。上海的 18000 名犹太难民是安全的（其中大约有 8000 名德国人，4000 名奥地利人，6000 名波兰、卢森堡和捷克斯洛伐克人），但他们还有亲朋好友生活在纳粹占领下的欧洲，这令他们非常担心。到了 1940 年年初，只有很少的难民能够抵达上海了。

1940 年春，比利时、荷兰、丹麦和挪威纷纷落入德国人之手，而德国的坦克也越过法国号称"不可逾越"的马其诺防线，跟其他人一样，我对此感到无比震惊。整个学校都笼罩在沮丧的氛围之中：我们简直无法接受法国被德国打败的事实，而且败得如此迅速。法语电台的播音员在播报战败新闻时忍不住哭了，她在节目结束时播放了激动人心的《马赛曲》。到了 6 月，坏消息更多了，意大利开始对英国宣战。结果意大利的客轮再也不能安全离开地中海的港口了，这意味着所有载有犹太难民的轮船都将处于进退维谷的状态。而上海这个最后的避难所也对犹太难民关上了大门，因为同年7月日本签订了《三国同盟条约》，由此正式加入轴心国，与德国和意大利结成了军事联盟。

虽然关于战争的消息令人担心，虹口的难民们还是重修和翻新了一些在1932年和1937年的战争中被毁坏的建筑。他们开始试图恢复一些以往在欧洲时享有的社交活动，如表演戏剧、举行象棋比赛、举办读书俱乐部等等。在春天和炎热的夏天，他们会坐在户外咖啡馆里，回忆希特勒上台前的"正常"生活——这是听得懂德语的父亲告诉我的。所有这些谈话的兴奋点都是探听家人和朋友是否申请到签证离开了欧洲。一些上海的难民支付了一笔不菲的费用后，从腐败的葡萄牙总领事馆获得了葡萄牙护照，并将出生地改为澳门。他们相信，身为葡萄牙公民就可以获得前往其他国家的中转签证，然后在那里等候前往美国的移民配额——能去美国几乎是所有难民的梦想。

我对这些跟中国人生活在一起的欧洲难民非常好奇。有一次，我和几个小伙伴决定骑自行车去虹口看看，因为我们谁也没去过那儿。我们知道那里住着一些贫穷的白俄，还有一些葡萄牙家庭，因为想住得离天主教堂近些才选择跟中国人住在一起。我们穿过苏州河上的外白渡桥，低声诅咒着那些阴沉脸的守桥的日本兵。经过日本兵时，我们不需要像中国人那样非得从自行车上下来，也不必对日本人鞠躬或者脱帽致敬。到达虹口后，我们看到欧洲的难民们坐在户外咖啡馆里喝着咖啡，抽着香烟、雪茄和烟斗，用我们听不懂的语言在交谈。然而，当我们经过市场，看到难民们在兜售物品时，却颇有些局促不安的感觉。买家都是些侨居上海的外国人，他们来虹口是想看看能不能淘到便宜货。我们还看到些两三层的楼房，破败不堪的样子很令我们震惊，据说不少难民就租住在这些楼房的小公寓或者单间里。

我决定再也不要去虹口了，那里的白人竟然住在如此肮脏的环境里，虹口对我来说简直就是个陌生的世界。

第十四章　恢复"常态"？

有好几年我都一直怀疑我们不是罗马尼亚人，因为每次我问父亲关于罗马尼亚的问题时，他总是在回避。直到有一天，我的怀疑得到了证实。瑞娃姨妈的女儿朱莉告诉我们姐妹仨，说父亲是在俄国出生的，但他不想让别人知道自己是俄国人。生活在阶级意识特别浓厚的上海，我倒是很赞成父亲这么做。

我现在知道了自己其实是个无国籍的人，法租界因此就成了我的国家。我对上海的"华界"（也就是附近的闸北区和南市区）并无兴趣，那里先由中国政府管辖，后由日本人控制。除了仅有的两次例外——一次是在1937年的轰炸之后随父亲去了趟闸北，另一次是去小王在南市的家——我根本不想到这些到处都是穷人的地方去。我也没兴趣乘坐摇摇晃晃的渡轮穿过泥泞的黄浦江去浦东，那里散布着一些英国和日本的工厂，数千男女工人和童工们每天都得在悲惨的条件下从事长时间的工作。

对我来说，法租界就是法国。我的玩伴是法国人，上的是法语学校，每天沉浸在法国的历史、文学和文化里，坚信法兰西是个伟大的国家。每当我和同学们攒了些钱，就会跑到马塞尔面包房或者"老大昌"（Tchakalian，在法租界内有六家分店）去买牛角面包、长棍面包和巧克力。法租界的住宅区内，每一条街道都用法文命名，我相信那里的氛围就跟法国本土差不多。

要是巴士底日[1]这天我们在上海的话，就会去观看激动人心的"七一四"国庆大游行，参加的人员包括巡捕房、消防队、法国陆军和海军官兵，最后还有一支安南人和东京人组成的小方队，他们会一边前进一边演奏军乐。法租界主干道两边的建筑和梧桐树上都会挂上法国国旗。在顾家宅公园还要举行一个由铜管乐队表演的规模较小的庆祝活动，参加者包括法租界当局的官员和法国的男女童子军。庆祝活动会一直持续到夜里，停泊在黄浦江上的法国巡洋舰射出五彩斑斓的灯光，顾家宅公园内则到处是大红的纸灯笼，里面点着明亮的蜡烛，有些浮在人工湖的水面上，有些挂在四周的树上。法国水兵们头戴顶部缀着红绒球的平顶帽，在各处歌舞场里疯狂地庆祝着法国历史上的这一特殊节日，而各类歌女、舞娘和风尘女子们正焦急地等待着他们的光临。狭窄的朱葆山路（Rue Chu Pao San，今溪口路)必定会发生争执——那里酒吧林立，被人戏称为"血巷"（Blood Alley）。打斗的一方是喝醉了的法国水兵，另一方则是

---

[1]　巴士底日（Bastille Day）是法国的国庆日，时间为每年的 7 月 14 日。

其他国家（通常是英国和美国）的水手、士兵或者海军陆战队员。

我们只有在两种情况下才会去公共租界，一是去欣赏商店的橱窗布置，二是去观看仍驻守在上海的英军和美军举行的游行。我和小伙伴们会走进一两家大百货公司，看看来自法国的最新时尚和来自美国的小玩意儿。虽然我们已经过了十岁了，但母亲还是只从法租界的小店里给我们买衣服、裙子、内衣和鞋子。

我们最爱看的还是每年7月4日美国海军陆战队第四团的游行。伴随着乐队奏出的简单明快的乐曲，海军陆战队员们一边迈着僵硬的步伐，一边仍不忘向漂亮的俄国女孩抛媚眼。看到大街上昂首阔步的海军陆战队军官们，身穿卡其布的制服，头戴圆形的宽边毡帽，配上马裤和靴子，手里还握着轻便的手杖，我们对他们充满了敬畏之心。这些身材高大的美国男人有时会朝我们望望，还冲我们吹口哨。我们一致认为，跟学校里那些瘦巴巴的上流社会的男同学比起来，这些穿着制服的男人简直帅得要命。尽管我们很崇拜这些海军陆战队的队员以及其他士兵和水手，但我们对他们总是敬而远之，因为大家都知道这些人酷爱饮酒，喜欢在歌舞场里跟舞娘寻欢作乐，而且每次都要喝得酩酊大醉，还会打架斗殴。因为拿的是美元，即使军阶最低的美军陆战队员在上海仍可过得非常舒适，他们甚至雇得起中国的男仆为他们清洗和熨烫制服，还有擦皮靴和鞋子。

每当有军舰进港时，父母就会禁止我们在晚上去公共租界，因为届时将会有数百名放假的水手涌上岸去找吧女和妓女。最受这些女人欢迎的军舰是美军亚洲舰队的旗舰"奥古斯塔"号，因为这艘船上的水手们早就迫不及待地要将钱花在女人和酒精上面了。没有一个出身"良家"的欧洲妇女会考虑嫁给美国军人，因为他们一旦返回美国，很快就会忘记留在上海的妻子（或许还有一两个孩子）。

20世纪30年代初，这样的事情就发生在了瑞娃姨妈的大女儿朱莉和我母亲最小的妹妹贝茜身上。她们的小孩出生不久后，身为海军陆战队员的丈夫就离开了她们。我们姐妹三个都知道，父亲对她们嫁了这样的男人很不高兴，每次到朱莉和贝茜合住的公寓去参加聚会时，他都要抱怨这件事。对一个无国籍的女人来说，嫁给美国人总是有风险的，但就算被遗弃了，她们仍可申请并获得美国的国籍。要是这些被遗弃的母亲（通常是白俄或中国人）不想抚养小孩，可以将他们送给一个由美国传教士办的孤儿院。

有时候我们白天不需要上学，这时我们最喜欢的娱乐活动就是到大街上围观中国人的迎亲队伍。新娘子躲在轿子里，旁边陪同的男人们身穿深色的正装，女人们的穿着则以红色为主，乐手们吹着喇叭，或者使劲敲着钹和鼓。这样的场景和肃穆的出殡队伍形成了鲜明的对比。出殡时，大家都穿着白衣，捧着逝者的画像，乐队奏出悲哀的曲调，有时还会演奏有点不搭调的西洋乐曲。

瑞娃、小杰和丽丽在台拉斯脱路的家中

对我和小伙伴们来说，最令人兴奋的消遣方式就是看电影了。全上海大约有40家电影院，全都建于20世纪30年代中期。其中，"国泰"（Cathay）只放美国片，其他像"卡尔登"（Carlton），"兰心"（Lyceum），"南京"（Nanking），"奥迪安"（Odeon），"巴黎"（Paris），"丽都"（Rialto），"融光"（Ritz）和"大华"（Roxy）放映的都是美国、英国和法国的首轮影片，还有一家叫"金声"（Grand）的电影院，内部装潢也名副其实得极为现代和奢华，它的座椅甚至配备了耳机，可以将对白翻译成中文。就是在这家电影院，第四陆战团的军乐队每周日都有一场表演。有一次，父母的朋友邀请我和瑞娃去听了一次音乐会，我们激动万分，回来后就忍不住向朋友们炫耀一番。

在闷热的夏天，我们会到价格昂贵的大华大戏院去享受一番，因为它是少数几家装有空调的电影院之一。在湿冷的冬季，我们会沉浸在电影院里，听屏幕上那些年轻美貌的女郎唱歌，看她们胡作非为、经历痛苦，但终于还是得到心爱的男人，从此过上幸福的生活。我们收集了男女主演的照片，其中有三个最英俊：克拉克·盖博（Clark Gable）、埃罗尔·弗林（Errol Flynn）和泰隆·鲍华（Tyrone Power），而查尔斯·博耶（Charles Boyer）的法国口音更是让我们这些法国迷们倾倒。我最喜欢的喜剧是广受好评的《大独裁者》，查理·卓别林对希特勒的模仿精妙绝伦，其滑稽的动作逗得中外观众哄堂大笑。德国驻上海的领事曾要求查禁这部影片，最后当然不了了之。

　　也有买得起票的中国人到电影院里去看没有中文字幕的外国电影，特别是美国的音乐片，影片里的人都住着大房子，开着大汽车。很显然，跟中国影星生硬的表演比起来，观众们更喜欢看这些，而我们则从未看过一场中国的电影。星期六晚上，每当我们看完电影，通常都会去一家叫"新雅"的中国餐馆吃饭。来这家餐馆的外国人比较多，因为它的就餐环境比较干净，菜肴也很美味。我们会边吃边谈论电影，并表示自己多么渴望能去美国，像电影里那些单身女秘书一样住在楼顶的阁楼上。要是在夏天，我们晚饭后还会去南京路上一家美国人开的"沙利文"，在冷气柜旁边吃一份冰激凌，然后再坐黄包车回家。

兰心戏院和南京大戏院

　　虽然日军大批进驻上海，德军也在欧洲战场上节节胜利，但这些并没有影响人们庆祝 1941 年的新年。父母在朋友家里度过了一个安静的跨年夜。据母亲说，大家谈论的主要话题是关于在纳粹占领下的国家里犹太人的命运。那个晚上，我们姐妹仨邀请了十几个男孩和女孩来我们家，我们整个晚上都伴着留声机播放的音乐跳舞嬉笑，有时还偷偷溜到游廊上接几个吻——可是我在这方面并不怎么擅长。

　　具有讽刺意味的是，作为轴心国的盟友，法国的维希政府现在成了俄裔阿什肯纳兹犹太人的保护者，这肯定让他们获得了相当程度的安全感。因此，1941 年春天，俄裔犹太人开始在拉都路（Rue Tenant de la Tour，今襄阳路）破土修建一座庞大的教堂，名字就叫新教堂。那年夏天，有一艘名叫"浅间"号的日本船载着大约 1500 名波兰犹太人停靠在黄浦江边，这让塞法迪犹太人和阿什肯纳兹犹太人吓了一跳。这批乘客是 6000 名立陶宛和波兰难民中的一部分，他们先是乘坐开往海参崴的泛西伯利亚铁路横穿苏联，到达日本的神户。最终，有 4500 人获得前往其他国家的签证，得以离开日本。剩下的 1500 人则被日本人送往上海，因为日本已经预期到将与美国开战，因此不能让这些难民继续滞留在神户这个重要的海军基地，这才决定将他们送往上海，由当地的犹太社区照管。

在"浅间"号的乘客里，有一群为数 300 人的青壮学生，这些学生和他们的老师都来自波兰的米尔耶希瓦学院（Mir Yeshiva，是一所专门研究犹太法典的高级学院）。这些年轻人蓄着胡须，脑袋两边垂着发辫，身穿黑色长袍，头戴黑色呢帽，这样的装束让上海的中国人和外国人都觉得很奇怪。每次看到他们成群结队地一边走一边用意第绪语交谈，而且目不斜视的样子，我也觉得很奇怪。因为我是接受世俗教育长大的，所以我从来没有想到犹太人竟然会有如此强烈的宗教信仰，这让我感到非常惊讶。母亲则抱怨说，这些男人整天待在虹口区的阿哈龙犹太会堂（Beth Aharon Sephardi Synagogue），生活和学习都在那里，却从来不出去找工作，全靠上海的犹太人社区来资助他们的生活。

就在第二次世界大战爆发前几个月，因为我引起的一场意外，最终迫使我们全家搬出了赛华公寓。那是一天下午，我正在阳台上给栀子花浇水，突然决定搞一个恶作剧，想把水洒到楼下的朋友身上。结果，水没浇中他们，却浇到了一个没戴帽子的法国人头上，当时他正向我们公寓的大门走去。糟糕的是，我还没来得及从阳台上逃跑，他就看见了我，结果招来了法国警察，他们很有礼貌地建议我父母重新找一处公寓，因为被我淋了水的那个人是法租界的一名高级官员。父母不停地道歉，随后把我一顿臭骂，但我偷偷听母亲在电话里对一个朋友讲，那个法国官员正在为他的白俄情妇找一个住处，而我们的公寓正好是个绝佳的藏身之所。父母决定不再住大公寓了，而是去租一所独立的房子，这样就不用怕我再闯祸了。

我们家在一个月内就搬到了台拉斯脱路（Route Delastre，今太原路）一座两层楼的房子里，这所房子还带有一个小花园，周围的环境也非常安静。父母之所以能够承租更贵的房子，是因为1938年和1939年时，很多人担心万一自己被政府征召入伍，他们的家庭会面临财务危机，因此纷纷向父亲购买保险。我们的邻居有法国人、德国人、意大利人和几个有钱的中国人，他们家的小孩也跟我们差不多大。我们家隔壁住着两对匈牙利夫妇，丈夫都是犹太人，因此他们被迫于20世纪30年代中期离开了匈牙利。这四个人很快就成了我父母的好朋友。

搬进了新房子，又交了新朋友，这自然令我兴奋，但兴奋之情却被一个重大的打击冲淡了。老阿妈说，我们三姐妹现在已经长成年轻的小姐了（瑞娃已满16岁，我14岁，小杰9岁），因此她决定离开我们家，回到她那位于中国"某个地方"的自己的家。我为此哭了好几天，非常想念她，直到几个月后，我一直忙于学业和周末的朋友聚会，才总算冷静下来了。尽管我们家很快又找了一位新阿妈来照料小杰和家务，但我从未忘记过老阿妈。

对我和其他仍留在上海的外国人来说（已经有越来越多的美国人和英国人举家迁往香港和马尼拉，因为这两个国家正面临着与日本开战的危险），还有一个具有打击性的消息：在上海驻扎了 14 年之久的美国海军陆战队第四团即将转移到菲律宾群岛了。我和几个朋友本打算在 1941 年 11 月 27 日这天去看他们撤离，但因为刮风下雨，他们的游行取消了。第一批海军陆战队员乘坐一辆双层巴士驶往码头，然后登上"麦迪逊总统"号客轮。第二天放晴了，第二批陆战队员在南京路上举行了游行，随行乐队演奏着海军陆战队的军歌。成群的中国人站在街道两边，他们大都是被游行、特别是乐队表演吸引来的，但其中有一些年轻的女人在哭泣——她们的男朋友走了，现在谁来养活她们呢？我们一边跟着游行队伍走向外滩，一边开心地向士兵们大声喊"再见"——我们当时觉得他们肯定会回来的。士兵们在外滩登上补给船，开往停泊在远处黄浦江上的"哈里森总统"号轮船。珍珠港事变前一周，他们中的许多人在菲律宾的苏比克湾登陆，不久之后便在柯雷吉多尔岛和巴丹半岛的"死亡行军"[1]中丧生。

---

[1] "死亡行军"（Death March）：1942 年 4 月日军在菲律宾巴丹半岛的战斗中取胜，俘获 6—8 万名菲律宾与美军战俘。日军随后强迫所有战俘徒步走向约 100 公里外的战俘营转移，途中饿死、病死及被日军杀害者多达 15000 人左右（具体数字尚难确定）。

美国海军陆战队的离去，加上早些时候英国军队的撤离，使我意识到，我们这些居住在上海的外国人，尤其是那些没有国籍的人，现在不得不面对日本帝国军队的任意摆布。法国的警察和少数军队根本无法保护我们。

　　对上海的外国侨民来说，1941 年是一个令人在心理上备受煎熬的一年。德国人在欧洲的所有战场上正节节胜利，英国和美国政府都建议本国公民撤离上海，而对我父母和其他所有无国籍者来说，唯一的希望就是日本和美国之间千万不要真的爆发战争。

第十五章　日军的占领

1941年12月初的一个早晨，就在我们姐妹仨吃完早饭准备去上学的时候，电话铃响了。母亲拿起听筒，然后尖声叫道：日本已经向美国宣战了！我根本无法相信，那些我曾在上海大街上见过的瘦小的日本兵，竟然要跟刚刚前往马尼拉的身强力壮的美国海军陆战队员打仗。

虽然大多数英国和美国的巡洋舰、炮舰以及士兵、水手和海军陆战队员都已奔赴欧洲战场，或者转移到太平洋诸岛，但仍有几艘战舰停泊在上海和青岛。有个传播得很快的消息说，不久前刚将海军陆战队运送到菲律宾群岛的"哈里森总统"号在返回上海后已被日军接管，船员们都遭到扣压。此外，停泊在黄浦江上的美军"威克"号也在凌晨3点被偷偷登船的日本海军陆战队俘获，当时战舰上只有少数船员，而且没有配备武器。另一艘英国炮舰"北特烈"号的船长本打算开船溜走，却遭到停泊在半英里外的日军"出云"号巡洋舰猛烈攻击，仅在数分钟内即被击沉。

一天下午，我在广播里听说日本飞机轰炸了夏威夷的美国军事基地，击沉了不少战舰。晚上，父亲的一个客户打来一个令人不安的电话。他的名字叫利昂·格里隆，是一名督察，跟家人住在法外滩路（Quai de France，今中山东二路）对面的小东门巡捕房里。那天凌晨，他们目睹了很多"北特烈"号上的英国水手争相登上逃生艇，试图在船沉没前逃离，有人甚至跳到水里直接游向岸边，而日本人则在俘获的"威克"号甲板上对英国人用机枪射击。或许是因为格里隆先生帮助了几名负伤的水手，但更主要的原因可能是想霸占小东门巡捕房的有利地势，日本士兵要求格里隆在二十四小时内搬家。

听说水手们就在外滩附近被杀害，我们姐妹仨都吓呆了。就在不久前，"奥古斯塔"号上的美国水手们还在上海的大街上趾高气扬地走着，他们穿着喇叭裤，随意地戴着帽子，像往常一样冲着女人吹口哨，看到我姐姐瑞娃的时候更是如此。瑞娃当时16岁，出落得楚楚动人，身材苗条，褐色的长发，碧绿的眼睛。当她足蹬高跟鞋，身穿紧身衣裙，丰满的胸部在衬衫下面线条毕露地走过时，男人们都会盯着她看。跟瑞娃在一起，我总是很自豪，因为听到大家夸她漂亮我就很开心。那时我14岁，很瘦，胸部扁平，戴着厚厚的眼镜，就算男人们都盯着瑞娃看（再后来是盯着已经长成迷人少女的妹妹小杰看），我也从来不会嫉妒。

除了对两艘美国和英国的船只进行了攻击，日本人对上海的占领总体而言是迅速而平静的。他们的士兵从位于虹口区苏州河北岸的军营出发（从1937年开始日本军队就一直驻扎在那里），开进了公共租界。他们没有遇到任何抵抗，因为英国和美国军队

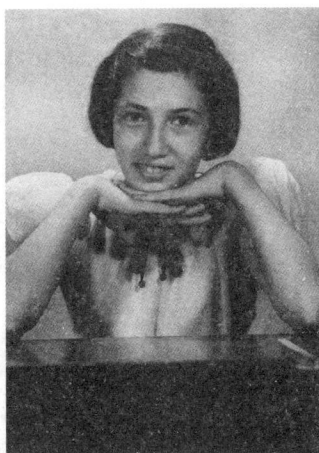

13 岁的丽丽

早已撤离了上海。日本军队控制了两个外国租界，遣散了英国警察，却没有干预法租界的管理，因为法租界当局听从印度支那的维希政府发布的命令。这样一来，法国成了上海仅存的一个西方列强，不过力量却非常虚弱。现在，很多大楼上都升起了太阳旗。穿着皱巴巴的军服、神情严肃的日本兵取代了轻松活泼、经常盯着瑞娃并冲她吹口哨的美国大兵。

法租界公董局的高级官员大都表示支持维希政府，这样做既可使自己不受日本人干扰，也可使住在法租界的法国公民和其他"非敌国"居民免受骚扰。住在南京的法国大使戈思默（Henri Cosme）为了显示自己对维希政府的忠诚，将领事馆和司法部门中的所有犹太人和被认作戴高乐主义者或共济会员的职员全部开除。法租界虽然仍归公董局和巡捕房正式管辖，但他们不得不与

新阿妈

日本宪兵合作，向其报告国民党反对日本及汪精卫傀儡政权的行为（日本人于 1940 年将汪奉为中国的领袖）。那年秋天，曾任法国第三共和国雷诺(Paul Reynaud)内阁幕僚长的马杰礼(Roland de Margerie)，被维希政府任命为驻上海的新总领事。他的三个小孩就在我们学校上学，我们从他们的朋友那儿听说，马杰礼夫妇其实是亲向英美而憎恨纳粹德国的。然而，我和其他非法籍的同学都认为这个总领事就是个通敌分子，因为他代表着维希政府，并服从其命令。

2004 年，我在巴黎拜访了当年在马杰礼总领事手下工作的一位外交官的女儿，得知马杰礼其实很讨厌戴高乐傲慢的个性，想离他远一点儿，因此才选择将自己"放逐"到上海，从而远离法国和欧洲的混乱。我拜访的这位女士的父亲娶了一个波兰的犹太女人为妻，但尽管如此，身为维希政府在上海的代表，马杰礼并没有将他解雇，而且他也没有命令法国公学开除犹太学生——事实上他完全可以这么做。二战后，马杰礼从未被控与日本人合作，并得以继续留任外交官，被任命为法国驻西班牙和梵蒂冈的大使，而作出这些任命的不是别人，正是戴高乐本人！

尽管公董局和巡捕房的法国人大都表面上支持维希政府，但仍有少数人坚持戴高乐主义，并成立了一个叫"法国没有亡"的组织，其中一些人曾试图离开上海加入"自由法国"的军队，但没有成功。这些人中包括我们小学的前任校长查尔斯·格罗布瓦，还有许多他在一战中的老战友，如我们英语老师的丈夫罗德里克·埃加勒。我同学中的反维希派后来得知，我们学校一个高年级的学生就是个很活跃的戴高乐主义者，大家对此都深感意外，同时也很敬佩这位同学。1942 年年初，雅克·拉贝斯告诉他的朋友们，他打算去重庆参加盟军，但很快就遭到告发——可能是那些支持维希政府的法国人干的，结果他被抓进令人畏惧的淞沪警备司令部（即原来的大桥公寓，Bridge House）。拉贝斯在那儿待了三个月，像其他犯人一样遭到严酷刑讯，很多人再也没能活着离开这个地方。

刚占领上海的时候，日本当局并没有试图干扰原有的商业活动，也没有禁止各类基督教和犹太教教堂举办宗教活动。在法租界，为了满足居住在上海的数千难民的健康需求，来自俄国的阿什肯纳兹犹太人新开了一家医院，叫作上海犹太医院，医生和护士都是从欧洲难民中雇用的。对日本人来说，他们需要维持现有的各项基础设施和经济活动，但通货膨胀必须加以遏制，因为就在日本人夺取上海的时候，由中国储备银行发行的货币对美元的汇率已经高达一百万比一。为了降低疯涨的通货率，占领当局发行了一种新的货币，一元等于五美分，但仅仅数月内，新货币也开始迅速贬值。

　　日本的军车在上海的马路上隆隆驶过，而在公共租界、虹口和浦东地区，所有属于盟国公民的商业建筑外面，都由配着枪和刺刀的日本士兵把守。美国人、英国人、比利时人和荷兰人都被称为"敌国公民"，他们的银行账户被冻结，俱乐部和住所（尤其是位于市郊虹桥区的大房子）都被日本当局征用了。

　　瑞娃姨妈的丈夫拉尔夫曾经居住在澳大利亚，并在那里获得了英国公民身份，现在他也成了"敌国公民"。二战爆发前，他把全家送回了悉尼，但自己留了下来打理他的一家小型皮革厂，他在霞飞路上有家商店，专门出售厂里生产的衣服。日本人很快就把工厂和商店都没收了。那些来自被纳粹占领的希腊、法国和挪威的公民被视为"中立敌人"，因此大都免于受辱或监禁。其实，一开始挪威人也被日本人当作"敌国公民"，但后来德国人扶持了亲纳粹的维德孔·吉斯林（Vidkun Quisling）作为挪威名义上的首脑，因此挪威也随之被化入"中立敌人"的范围。那些持有葡萄牙护照的澳门人以及来自西班牙巴斯克的回力球运动

进入上海城的日军

员则宣布自己保持中立，就像永久中立国瑞士一样，其实这两个国家此时正被亲轴心国的独裁者安东尼奥·萨拉查（Antonio Salazar）和弗朗西斯科·佛朗哥（Francisco Franco）统治。所有"敌国公民"和其他外国居民都必须向日本当局重新登记，并随身携带贴有本人相片的身份证，证件上需注明国籍或者无国籍。父亲向日本当局登记时，将我们都说成罗马尼亚公民。日本人并未要求他出示国籍证明，因为当初法国巡捕房就是将他登记为罗马尼亚人的。这一作假行为实际上保护了我们全家，因为罗马尼亚是轴心国的一员。

对同属亚洲的印度支那人、马来人、印度锡克族人和菲律宾人，日本人则宣称，英美的殖民主义将从这些国家消失，取而代之的将是一个大东亚共荣圈，领头的自然是日本人。他们怂恿锡克族的交通警察为了一个"自由的印度"而加入反抗英国人的战斗，但这一努力并未取得像在香港那样的成功——占领香港期间，日本人获得了鼓吹印度独立的印度民族主义者钱德拉·鲍斯（Chandra Bose）的合作。

然而，30000 名无国籍的俄国人和 18000 名欧洲犹太难民却一时被日本当局忽视了。俄裔犹太人希望日本人记得，就在战争爆发前，他们用足够多的选票将日本代表选进了由英国人占支配地位的公共租界工部局。到那时为止，日本人还未表现出任何反犹的迹象。甚至相反，当 20 世纪 20 年代当国际联盟为在巴基斯坦建立一个犹太国家的《贝尔福宣言》进行辩论时，日本人表示支持这一宣言的立场。此外，日本在1941年4月刚与苏联签订了中立条约，为了避免激怒这个强大的邻国，他们不大可能会对上海的俄国人（无论他们是苏联公民还是无国籍者）采取敌对行动。

上海的外国侨民们都相信，美国会很快打败日本，因为日本当时在全世界以生产劣质产品闻名，大家觉得它们的武器也一定很落后。我父母和他们的朋友都对日本人持轻蔑的态度，他们相信，最多只要半年战争必定结束。当英国人的《字林西报》在1941年12月8日停刊时，大多数人都没有想到日本人乘美国人毫无准备时对其实施了空中打击，停泊在夏威夷的美军战舰已经被大部摧毁。在1942年年初的几个月里，有人从短波收音机里听说，英国、荷兰和美国的军队在其殖民地遭受到一次又一次的失败，听到这些消息真是令人感到震惊。当我得知日军得以通过维希政府控制下的印度支那直奔泰国，并入侵英国在东亚地区的殖民地时，我更是感到厌恶至极。珍珠港事件发生后不久，日本人在三个月内夺取了香港、马尼拉、新加坡、仰光、曼德勒以及荷属东印度群岛，这让上海的外国侨民们目瞪口呆，大家都想不通，怎么一夜之间亚洲人竟然也能打败西方人了。中国人对日本人则既害怕又蔑视，南京大屠杀之后更是如此，但他们对日本人肯定也存有一丝不太情愿的敬畏之心，因为正是这个敌人，竟如此神速地将亚洲的白种人从神坛上打翻在地。

虽然日本人宣称要在其领导下实现整个亚洲的大团结，但他们对中国人的压迫通常都很残酷。我不明白他们为什么要这么做，因为他们完全可以将怒火发泄到上海的盟国公民或者其他白种人身上——日本人知道这些人一直都瞧不起他们。外国人大都对这些武装占领者敬而远之，但我们家却对一个日本女人非常友好。这个日本女人叫贝赫斯夫人，是我们数学老师的妻子。他们跟我们家住在同一个单元，他们的女儿海伦是瑞娃的同学，经常来我家玩。他家和我们家靠得非常近，我们甚至经常能听到海伦用法语向她母亲尖叫"你为什么要和我父亲结婚"——她如此责备自己的母亲，是因为身为法日混血儿，她在大街上经常会遭受种种侮辱。

盟国公民所拥有的资产，如各大石油、运输和贸易公司，还有银行（花旗银行、大通银行、汇丰银行、渣打银行），以及美国人的电力和电话公司，英国人的自来水和电车公司等等，全部被日本人没收。英国人的教会学校和美国人的美童公学被日军征用作兵营和指挥部，而国际礼拜堂则被改造成了日军的马厩。

父亲在 1941 年 12 月 14 日卖出他的最后一份保险，客户是一位在公共租界巡捕房工作的挪威人——这个机构如今已被日本人解散。两个月内，日本人接管了太阳人寿保险公司的全部房产，父亲随后就失业了。但是我们在经济上并未陷入绝境，因为父母事先已经用积蓄买了一些金条，他们需要用钱的时候，只要卖出一些金条就可以了。因为通货膨胀的原因，加上中国的货币也不稳定，有钱的中国人和外国人都得购买一些金银，并且得将它们储备在家里，而不是放在银行里。

大约在 1942 年中国农历新年的时候，我们的厨师小王提出要涨工资，他要求的涨幅很高，却也不算过分，但母亲还是不得不把他辞退了。我们姐妹仨都很喜欢他，知道他要离开，我们都很难过，但母亲说她已经为他在另一家找了一份薪水更高的工作，而且小王答应只要母亲需要，他就会过来帮忙准备茶点和聚餐。我那被溺爱的童年时光终于到头了。不过，我们家仍然雇用了一个阿妈负责洗衣服和熨衣服，还有一个每次来半天的年轻男仆负责打扫卫生和擦拭银器，但母亲似乎从未对他的工作感到满意过。

战争岁月激发了母亲的生意头脑，她成了我们家唯一的支柱。她雇用了一个中国裁缝为全家人做衣服（包括我们的裙子和父亲的衬衫），同时也为她的朋友和熟人做衣服，大家则会付钱给母亲。母亲将收到的钱分一半给那个裁缝，从而为他和我们家都创造了一个稳定的收入来源。裁缝是一个安静的高个子男人，我们叫他"老爸爸"——听起来好像他已经是一个老年人了，但事实上才四十几岁。夏天的时候，他就在二楼父母卧室旁的阳台上工作，只见他的脚在胜家牌（Singer）缝纫机上飞快地踏着，机子上的转轮呼呼地一直响，似乎从来不会中断。他只在吃午饭的时候才休息一会儿。午饭通常是米饭、蔬菜和鱼，偶尔也会有肉。他经常和我分享这些食物，因为他很快就发现，我老是想尝一尝他吃的东西。他的缝纫技术很高超，可以模仿美国杂志上各种各样的图样。"老爸爸"的出现让人感觉很安慰，因为他跟我们每个人都相处融洽，包括我的母亲——她对他的工作总是要求很高。当日本人因为害怕美军空袭而在夏天实施宵禁时，"老爸爸"就缝了一条遮光的黑窗帘挡住我们家的窗户。

"老爸爸"和我用洋泾浜英语交谈，我要他教我用上海话骂人，这样当我看到面目狰狞的日本兵时就可以悄悄地低声咒骂了。但他拒绝了我的要求，告诉我："小姐不要说脏话。不好。"一天下午，我发现"老爸爸"一边踏着缝纫机一边在流泪。我问他怎么了，他说他的儿子死了。得知他还有家人，我大为吃惊，因为从来没有人问过他个人的生活，也不知道他真正的名字叫什么，或者他的家乡在哪里。对雇用这些仆人的外国人来说，唯一关心的就是要他们提供服务。

第十六章　日据下的生活

1942 年的头几个月里，日本人开始给上海居民发放配给卡，大家每天都得排队购买面包、大米、豆子和食用油——当然，前提是这些东西有得卖的话。因为通货膨胀增加，日本人发行的货币开始变得毫无价值，母亲不得不对日常开支精打细算，因为她不想这么快就把家里的金条卖光。电力供应减少到每天只有几个小时，我们再也不能使用电冰箱了，父母只好订了冰块，由人骑着自行车送上门，然后卸到我们家食物储藏室的一只大木头冰盒里。煤气的供应也很有限，母亲因此不得不买了一只烧煤炭的炉子，她和男仆就用这只炉子做饭。春天和初夏时节，他们会在花园里做饭，到了冬天就只能在厨房里做饭了，但必须得开着窗户让呛人的烟散出去。

到了夏末，父亲卖掉了他的小莫里斯，因为现在只有日本军人、高级别的中国、德国和意大利官员以及一些法国警官才能开私家车。由于汽油短缺，公共汽车开始使用一种新型燃料，所有车的后面都配备了很大的汽油桶，里面装满木炭，汽车一边沿着坑坑洼洼的道路缓慢行驶，一边喷出浓浓的黑烟。我喜欢坐有轨电车，但它们中途常因突然断电而停下来，这样我就只好改乘人力车或者骑上我那辆日本产的劣质自行车了——店里只有这一个牌子的自行车卖。每次看到父母骑自行车，我们姐妹仨就觉得好笑，因为那时候一般只有小孩或者十几岁的年轻人才会骑自行车。虽然车是日本生产的，我却非常喜欢我的那辆自行车，它的车身被涂成了白色，车把上还镀着闪亮的铬。

看到同学们都将法国国旗挂在自行车车把上后，我就要老爸爸为我缝一面罗马尼亚的国旗——虽然我知道我们其实并不是罗马尼亚人。我不知道这面旗子是什么图案或者什么颜色，就叫父亲画给我看，但他立即否决了我的计划，并解释说罗马尼亚是站在轴心国一边的。我感到有些困惑，因为我们登记的正是罗马尼亚公民，而日本当局发给我们全家的身份证上画着红色的斜线，表明我们是轴心国的盟友。不过，我们这个亲纳粹和法西斯的国籍并没有能够维持多久，因为在日常的逐户检查时，父亲拿不出文件证明他是罗马尼亚公民。在这之后，我们作为轴心国公民的身份证被换成了新的证件，上面标明我们是上海的无国籍居民。

1942 年 10 月，占领上海的日本当局颁布了一道命令，要求所有超过 13 岁的"敌国公民"都要佩戴鲜红色的布质袖章，上面标明他们各自国籍的首字母，还印着黑色的身份登记号码。我的姨夫拉尔夫刚刚成为澳大利亚公民。他认为自己的袖章是一种光荣的标志，于是特地戴着袖章照了一张相片，西装外套的袖子上有一个很显眼的字母B，代表他是英国的国民。美国人、比利时人、荷兰人和英国人都得上缴他们所有的短波收音机、左轮手枪、猎枪、望远镜和照相机。他们被严格禁止进入餐馆、电影院、跑马厅，也不能出入名义上"中立"的法国和葡萄牙的俱乐部或其他任何娱乐场所。不过，这些最新的禁令对他们的生活并没有太大的影响，因为他们的存款其实早已消耗殆尽了。

我不再去看电影了，因为美国和英国的电影都被禁了，取而代之的是日本和德国的电影和新闻短片，内容都是宣称他们在欧洲和太平洋地区赢得了一个又一个胜利。然而，在我们的学监和体育老师詹姆士·凯利的推荐下——他没有被监禁是因为他是中立国爱尔兰的公民，我和几个同学看了一部关于1936年柏林奥林匹克运动会的纪录片。我们被告之，这部纪录片的导演是一位非常有才华的女摄影师。我被开幕式以及俊美的运动员吸引住了，但一看到希特勒出现在镜头里，我就会大声地用法语骂出一连串脏话："sale boche！""salaud！""con！""grand fasciste merdeux！"（"该死的德国佬！""浑蛋！""白痴！""万恶的法西斯！"）。朋友要我小点儿声，我叫他们放心，因为电影院里的观众都是中国人，而且也没有纳粹分子潜伏在里面。可是有一点令我好奇的是，纳粹该怎么向人们解释个头矮小的日

外滩的日本太阳旗

本人也属于雅利安人种的一支呢？在日据期间，这部名叫《奥林匹亚》的电影曾在上海反复放映。

一到傍晚我就不想外出了，因为我不得不在宵禁开始前回家，而更主要的原因是，街上有许多扛着枪的日本兵（相对他们通常都很矮小的身材来说，枪的尺寸看起来实在有点太大了），这令我感到很不安。到了周末，我的娱乐通常是跨上自行车骑到外滩，去看那些生活在小船上的人们，看他们漂浮在水上的家，看黄浦江里上下浮动的帆船，以及搁浅在上海的两艘客轮：意大利的"康提凡蒂"号和美国的"哈里森总统"号。

我和朋友们都已经十几岁了，如今只能越来越多地待在家里打发时光，聊些同学们的八卦，学习怎么跳舞，互相打气说日本人很快就会被打败的。每当父母们外出，我们就玩"转瓶子"的接吻游戏，借机轻吻男孩的脸颊，有时也会吻他们的嘴唇——对我来说，这可是个非常大胆的举动。放学后，我会阅读经过严格审查的《上海泰晤士报》和亲维希政府的法文《上海日报》，其内容当然都是些轴心国战胜同盟国的政治宣传。母亲负责料理父亲的生活杂事，检查老爸爸的工作，在下午茶时间去拜访她的朋友，父亲则在花园里忙碌，料理他种的桑树和玉米（可是不知怎么回事，他种的玉米根本就不能吃）。每天早晨，父亲都会读英国和法国的报纸，但他很反感这些报纸的内容。为了使自己平静下来，他会翻出自己收藏的为数不多的古典音乐唱片，用一只装在大柜子里的留声机放出来听。父母和我们姐妹仨一起听过威尔第和普西尼的歌剧。我们最喜欢的是《茶花女》，因为我和瑞娃对大仲马的原作《茶花女》的故事很熟悉，此外，我们对比才的《卡门》也很熟悉。我们还听了约翰·菲利普·苏沙的进行曲——他的唱片之所以能在上海的商店里买到，主要是因为他担任过美国海军陆战队乐队的领队，陆战队员们对此感到很骄傲。我的妹妹小杰可算是初露头角的钢琴家，我们家收藏的这些古典音乐让她欣喜若狂。她多半时间都在愤怒地敲击着钢琴，练习所谓的指法，而不是跟她的小伙伴们一块儿玩。为了报复她的钢琴教师玛利亚·杜比扬斯基，她从我们家的花园里摘了一小瓶栀子花，搁在钢琴上面，她的老师一闻到栀子花的味道就恶心地想吐，于是很多节课都不得不缩短了，这让小杰如释重负。我和瑞娃那时分别是 15 岁和 17 岁，也跟着杜比扬斯基夫人上钢琴课，但她断定我没有音乐细胞，于是我很开心地停止了练习。瑞娃又坚持了一年，而小杰却不得不一直学下去，因为她的老师和我母亲都相信她是个天才的钢琴家。

对外国人来说，生活正在变得越来越艰难，而中国人则在日本人的占领下遭受着各种疾病的折磨，饿死的人数以千计。有时候我骑车去学校的途中，会在人行道上或者靠近家门口的地方看到一些草包，里面裹着死去的婴儿。这些小孩很多才刚刚出生，在夜里死掉后，父母无力将其埋葬。当我下午放学骑车回家时，这些草包已经不见了，有些是被法租界卫生部门派出的清洁工捡走了，有些是被中国的义务收尸队拾去了。据估计，每天死于寒冷、疾病和饥饿的大约有 300 人，其中大部分是婴幼儿。一开始，当我发现这些草包里裹着尸体的时候，感到无比震惊和恐怖，但以后见得多了，最初的恐惧感就慢慢变成习以为常了。而且说实话，当时也确实找不到人来抚养这些小孩，甚至连传教士也找不到了。

出于对维希政府的尊重，日本人没有接管我们学校庞大的教学楼，也没有接管法租界内属于公董局的建筑。法国公学和雷米小学是当时唯一不需要学日语的学校，这对我这个成绩一向很差的学生来说，真是莫大的幸运。我留过两次级，分别是在 13 岁和 15 岁，因为我的数学和科学考试不及格。虽然我在法文与英文写作、历史、地理这些课上的成绩非常优秀，但作为学生必须通过每一科的考试。留级本身倒无所谓，但我却不得不跟几个从幼儿园开始就同班的同学分开，这让我很是想念她们。

我们学校的老师和行政人员并没有受到日本人的骚扰，因为他们大都是法国人，其余的多是无国籍的俄国人。我的幼儿园老师汤普生小姐在战前就离开了上海，前往英格兰过上了退休生活。因为缺少讲英语的老师，詹姆士·凯利被提升为英语教师，为高年级的学生上课。现在，学校笼罩在一片亲轴心国的氛围中，每间教室的墙上都贴着菲利普·贝当 (Philippe Pétain) 元帅的巨幅彩色肖像，学校再也不归巴黎的教育部管辖，而是听从西贡的维希政府的指令。由法属印度支那政府颁发的毕业证书上，印着维希政府的口号："Travail, Famille, Patrie"（工作、家庭、祖国），我们还得大声学唱赞美贝当元帅的歌曲，歌词写道："Maréchal, nous voilà devant toi, le sauveur de la France（元帅，我们在这里面对着您，法兰西的大救星）"。不过，在歌咏大会结束的时候，我们当中总有人轻声骂"merde"（狗屁）。因为学校并不登记学生的宗教信仰，所以没有任何犹太学生被禁止入学。许多人相信，我们的校长布提亚就是一名秘密的戴高乐主义者。

在正式场合，我们的老师都支持维希政府，不如此他们就会被解聘，因此我们从不知道他们当中是否有人同情戴高乐。因为老师们不公开他们的政治主张，而且每个人都默认是支持贝当元帅的，所以不少同学都热情高涨地倾向维希政府——他们的父母大都是警察和军人。这些人不喜欢他们的宿敌——英国，因此他们对伦敦遭到德机的轮番轰炸并不同情。相反，只要希特勒在前线击败了盟军（特别是苏联的布尔什维克），他们就会兴高采烈。现在一提到德国人，他们不再说"sales boches"（该死的德国佬），而改口叫"nos alliés"（我们的盟友）了。

在我们班上，有个叫米歇尔·吉耶曼的男生，总喜欢滔滔不绝地发表言论，他不仅赞美贝当，还粗暴地反对英国，甚至敌视犹太人。很显然，他说的那些话都是从家里听来的——他父亲就是一个亲纳粹的法国团体的头头，他们公开地和日本人合作。只要米歇尔怀疑谁是犹太人，他就会冲那人骂"sale juive"（肮脏的犹太佬）。当他攻击我时，我就去向校长布提亚告状，可我竟然完全没有想到，校长其实正是维希政府的代表啊。1940 年 10月，维希政府颁布了有关犹太人地位的法令，适用于所有法国、外国和无国籍的犹太人，不管他们居住在未被德国人占领的法国地区，还是居住在法国的海外殖民地。根据这些法令，犹太人不得从事任何职业，其子女也被禁止入学，可我当时并不知道这些消息。布提亚用他一贯冷静的目光注视着我，听完我的控诉，然后告诉我，他会处理这件事的。事实上，他立刻命令米歇尔停止诽谤同学。米歇尔不情愿地服从了命令，但只要有机会，他就会悄声对我说"Sale juive"（肮脏的犹太佬），而我则会大声斥骂他"Sale boche et sale collaborateur fasciste"（肮脏的德国佬和肮脏的法西斯叛徒）。以我的天真，我当时根本没想过米歇尔有可能把我骂他的话汇报给他的父亲。要是那样的话，我就有可能因为攻击维希政府、德国人和日本人而被学校开除。

遵循维希政府反犹政策的法国公学，当时竟然会允许犹太学生一直待在学校里，这一点至今仍令我深感迷惑。

第十七章　白种人的溃败

在占据上海期间，日本军方从附近的乡村以及日本人占领下的印度支那征收粮食，然后定量分配给上海的居民。对所有居民来说，生活中的头等大事就是到指定的商店，赶在东西都卖完前抢到一些配额的食品。大米、油和糖可以在黑市上非法买到，但价格要高出许多，而且还要通过贿赂才能买到。除了很难买到食物，人们还害怕在街上遇到巡逻的日本兵，或者遇上将带刺刀的步枪搁在宽宽的把手上的骑自行车的日本兵。一旦有走路的中国人挡住他们的去路，这些日本兵就会冲着他们大喊大叫，要他们让开，要是有人不让，就会被打耳光，甚至被日本兵用枪托砸头。

我和同学们每次遇到日本兵，总是直视前方，避免跟他们的目光接触，但只要一走到听不见的距离，我们就会叫他们"petits singes"（小猴子）。我们嘲笑他们骑车时弯着罗圈腿的样子，还取笑说他们的生殖器肯定也很小。虽然我和同学们总喜欢拿日本人开玩笑，但我们的父母和其他大人却十分害怕与日本人遭遇，因为哪怕是最普通的相遇，都有可能导致他们被拘捕和坐牢。我们家的一个朋友鲍里斯·托帕斯就摊上了这样的事。他的女儿劳拉是我妹妹小杰的同学和要好的朋友，托帕斯本人则是俄裔犹太人团体的负责人，在参加了一次会议后便被关进了日本宪兵总部的监狱。在这个会议上，有六七名与会者讨论了让大家非常担心的传闻：据说日本当局计划杀掉所有在上海的无国籍犹太人。这个消息其实是由一名关心此事的日本官员悄悄透露给大家的，但当这个会议的消息泄露出去后，所有与会者被逮捕，并因为传播谣言——这是日据时期的一项罪名——而被投入日本宪兵的监狱。这些人最终还是被释放了，但日本人却指控鲍里斯·托帕斯与国民党保持着秘密联系，并写了许多文章歌颂蒋介石和他的政党。此外，在日本人占领上海前，住在上海的孙中山的遗孀宋庆龄曾频繁地造访托帕斯家。

其实，托帕斯被关进监狱，并被折磨了六个月的最主要原因，还是他十年前在哈尔滨的时候，曾经率领一个代表团到市政府抗议日本的秘密警察敲诈富有的犹太人，并指控他们绑架和谋杀了法裔犹太钢琴演奏家西蒙·卡普。托帕斯还起草了一篇对日本人充满贬损之词的报告，揭露了日本当局如何涉入这起谋杀案，而具体实施者则是一个在哈尔滨与日本人勾搭在一起的组织，叫作"全俄法西斯联盟"。不幸的是，托帕斯当年抨击过的一名官员现在成了日本宪兵的高级军官。一天晚上，托帕斯夫人接到一名中国狱卒从监狱打来的电话，说她的丈夫刚刚被扔到大街上快死了。托帕斯被发现时已经奄奄一息，他得了中风，从此再也没能康复，在 50 岁时成了植物人，直到去世。对我和小杰来说，这件事太可悲也太可怕了。我们去看望劳拉时，曾见过她的父亲，这个曾被大家公认为富有同情心而且极聪明的人，那时只能坐在轮椅上，再也无法开口说话了。

劳拉·托帕斯当时只有 9 岁，她开始在我们家度过越来越多的时光。她平时和小杰玩，当小杰不得不练琴时，她就跟我母亲聊天。劳拉比我小 5 岁，所以我并不想和她黏在一块儿，但她却很想和我做朋友。她特地向我报告，说母亲曾跟她抱怨我那些大大咧咧的行为，特别是我的"大嘴巴"——我骑自行车时喜欢大声喊叫吓唬路上的行人。母亲还对劳拉说，我太"野"了，不像个女孩子，害怕我以后嫁不出去。母亲对她三个女儿日后的婚事非常挂心，经常对她的朋友感叹说，我们家的社交圈太小，恐怕瑞娃和小杰（特别是我）以后找不到一个好男人结婚。在当时上海的侨民中，只有为数不多的人像母亲一样，认为这场战争一旦结束，外国人在上海将会没有前途，只有移民到美国才能为自己的三个女儿找到合适的丈夫。就在她幻想着我们将来在美国成家后的幸福时光时，现实的生活正变得越来越艰难，人们开始越来越担心日本人将对上海的无国籍者采取行动了。

1942 年 2 月，日本当局发布了一项声明，命令所有在 1937 年 1 月 1 日之后抵达上海的无国籍难民必须在两个月内转移到虹口区的指定地点。紧接着颁布的另一项命令要求所有同盟国公民都必须向日本当局上交他们住所的钥匙，并到平民战俘营报道——全上海大约有 20 个这样的集中营。

上海当时有9000名"敌国公民"，其中大约有8000人来自英国、加拿大、澳大利亚和新西兰人，还有400名美国人，其余多为荷兰人和比利时人。有趣的是，就在这一声明发表之前，美国政府已于1942年年中将12万日裔男人、女人和小孩（其中三分之二是美国公民）关进了美国各地的集中营。富兰克林·罗斯福总统签署的这一命令使日本人更加坚信美国人对亚洲人有种族歧视，因为他们知道，那些德裔和意大利裔的美国公民并没有遭受同样的命运。

　　居住在上海的所有西方敌国的公民，特别是那些曾经拥有财富与权力、被称作"大班"的英国和美国商人，如今只能在公共租界内的英国圣公会教堂外排队，等着向拘禁他们的集中营报道，这景象令我感到非常震惊和可怕。他们耐心地等候着，有些人看上去还有点儿盛气凌人，有些则很沮丧。每个人提着两只行李箱，还有布包裹和热水瓶，至于陈设着漂亮家具的住宅、私人俱乐部、汽车和仆人，都只能丢在脑后了。当手续都办完后，这些"敌国公民"就被装上卡车运到了集中营。我们那个澳大利亚籍的姨夫拉尔夫、他的女儿茱莉和她年幼的儿子罗纳德都被送进了附近的龙华集中营。就在他们出发前的几天，母亲刚刚召集了一次聚会来庆祝罗纳德的8岁生日。她想办法弄到一些食材，做了一只松糕，还自制了冰激凌，并在餐厅里装饰了气球和彩带。母亲反复安慰他们，说美国人会很快打败日本人的，他们不会在集中营里待得太久。母亲的妹妹贝茜曾和一名美国海军陆战队员结过婚，但后来离婚了，又嫁给了一名法国警察。她从来没有获得过美国公民的身份，所以现在她和她年幼的儿子都没有被送往集中营。我父亲的老板欧内斯特·哈里斯是太阳人寿保险公司的负责人，属于英国精英阶层的代表人物，如今也被关了起来，而我的父亲因为没有国籍，所以仍然享有自由。

六个月之后，我和母亲在虹口的公济医院（Shanghai General Hosptial）见到了茱莉，她被从集中营送到医院做一个小手术，令人惊讶的是，我们竟然得到允许探视她。母亲带了我而不是父亲同去，因为会见"敌国公民"得事先填一些问题很尖锐的调查表，而父亲生性谨慎，不愿填那些表。我们在医院里见到了茱莉，因为远离日本卫兵和中国的护士与医生，所以我们能够问她很多问题。我问她知不知道我的一个比利时同学艾琳·博得松的情况，她家是我们住在台拉斯托路时的邻居，如今她和父母一起被关在同一个集中营里。艾琳的绰号叫"Poupée"（娃娃），因为她长得就像一只漂亮的瓷娃娃。她从龙华集中营里给我传递过好几条消息（当然都由日本人审查过的），并要我把这些消息告诉其他同学。当然，"娃娃"不可能写集中营里的艰苦生活，尤其是食物短缺的情况，所以她只写了些对身边那些二十来岁的英国和美国小伙子的溢美之词，他特别提到"哈里森总统"号上的水手们如何和她调情，她如何每周都会陷入恋爱当中。"娃娃"可以遇到这样的男人，让我们这些法国公学的闺密们很是嫉妒，因为我们身边尽是些无聊的小男生。我们当中有几个人甚至表示，要是能跟她换个地方待待也不错，但只能交换一两天，这样我们就也可以结识那些令人着迷的时髦男人了。令我失望的是，茱莉并不认识"娃娃"，但我对此并不感到惊讶，因为集中营里通常是按国籍来分区的，不同国籍的人住在不同的营房里。

茱莉告诉我们，集中营里的生活对人的心理影响很大。大家关在一起，跟外界的联系全部被切断，也得不到任何关于战争的消息，因此都会感到无聊和焦虑。最让茱莉难以忍受的，是被关押的人老会觉得饥饿。他们的食物只有一碗粥、一片黑面包、配着卷心菜或豆子的米饭，以及用反复使用过的茶叶泡出来的茶。不过，在偶然连午饭或晚饭也吃不到的情况下，这些东西对他们来说也变得很可贵了。

茱莉还说，她对瑞士国际红十字会以及曾参观过集中营的瑞士领事馆的代表感到非常愤怒，因为他们肯定听说了有关食物的问题。她相信红十字会肯定很清楚，他们提供的许多食物并没有分配给被关押的人员，而是被日本卫兵享用了。茱莉坚持认为，虽然瑞士红十字会借口说战争期间很难从盟国那儿得到资助，但身为日本人和被关押者之间貌似"中立"的中间人，他们实际上肯定得到不少好处。

茱莉说，每次红十字会把硬通货交给日本人，用来为被关押者采办补给食品时，集中营当局就会将它们拿到黑市上按很高的汇率兑换成钱，但在计算被关押者的食物配给时，却只按照非常低的官方汇率来计算，这中间的差价就被集中营的指挥官和他的助手们贪污了。茱莉觉得，瑞士红十字会应该监督食品的分配，而不是任由日本军方来决定。我母亲告诉她，自己曾经通过当地的瑞士红十字会每个月都给她寄过食物和衣服，而且每个包裹都有十磅重，可事实上茱莉至今只收到过两个，她对此感觉特别失望。那些罐头食品都被卫兵截留了，他们几乎跟被关押者一样饥肠辘辘。其他被截留的还有母亲为拉尔夫姨父、茱莉和她的儿子织的毛衣和手套。

除了食物短缺，茱莉还告诉我们，被关押的人住在潮湿而且没有取暖设备的宿舍里，冬天冷得人直发抖，夏天则又潮湿又闷热，叫人受不了。她和罗纳德住在同一个小房间里，同屋的还有另一个女人，而这个女人的小女儿则住在那些专供单亲妈妈和其子女住的房子里。茱莉住的房子正好在日本卫兵的隔壁，所以经常在晚上听到他们喝醉后大声喊叫和唱歌的声音——他们喝的可能是自制的酒。

有些家庭被分配到较大的宿舍，大约有40平方英尺，邻居之间用床单和毯子挂在绳子上，用来相互隔开，这样至少看上去多少有些私人的空间。帘子虽然能挡住一些窥视的目光，却挡不住他们"新家"周围的嘈杂声。老鼠、臭虫、尿壶的恶臭，加上缺医少药和营养不良，导致了各类疾病和死亡的发生。试图逃跑的人很少，但那些企图这么做的人被抓住后，会在众人面前遭到毒打，然后被扔进禁闭室，常常饿个半死。

被关押者都尽量避开日本卫兵，因为任何违规的行为都会招致扇耳光，更糟的则会被关进一间极其狭小、没有窗户的牢房。然而，除此之外，集中营基本上是由被关押者自行管理，并主要效仿英式的管理模式和效率。每个有行为能力的成年人都分配了一项任务，分别在厨房、面包房、学校或医务室从事劳动，有些人负责指导大家的体育活动，有些则指导大伙儿排演戏剧，那些随身带了小提琴和口琴的人还会举办些音乐会。很多以前从来没有洗过盘子的男人，现在却要负责擦洗地面，用冷水洗自己的衣服，拿着锡制的盘子神情沮丧地排队领取食物。此情此景，肯定令许多人想起1937年闸北被轰炸后，在公共租界排队领取工部局救济粮的中国饥民。

集中营里关于战争的传言很盛行。茉莉很想知道上海和整个世界的情况到底如何。母亲却只能告诉她，现在吃的东西很难买到，但关于战争的消息大家都不清楚，因为当地的英文报纸充斥着日本人的宣传。不过，她告诉茉莉一点，目前太平洋岛上的形势正在转变得有利于美国人。茉莉第二天就返回了龙华集中营。

很多年以后，我曾经问过茉莉她怎么看巴拉德（J.G. Ballard）那本以龙华集中营为背景的书《太阳帝国》（*Empire of the Sun*）——巴拉德和他的父母曾被关押在那里。茉莉还记得这个叫杰米·巴拉德的小男孩，他跟她的儿子罗纳德同龄，两个人有时候会在一块儿玩。但茉莉评论这本小说"就是个幻想"，她坚称集中营里从来没有发生过小说里描写的哄抢食物的骚乱，被关押的人总是在开饭时间排队等候。看了这本小说以及斯蒂文·斯皮尔伯格根据它改编的电影，最让我无法接受的情节，就是年轻的男主角被他的阿妈打耳光。所有我们这些由阿妈带大的孩子都知道，即使在最困难的情况下，阿妈也从来没有打过我们，因为她们和"她们的"外国小孩之间有着很强的感情纽带。在中国，妇女一向被视为弱者，并遭受不平等的待遇，因此阿妈们被身为白人的"夫人"和"主人"们剥削的时候，根本不可能反抗。而且，找到一份阿妈的工作，会使她们不致沦落到卖身，甚至有可能免于饿死。

茱莉当时被关押在上海的战时集中营里，我们同她在医院里会面，这对我来说不啻一次令人兴奋的冒险。我对我的朋友吉内特·格里伦描述了这次会面的经过，而她也像我一样富有想象力和胆量，提出来我们可以雇一只小船划到黄浦江对岸，到离浦东集中营最近的地方上岸。我们偷偷地制订计划，没有告诉父母或同学。过了几天，我们雇了一名船夫，要他把我们带到江对面的一所旧工厂，据说有人被关押在那里。但是过了江后，我们发现集中营离岸边还有一段距离，于是便决定不再往前走了。当我们返回时，那名船夫非常害怕，他根本没想到我们原来是想看一看集中营。好在我们没有遇到日本兵，这对他、对我们都是件幸运的事。那名勇敢的船夫很快把船划回到外滩，一路划一路发牢骚，并要求加价，我们最后还是多付了些钱。

当然，我和吉内特当时根本没想过，要是我们被抓住，不知道会有什么可怕的后果。

第十八章 "指定区域"

对上海的中国人和外国人来说，1943 年是特别艰难的一年，因为日军对上海的占领正变得越来越具压迫性。

1942 年年末，日本当局已经开始将同盟国的公民拘禁在分布于上海各处的集中营里，这些集中营被委婉地称作"平民集合中心"。第一批被送往那里的都是男性，但很快他们的其他家庭成员也被送了去。来自澳大利亚、捷克斯洛伐克、德国、波兰和波罗的海诸国的无国籍的犹太人，只要是 1937 年 1 月 1 日以后抵达上海的，都被勒令于 1943 年 5 月前搬到"指定区域"。日本帝国陆军和海军宣称，采取这一措施是出于"军事需要"。所有仍居住在"指定区域"外的难民都必须持有日本当局颁发的许可证，才能"转售、购买或出租目前由无国籍难民居住或使用的房间、房屋、商店或任何其他产业"，这就意味着日本人可以以"军事需要"为由征用任何财产。这项命令看似针对的是"无国籍"难民，而非"犹太"难民，但事实上，几乎所有于 1937 年

1月1日之后抵达上海的难民都是犹太人或者犹太人的配偶。在18000名难民中，有9000人已经在虹口定居，那里的房租、食物和日常开销都比外国租界要便宜许多。

迁往"指定区域"的命令在无国籍的俄国人中造成了巨大恐慌。有好几次，我无意中听到母亲和她的朋友谈论她们是否会成为下一批被送往集中营的人。父亲试图安慰她，解释说1941年日本已经和苏联签订了《中立条约》，这一条约会阻止日本人拘禁俄国人，不管他们是苏联公民还是无国籍者（因为后者可以立刻申请成为苏联公民，20世纪30年代大约有1000人就是这么做的）。父亲指出，苏联和日本不会为了中国的俄国侨民而相互争执的，因为苏联此时正在同入侵的纳粹战斗，而日本人在太平洋上损失惨重，他们都没有能力在伪满洲边境开辟第二战场。

然而，有关纳粹给日本施压，要求其消灭上海犹太人的消息依然很盛行。阿什肯纳兹犹太人和塞法迪犹太人都知道，纳粹的高级军官、人称"华沙屠夫"的约瑟夫·梅森格（Josef Meisinger）上校，已于1942年7月从东京来到上海，并会见了日本当局。他肯定已经讨论过如何处置上海那些被剥夺了国籍或者无国籍的犹太人，他也一定提议要消灭这些人。当时盛行的传言还说，日本人正计划将犹太人装上黄浦江上的驳船，然后将船沉入公海，或者把他们送到附近的岛上饿死。此外，被美国和几个拉美国家驱逐出境的德国纳粹已经在二战一开始就来到了上海，这些人可能正与反犹的乌克兰人一道密谋，准备杀死那些被剥夺了国籍的德国和澳大利亚的难民，并最终杀死所有的犹太人。

然而，所有这些都只是盛行一时的谣言，它们的流传是出于人们的恐惧，至今仍没有文件证明柏林给日本人施压要求他们对中国的犹太人采取这些行动。最大的可能性是，日本和德国之间举行了会谈，但日本人将德国人的所有建议都当作了耳旁风。二战一开始时，日本人在亚洲节节取胜，所谓的"新秩序"在他们的完全掌控之下，因此无须听从任何人的指令，即使是强大的德国盟友也不例外。日本人认为，在对抗美国和英国的战争中，他们与德国人是完全平等的，而且他们天生就反感纳粹的种族观念，特别是对身材高大、金发碧眼的雅利安人种的吹捧，其实他们对白种人都不怎么信任。早在1919年的巴黎和会上，日本政府就曾提出要将"种族平等条款"写进国际联盟的宪章，但这一要求被美国、英国和澳大利亚拒绝了。

在日本国内，政府从未颁布过任何反犹主义的法律，甚至在排外主义盛行的19世纪中叶，日本还曾允许一小队犹太商人在神户和长崎定居。日本的高级军官和文官都非常清楚，正是一位名叫雅各布·希夫（Jacob Schiff）的美籍犹太金融家帮助发行的债券，资助了1904—1905年日本对沙皇俄国的战争。希夫事后受到天皇的接见，并被授予了一枚勋章，以表彰他对日本胜利做出的重要贡献。20世纪30年代中期，日本人甚至曾设想过，将从纳粹德国逃出来的数千犹太难民安置在伪满洲国。1938年年底日本政府出台了的一项措施，对犹太人和其他外国人一视同仁，这对居住在日本、中国和伪满洲的犹太人来说意义重大。要知道，这项政策出台的时候，日本已在两年前与纳粹德国签署了反对共产国际的条约，而且日本国内的极端民族主义分子正在进行邪恶的反犹宣传，并宣扬对希特勒的崇拜。这些人宣称各国的犹太人正密谋要统治全世界，这当然是一个虚构出来的谎言，就像《锡安长老会纪要》这本书里描写的那样——这本书是沙皇的秘密警察于20世纪初编写的，书里充满了暴力反犹太主义的内容。

不过，日本政府也的确相信一些关于犹太民族的成见：聪明、勤劳、财迷。更重要的是，他们相信犹太人与富兰克林·罗斯福总统的关系密切，或许美国的犹太人能够对总统施加影响，让他不要干涉日本征服亚洲的计划。但是，在珍珠港事件以后，日本同美国的交流中断了，因此对日本人来说，上海的犹太人便失去了利用价值。如今，日本当局将这么多无国籍的难民拘禁在虹口，是指望这些欧洲人能给这一地区增加一些生气，并恢复其商业，因为这一地区在1932年和1937年的中日对抗中曾受到过重创。然而，数千难民一下子涌入虹口区，势必迫使居住在弄堂里的数十万中国贫民搬离他们的住所，但日本人对此根本不以为意。

为无国籍者设立的集中营方圆一平方英里，当时并没有人称其为"犹太区"（ghetto）——现在的作家和记者都用这个词来指称这块"指定区域"。我和朋友们干脆就叫它"虹口"，因为大家都明白"虹口"就是指那块外国难民跟中国人混居在一起的地方。同其他为同盟国公民设立的集中营不同，这个集中营没有围墙，也没有日本士兵守卫，因为同盟国的公民是日本的敌人，但犹太难民不是。隔离区的边界设有标志，由难民自己组成的巡逻队负责检查路人的通行证，难民们只能在白天外出，晚上11点宵禁开始前必须返回。除了通行证，难民们还不得不在衣服上佩戴一只金属徽章，上面写着汉字，意思是"可以通行"。不管什么时候，只要离开了隔离区，难民就得随身携带一张印有黄色条纹的身份证，但中国人进出这块地方是不需要通行证的。

在迁往隔离区的难民中，有几个是父亲的朋友，当他们获得了通行证可以在白天外出后，就经常来我们家。母亲招待他们吃午饭，还送给他们衣服——这些衣服他们既可以自己穿，也可以卖掉，或者拿到虹口的市场上去换别的东西。这几个人告诉我们，难民们的居住条件非常恶劣，通常都是住在小巷子里，屋子很破，而且每家只能分到一个房间，几家人共用一间厨房，在里面用煤炉做饭，所谓的厕所其实就是随处可见的木桶。讲究卫生的人可以花上几毛钱，到公共浴室去洗澡，那里面有热水。在他们居住的地方，自来水经常停水，所以难民们都备有大只的热水瓶，从专门贩卖这种生活必需品的小店里买热水。除此之外，我们的客人还说，他们还得应付隔离区的日军指挥官合屋。合屋举止奇怪，简直就是个精神病，他宣称自己是"犹太之王"，而且总喜欢虐待自己的"国民"。例如，那些需要在白天离开集中营去看病的难民，必须亲自到合屋的办公室申请通行证，而身高不足五英尺的合屋会突然之间暴跳如雷，要是难民的个头比较高，他甚至会爬到办公桌上去打人。难民们完全不知道自己能否得到通行证，因为申请的结果取决于合屋的心情。集中营里经常风传诸如"今天可以去申请通行证"或者"最好还是改天再去"之类的消息。

幸运的是，难民们在食物、衣服和基本医疗方面的需求，常常得到俄裔阿什肯纳兹犹太人的帮助，而看病则主要由拘禁在隔离区里的大批医生负责。除了阿什肯纳兹犹太人，参加这些慈善行动的还有来自伊拉克的无国籍的塞法迪犹太人——他们从未获得过英国国籍，因此被送到为同盟国公民设立的平民集中营。这些伊拉克人因为来自英国托管的国家，所以被头脑僵化的日本当局登记为"二等敌国公民"。然而，难民们的经济状况在1943年进一步恶化了，这是因为那时国外的资金再也不能汇到上海，所以一直以来向犹太难民提供资助的美国联合分配委员会以及其他美国的社会团体只好中止了行动。结果，日本当局开始向俄裔阿什肯纳兹犹太人征税，用以支付部分隔离区的开销。

虽然居住区的条件恶劣，还是有许多难民从事着裁缝、缝补和制作帽子等工作，有些人则经营着美容店、熟食店、餐馆，甚至还有夜总会。在夏天，最受欢迎的地方是露天咖啡馆，大家可以在那里和朋友聚会，借以打发时间。咖啡馆里可以喝到茶和咖啡（不过质量都很差），或者干脆就喝热水，还可以吃到由虹口区的专业面包师制作的美味可口的维也纳萨赫蛋糕（一种夹了橘子酱的巧克力蛋糕）。难民中的作家们继续着戏剧创作，艺术家们则按照剧本进行表演，学者们也经常举办有关各种话题的讲座，其他还有些人用德文、波兰文和犹太文写通讯稿，而记者们则为一份德文报纸——其英文名叫《上海犹太纪事报》（*Shanghai Jewish Chronicle*）——撰写文章。在整个日据期间，这份报纸一直都有出版，从来没有受到过当局的干涉。

每逢礼拜五晚上，许多难民会在私人家里集会祈祷，而在高圣日则会去虹口的摩西会堂（Ohel Moishe）参加宗教仪式。住在隔离区的孩子们可以在白天去前公共租界内的育才中学（Kadoorie School）上学，而那些年纪太小不能走远路的小孩则在虹口区的临时教室里上课，教学由难民中的教师和家长负责。在被拘禁的头一年，米尔耶希瓦学院的三百名学生和他们的犹太老师还获得特许，得以每天早晨离开集中营，前往位于虹口非隔离区内的阿哈龙犹太会堂进行学习和用餐，他们每天用于宗教学习的时间长达 15 个小时。

然而，在这种貌似常态的生活中，时刻潜伏着一种恐惧感，因为大家总是不停地想象，害怕终有一天纳粹会说服日本人把虹口的难民斩尽杀绝。这些难民们并不知道，就在他们被拘禁期间，无数的亲朋好友——男人、女人和小孩——正在集中营里被枪杀，被毒气毒死，并且被焚尸。在被限制在"指定区域"内的两年半里，难民中大约有1500名老人和非常年幼的小孩死于营养不良和缺医少药，其中有些是因为房间里没有取暖设备而死于湿冷的冬天，另有些则是被欧洲人未知的热带病夺去了生命。

现在，我母亲和她的朋友们聚在一起喝下午茶时，已经不聊闲话了，而是互相交换各自听来的欧洲和亚洲战场的最新消息。1942年10月10日中华民国国庆节那天，她们震惊地得知，英国和美国这两大列强已经宣布放弃它们在中国享有的治外法权了。上海的外国侨民认为，这一举动是富兰克林·罗斯福总统和温斯顿·丘吉尔首相为了感谢中国盟友共同抗击日本人而作出的一个姿态。当时，在国民党对日军展开正面抵抗的同时，装备较差的共产党军队也不失时机地偷袭和骚扰日军，并对铁路加以破坏。

然而，放弃特权并没有改变外国人在上海的处境。珍珠港事件以后，公共租界就已经不再是一块享有治外法权的飞地了，而法租界事实上已被日本人控制。但对我和父母以及很多老"中国通"来说，一想到日本人的占领一旦结束，白种人将再也不能恢复之前享有的特权了，心理上还是无法接受这一事实。

不久，维希政府也宣布放弃它在广州、汉口、上海和天津享有的治外法权，这是对治外法权制度的又一次打击。1943年7月30日，法国总领事马杰礼奉命将上海的法租界归还给汪精卫的傀儡政府。"我们的"租界再也不存在了。此时，日本人正在太平洋上输掉战争，因此他们比以往任何时候都更需要展示其对上海的全面控制。结果，他们无偿没收了法国的巡捕房、公董局大楼、各类公用事业公司和交通设施。

不过，法国巡捕房的高官设法说服了日本宪兵，出于安全考虑和保持行政连续性的需要，三分之一的法国雇员得以继续留任，以协助日本人管理前法租界，并处理与法国公民相关的事宜。日本人默许了这一安排，但对中国人则一如既往地予以歧视，例如中国雇员的工资就比他们的法国同事低很多。法国人获准保留他们的驻兵，包括大约 1000 名安南和东京的巡捕以及附属于军队的下级士兵。我父亲有一个客户，名叫罗兰德·萨尔礼（Roland Sarly），曾任法租界巡捕房的副总巡，现在被任命为前法租界（现改称第八区）的中国警察局的总监察。但也有法国人失业了，例如我几个同学的父亲。这几个同学告诉我，他们家现在得靠法国领事馆的接济，还有国际红十字会派发的大米、豆子、谷物和果酱。这些之前在巡捕房、商业公司、银行和公用事业公司任职的官员们肯定没有想到，有一天他们也会需要别人给自己捐赠食物。

法租界那些写有法文的路牌，长久以来一直象征着法国荣耀的历史，如今也被写着汉字的新路牌取代了。但上海的外国侨民不认识汉字，因此在问路或报地址时，中国人和外国人还是继续使用之前的法文路名。

1943 年秋天，我和朋友们听说意大利军队已经于 9 月向盟军投降了。接下来的一个月里，意大利临时政府对德国宣战。对于意大利的失败，我一点儿也不惊讶。因为我和同学们曾听说过第一次世界大战期间发生的一件事，而且总喜欢拿这件事开玩笑。那是在卡波雷托，面对迎面而来的奥地利军队，意大利士兵竟然拒绝参战，并开始撤退，因此我们经常用"卡波雷托"作为胆小鬼的代名词。但是，停泊在黄浦江上的意大利客轮"康提凡蒂"号的水手们却一点儿也不胆小。当他们听说意大利向德国宣战的消息后，便迅速打开船舱的阀门，结果停在港口浅水区的船进了水，翻了个底朝天。日本当局立即以实施破坏的罪名将这些水手逮捕，并将他们送往上海附近的集中营。集中营里的盟国公民纷纷向这些勇敢的意大利水手表示问候，并向他们鼓掌致敬，因为弄翻轮船的举动很可能导致他们被关进日本宪兵的监狱，甚至有可能被处死。日本当局还发布命令，将少数留在上海的意大利人登记为"敌国公民"，要求他们上报所有的财产。虽然日本人并没有将意大利人送往集中营，却强迫他们戴上标志"敌国公民"身份的袖章。袖章是用上海意大利俱乐部的天鹅绒幕布做的，看上去还挺漂亮。我父母有一对很要好的意大利朋友，分别叫雅克·皮乔托和艾琳·皮乔托。听说他们被日本当局找去问话了，父母非常担心，因为雅克的日语很流利，这点有可能被用来证明他是盟国的间谍。不过，这对夫妇很快就被释放了。父亲相信，雅克对日本文化的了解肯定让审问他的人大吃一惊，而他一定是用日本人自己的语言，成功地证明了自己仅仅是一名商人。

1943 年上海发生的这一系列事情——对盟国公民的拘禁，强迫犹太难民搬迁到虹口，以及法租界治外法权的终结——使许多上海的外国侨民意识到，他们这些中国人口中的"主人"和"夫人"们，如果战后继续留在上海，将没有任何前途可言。从法律上来说，租界已不再属于法国，而是变成了中国人的地盘。上海的西方殖民主义以及与之相伴而生的白种人的特权已经走到了终点，这一事实让我很难接受。

而且，具有讽刺意味的是，取代西方殖民主义的恰恰是日本的殖民主义。

第十九章　宵禁、配给和恐惧

1944 年年初，尽管日本人控制的《上海泰晤士报》和用英文广播的 XMHA 电台都声称日本人在战场上仍在取得胜利，但也有消息称轴心国的军队正蒙受巨大损失，这样的消息总算带给人们一线希望。但是，日本人在上海对中国人和外国人的管制正变得越来越严厉，可能是因为他们的战舰被击沉，而且太平洋上的岛屿也被美国人夺走了，因此想要报复。那些配着枪和刺刀的日本兵，一看到有人走近他们或者靠近他们守卫的大楼，就会大声吆喝些叫人听不懂的话，所以马路上的行人一看到他们就躲得远远的。

虽然短波电台的秘密广播里说盟军正在前线赢得全面胜利——盟军部队已于 6 月在法国登陆，美国和英国的飞机也对德国和日本实施了无情的轰炸，但在 1944 年整整一年里，上海的无国籍者们仍然过着提心吊胆的日子。我们担心日本人在不断蒙受巨大损失的情况下，会将我们也拘禁起来。现在的局势已经很明朗了，深陷绝望之中的日本人开始将许多楼房里的暖气片和金属管道拆下来运回日本，以便熔化后用来制造武器。日常生活开始变得越来越艰难，食物配给被削减了，那些手里有余钱的人只好向囤积者或者到黑市上购买日常生活的必需品。我们姐妹仨厌倦了家里的饭菜，经常到大街上买红薯吃，还有在小煤炉上煮出来的面条和用大锅炒出来的栗子。当时上海的私家车非常少，有轨电车非常拥挤，公交车又会喷出浓浓的黑烟，因此天才的中国商人们发明了一种新式交通工具，将自行车的前半部分和人力车的后半部分结合在一起，三轮车就此诞生了。它有三个轮子，由驾车的人用脚踏驱动，在拥挤而狭窄的街道上穿插于其他车辆和乱穿马路的行人当中，速度常常能超过公交车。

因为害怕美国飞机来轰炸上海，日本人下令所有店主都将窗户用十字交叉的纸条糊起来，以防玻璃震落，而住家则须在晚上用遮光的东西将窗户挡起来。一到晚上，我们在家里就只好在黑暗的窗户后面走来走去，一听到有巡逻的日本兵在附近走过，就感到非常害怕。这些士兵是来强制执行灯火管制命令的，要是他们发现街上有一丝亮光，就会大喊大叫，还会用枪砸门。受惊的居民会很快关掉所有电灯，吹灭蜡烛，待在黑暗里，直到听不见士兵们沉重的脚步声。

由中国男人组成的所谓"救护队"还会举行防空演习，他们头戴钢盔，手里提着沙桶、绳子和空担架，在日本人的命令下四处奔跑，在我看来显得非常滑稽。演习的时候，所有汽车和行人都不得通行，要等到放行的哨声吹响才恢复交通。每逢日本或中国的高级官员坐车经过，道路也会封锁，要是汪精卫主席来上海，则所有的店铺都必须关门。封锁街道成了家常便饭，我和同学们都是骑自行车出门，一遇到封路就得下车一直等到放行。我们会一边站在自行车旁边等，一边悄声咒骂日本人。这样的演习在我们看来毫无作用，因为我们相信美国人肯定不会轰炸上海的居民区，那儿根本就没有工厂。日本人当然比我们更懂军事，他们的想法与我们不同，因此在旅馆和高层写字楼的屋顶都布置了高射机枪。

我们家住的公寓非常冷，室内温度有时会降到华氏 30 度，在 1 月或 2 月，要是外面下了一两寸的雪，所有的窗户都会结冰。我们用煤油炉来取暖，但晚上得熄掉，以防窒息或火灾。现在的救火队里，以前那些经过专业训练的法国和中国的消防员，都换成了中国政府雇用的薪水低廉的男人，他们根本不会来灭火，除非户主答应付给他们钱。我们家的阿妈说，很多时候居民们不得不跟消防员在熊熊大火边讨价还价。

电、气和水的供应每天只有几个小时，而且我们不知道什么时间开始供应或者关闭。我们家里的所有房间都是用低瓦数的灯泡照明，要是突然停电，我们就得点着蜡烛写作业了。家里在各个地方都放着蜡烛和火柴，以便应急的时候用。到了晚上，我们通常是点着蜡烛用热水洗漱——热水是阿妈在有气的时候用煤气炉烧好的，通常一烧就是好几瓶，有时候她也用厨房里的两只煤炉烧热水。浴缸再也不能用了，因为里面已经装满了用来做饭和烧水的煤球。当天气变得非常潮湿时，我们姐妹仨的手指和脚趾上的皮肤就会开裂，还会生冻疮，手脚因此变得浮肿，表面呈深蓝色或紫色，每次穿厚的羊毛长筒袜或戴毛线手套时都很疼。我们睡觉时要穿好几层保暖的衣服，将热水瓶放在枕头和脚边。要是天气实在太冷太湿，以致无法骑自行车或者坐人力车，我们就得乘缓慢而拥挤的公交车出门。

配给的食物变得更紧缺了，大米和面粉都供应不足，糖被葡萄糖取代了，加在茶里面只能感觉到一丝丝甜味。母亲储备了几袋大米和几罐葡萄糖，有些是她用食物配给卡按政府供应的价格买来的，有些则是从黑市上买的高价货。当外国人不得不去黑市抢购食品时，大街上的乞丐也变得越来越多了，许多生病和饥饿的中国人死于反复发作的传染病，如霍乱、伤寒和天花等。我们这些学生已经注射了防止疾病的疫苗，但上课时教室里并没有取暖设备，我们把自己裹在衣服、围巾和毛线帽子里，只有在不得不记笔记的时候才极不情愿地把手从手套里拿出来。

为了调剂一下无聊的学习，我们经常去学校的图书馆，读一些老师认为对学生来说过于刺激的禁书。我们最喜欢的小说是《查太莱夫人的情人》，过一阵就会把它找来读一读，而且对那些描写性交的激情段落百看不厌。让我们感到分外惊奇和兴奋的是，在我们学校里竟然发生了真正的性行为：一位名叫特蕾泽的15岁法国女孩怀孕了，但我们从未查出到底谁应该为她的"堕落"负责。她会不会去做人工流产呢？我们猜不大可能，因为她从小在一个非常虔诚的天主教家庭长大。事实证明我们猜对了，她从学校里消失了几个月，生下一个女孩后才回来，而那个婴儿马上就被人收养了。这件绯闻被我们几个闺密议论了好几个月，我们简直不敢相信，居然有我们的同龄人，小小年纪就敢发生性行为。我和瑞娃听母亲在电话里对一个朋友小声说，收养那个小女孩的是跟她很要好的一对俄国犹太夫妇，但我们没听到他们的名字。

我们每天都去上学，出门时总希望在路上遇到防空演习，这样就可以因为封路名正言顺地迟到了。而母亲则留在家里同阿妈一起准备饭菜，同时还要不停地指挥男仆做这做那，并且指导"老爸爸"在缝纫机上勤奋地工作，因为她的朋友和熟人们送来很多衣服需要修改——我们家就指望这个家庭作坊赚钱呢。父亲则情愿待在家里，坐在舒适的扶手椅里阅读经过严格审查的《上海泰晤士报》，或者听听收音机里的音乐和留声机上的唱片。留声机装在一个大柜子里，里面有一格放着坏了的短波收音机，我们没去修它，因为收听外国广播是被禁止的。

日本军方严格禁止人们使用短波收音机，他们会到居民家中突击检查，搜查任何隐藏的无线电设备。一天早晨，有两名穿着制服的日本人来我们家进行检查，父母虽然有些担心，但并没有表现出多少惊讶。这两名日本人直奔起居室里的橱柜而去，质问我们为什么保留着一台短波收音机——它虽然已经坏了，但修起来并不难。当他们开始向父亲发问时，母亲忙去向我们的日本邻居贝赫斯夫人求助。贝赫斯夫人很快便来了，她向日本人解释说，这台收音机已经坏了好多年了，而且从来没有人动过它。日本人接受了她的解释，并向她和我父母鞠了一躬，然后就走了，大家这才松了一口气。贝赫斯夫人当时曾对那两个日本人说，我们家来自罗马尼亚，是轴心国的盟友。可要是日本人不接受这个解释，那么结果就不好说了，因为他们必然会搜查整座房子，以寻找其他的违禁物品。比如说，我父母的朋友里有一对美国夫妇，他们在被送到集中营前托父母保管一口箱子，里面有一面很大的美国国旗。箱子里还装满了玉器、象牙制品以及晚礼服等等在集中营里用不上的东西，但是如果那面旗子被发现了——这可是令日本人憎恶的敌人的象征，日本人就可以控告父母犯有窝藏罪，并有可能怀疑他们充当盟国的间谍。

因为晚上实行宵禁和灯火管制，我的社交生活变得很简单，无非就是到朋友家里聚会和过夜。我们会有规律地转动留声机的摇柄，然后跟着里面的音乐翩翩起舞。我的姐姐瑞娃将很多时间用来煲电话粥，跟她的朋友们聊哪个小伙子又想跟她约会了，或者讨论下次在我们家聚会时该邀请哪些客人。她那时 18 岁，在舞场上极受欢迎，而我总是坐冷板凳，只有等那些被我的朋友们拒绝了的身材矮小或者脸上长着粉刺的男孩来请我跳舞。小杰还在继续学习钢琴，每天放学后都要练习，每次只要有人提出要求，她总会很乐意地弹上一曲。但我从来没叫她弹过琴，因为我们已经厌倦了一遍一遍地听同一支曲子。我非常喜欢听美国歌曲，但这些歌曲当时都是禁歌，当局甚至派人到店里粗暴地砸碎唱片，并撕毁美国音乐家的乐谱。不过，在整个日据期间，小杰一直保存着《上帝保佑美利坚》的乐谱。

我还会和朋友们下中国象棋，而且大多数时候都是我赢。此外，我们会互相交换外国邮票，因为随着太阳人寿保险公司的没落，我也失去了获取外国邮票的固定来源。那年我16岁了，但仍然喜欢骑着自行车在我们家附近瞎转悠，还喜欢吓唬走路的人。每次我擦着行人的身边"嗖"地飞过去，准会把他们吓得跳起来骂我。我最喜欢吓唬的对象，是住在我们同一幢楼里的两个德国年轻人：穆西和她的弟弟汉斯。每次看到他穿着希特勒青年团的制服，趾高气扬地到处显摆，我就会出于嘲讽地一边模仿纳粹敬礼，一边大声喊"Hell to Hitler"（去死吧，希特勒）。不过，汉斯从来没有向他的父亲告发过我，他父亲是一名高级纳粹官僚，在德国西门子公司工作。其实，汉斯很想参加我们的聚会，这样他就可以炫耀自己是一名多么勇猛的拳击手了——他是恺撒学校里的轻量级拳击冠军。跟我们一块儿玩的男孩子都叫汉斯"马克斯·施梅林"，这是一名德国拳击手的名字，他曾被非雅利安人种的美国黑人乔·路易斯击败。对汉斯的姐姐穆西，我们多少有些同情，因为她从小就得了小儿麻痹症，到现在走路还有点儿瘸，我们因此会带她一起玩。我们都认为，生为德国人并不是她自己的错。我和朋友们会定期在各家的门廊里举办聚会，在穆西的手风琴伴奏下，大伙儿齐声高唱法文歌曲，直到被吵烦了的邻居叫我们停下。在宵禁前，我们还会骑着自行车去街边的面摊。那里是人力车夫和苦力经常光顾的地方，我们就坐在他们身边，呼啦呼啦地吃着热乎乎的面条。要是父母发现我们在这么肮脏的地方跟这么一伙人吃东西，而且在满是日本兵的城市里到处乱跑，肯定会非常震惊。

不过，有一件事情父母还是得感谢我的。那就是几年前因为我的恶作剧，我们家被迫搬出了赛华公寓，如今这栋大楼已经被日本人征用了。我父母不得不承认，要不是我当年调皮捣蛋，我们家现在就得另觅住处了。想在战时找到一处合适的公寓，即便不是完全不可能，也是一件极为困难的事。

第二十章　轰炸，还是轰炸

　　欧洲和太平洋上的战火最终还是蔓延到了上海。1944年6月一个晴朗的早晨，空袭警报响了起来，但这一次不是演习。上海的上空出现了美军B-29轰炸机，它们是从重庆附近的空军基地起飞的，不过它们明显只是对这座城市进行侦察，而没有实施轰炸。然而，到了8月中旬，这些飞机又趁着夜色回来了，这一次我们听到了爆炸声和高射机枪声，还有警报的悲鸣声。我们姐妹仨和父母从卧室里奔到楼下，吓得挤在客厅里，直到听见解除警报的声音。XMHA电台说，美国人的飞机只轰炸了上海的郊区，但市区却陷入一片混乱。我们一整天都在互相打电话，议论飞机什么时候会再回来。我们一方面希望它们快点儿回来，去轰炸位于虹口和浦东偏远地带的日本军工厂和仓库；另一方面又担心居民区会遭到美国飞行员的误炸。

　　接下来的几个月里，执行轰炸城郊任务的B-29轰炸机会在夜里定期出现。到了秋天，它们开始在白天来了。日间空袭的时候，要是我正好在大街上，就得跑到大楼的地下室去找一处防空所，但在进去之前，我总会停住脚步，抬头看看防空炮火产生的烟雾，并忍不住向那些飞机欢快地挥舞胳膊——虽然它们轰炸的目标是我居住的这座城市的郊区。每次轰炸之后，被日本人控制的电台肯定会报道，又有几架敌机在市郊被日本人的防空炮火击落。

每次突袭之后，电、气和水的供应都会暂停好几个小时。对这些不便之处，我和朋友们都可以接受，因为我们希望美国飞行员能够摧毁日本人的军用炼油厂，以便加快战争结束的进程。为了防止家里缺水用，母亲、阿妈和男仆将浴缸里的煤都搬了出来，将它彻底擦干净后，在里面盛满了水。

日间的轰炸一直在继续，丝毫没有停止的迹象。我和同学们骑着自行车上下学的时候，只要一听到刺耳的警报声划破天空，就会迅速下车奔向附近的防空所——不过事实上，我们很想留在马路上冲着美军飞行员欢呼，并且亲耳听一听炸弹爆炸的声音和时断时续的高射炮声。要是空袭来临时我们正好在家里，大家就会跑到花园里，观看远处升起的浓烟，一点儿也不担心可能被高射炮的弹片击中。一天下午，我在父母房间隔壁的阳台上震惊地发现，墙上竟然嵌着几块弹片。

美军的飞机轰炸了上海附近的龙华机场，并摧毁了不少正排着队准备起飞的日机，从此以后，它们在上海的上空就没有遇到多少抵抗了。每次突袭警报解除后，天上总会出现一两架日本飞机，日本人显然是想挽回一点面子。我经常会在空袭后骑上车去兆丰花园——我可不是像许多人一样去采花的，而是去捡打偏了的弹壳。我会用捡来的东西跟几个小男孩换外国邮票——他们很渴望在自己收藏的锡兵玩具外再增加一些弹壳。我这项以物换物的交易成功地持续了一段时间，因为我拒绝透露哪里可以找到我的货源。

在非常偶然的情况下，有些低空飞行的美军飞机会被高射炮击中，这时飞行员就会放弃着火的飞机，跳伞空降到上海附近的陆地上。要是他们被抓住或者被胆小的村民交给日军——日本人曾警告中国的村民不许藏匿敌人——就可能被送往日本宪兵总部，在里面受到审问和拷打，并有可能被处死。跑马厅里就陈列着一架在上海被击落的美军飞机，我当然很想去看看，可父母不许我去，他们害怕守护战利品的日本兵会加害于我，也担心我会受到中国老百姓的敌视。XMHA 电台的播音员高兴地宣布，除了跑马厅里展示的那架 P-51 战斗机，还有更多类似的敌机已被日军强大的防空炮火击落，而且下一次美国人再来空袭时，必将有更多的飞机被击中。播音员还说，美国人夺取太平洋岛屿的企图遭到了挫败，英勇的日本士兵正在顽强地对抗敌人无情的轰炸。

尽管空袭频繁，我们仍继续参加一些社交活动，不过只要警报声一响，大家就得中断聚会，一起找地方躲起来。小杰在俄国俱乐部里举办了一场钢琴独奏会，我时常会去参加朋友的聚会，瑞娃则经常到朋友家跳舞，并且常在早晨宵禁取消之后才回家。

每次母亲组织下午茶聚会时，只要有足够的面粉和鸡蛋，她都要为客人烘焙蛋糕，她还会设法为我们和她的朋友们购买礼物，用以庆祝没完没了的生日和结婚纪念日。有一次，在预计"敌人"要来轰炸之前——现在每天都有空袭，母亲出门去办事。她才走一会儿，美军飞机就来了。轰炸开始后，我们姐妹仨和父亲都非常担心，不知道母亲是否来得及找到庇护所。让我们感到莫大安慰的是，她后来终于回家了。她说当时一时找不到躲避的地方，心里非常害怕，后来有一个骑自行车的中国人将她带到了一处庇护所。遇到空袭时，大街上的行人都不得不自己找地方躲避，因为防空洞的地点经常标示得不清楚。不过，要是我们上数学课或者科学课的时候拉响警报，我就会很开心，因为那样的话，我们就得集中到教室的后面，然后趴在地上。每当这个时候，我就希望最好直到下课警报都不要解除。

　　就在持续不断的空袭中，1944年7月，我们听说盟军已经解放巴黎了，大家的精神不由为之一振。听到这个令人震惊的消息后，我和一群法国同学在我们家举行了庆祝会。整个夏天，不断有消息说德国人和日本人在所有的战场上正蒙受惨重的损失。

　　那年秋天开学后，学校里那些亲维希政府的同学，看起来对盟军解放法国的消息并不高兴。以前，我们每年都要长途跋涉去一趟墓地，纪念一战停战日，并缅怀参战的英雄，今年这一活动被取消了，学校也没解释为什么。我刚刚听说，"我们的"贝当元帅，一战中的凡尔登英雄，如今已经逃往德国了，听到这个消息，我不禁露出轻蔑的笑容。我对几个同学悄声说"ce grand lâche, ce traitre"（那个大懦夫，那个叛徒）已经不在法国了。让我很开心的是，我们可以整整一个星期不用去学校，因为日本人命令所有的学校、商店和企业都得关门，以哀悼在东京突然去世的中国总理汪精卫——他当时是去会见日本领导人的。汪是日占区的中国领导人，也是日本人的傀儡，中国人对他的去世并不感到难过，但他们很想知道谁会成为那个受日本人控制的南京政府的新首脑。1944 年，与挑选汪精卫的继任者相比，日本人面临着许多更迫切需要解决的问题，因为他们在太平洋的岛屿上人力和物力损失巨大，而日本本土也遭到美国飞机的大轰炸。

那年年底，美国飞机炸毁了位于前公共租界内的上海电力公司，而规模较小的法国电力公司生产能力有限，无法满足前法租界的用电需求，结果我们一连好多天都没有电用。每天晚上，上海城一片漆黑，直到黎明的第一线曙光出现。电力供应最终还是恢复了，但仍会在宵禁期间自动断掉，而水和气在空袭时是全部中断的，只有在警报解除后的几个小时内才会恢复供应，母亲和阿妈会抓紧这段时间赶快做饭，男仆则负责将浴缸里放满水。黄昏以后就没有人敢冒险出门了。街上尽管有配着枪和刺刀的日本兵巡逻，但仍有小偷和带着刀的劫匪出没，而且白日闯入的现象也变得猖獗起来。报警根本没有用，因为警察正忙于向当地居民颁布法令，禁止他们传播有关战争的谣言，他们认定这些谣言都是由盟军和蒋介石的重庆政府制造的。

我们在黑暗中迎来了1945年的新年。听说美军已经在菲律宾登陆，而德国人正节节败退，我们对未来充满了希望。毫无疑问，日本人对上海的占领已经迫近尾声了。1月，矗立于外滩的一战纪念碑被日本人搬走了，这个纪念碑是铜铸的，重达五吨。日本人将它运到南市的中日金属回收站将其熔化。外国人评论说，这一举动颇有讽刺意味，因为日本军队在一战中正是同盟军一起奋战牺牲的，而这一举动恰恰玷污了他们自己的历史。从此以后，外滩再也见不到那个高高耸立在柱子上、背后长着一对巨大翅膀的天使了，每当我骑车经过那儿，总有一种陌生的感觉。

1945年3月一个很冷的早晨，阿妈跑进屋警告我们待在家里不要外出，因为全副武装的日本兵乘着坦克，包围了法军的驻地。这让父亲感到很奇怪，他想不明白，为什么一年前维希政府崩溃、自由法国的军队正与德军交战时，日本人并没有乘机解除法国军队的武装，而现在却要这么做。父母于是打电话给他们的朋友，询问到底发生了什么事，但没有人知道。后来我听说，日本军队在夜里包围了法国兵营，命令指挥官将所有武器原封不动地交出来，否则日本人将摧毁这两个兵营，并对法国公民进行报复。兵营里当时有300名法国军官和1000名印度支那士兵，他们的装备并不齐备，唯一的出路就是投降。于是，日军指挥官带着随从人员进入兵营，摄影师紧随其后，拍下了法国军官和平投降的场景。当卡车装着缴获来的军械慢慢驶出兵营时，围观的中国人都鼓起掌来，他们这么做倒不是为可恶的日本人喝彩，而是对法国人的倒台表示高兴。不过，与日本人占领印度支那后对当地法国驻军的处置比起来，这些上海的法国军队下场算是好的了。在印度支那，所有拒绝投降的法国军官都被关了起来，甚至有人掉了脑袋。几个月后，上海的法国殖民军队又遭受了一次打击，安南和东京的士兵背叛了他们的法国军官。他们宣称支持法属印度支那由胡志明领导的革命党人，并将与日本军方合作，因此得到日本人允许打出了象征自由印度支那的红黄两色的旗帜。

那天早上，我们姐妹仨都以为日本人只是包围了法国兵营，所以稍晚些时候我们还是骑车去上学了。但是，当我们到达学校时，发现校园里都是日本兵，围着大楼乱转。我们赶忙跨上车骑回家，兴奋地给同学打电话，猜测这学期会不会在3月就提前结束，而不必等到6月下旬了。可是，不到一个星期我们的希望就破灭了，法国公学（原来校名中的"市立"两个字已经在1943年秋从所有文件中正式删去了）的全体师生都被并入雷米小学。我们下午上课，而雷米小学的学生则在上午上课。当有体育活动大家一起参加时，我们就会跟他们说英语，因为他们说起法语来全是语法错误，还有俄语的口音，我们实在不想让他们污染了"我们的"语言。

日本人兑现了当初的承诺，没有对法国公民进行报复，但那些供职于日本人控制的第八区（即之前的法租界）政府机构的法国人最终还是被解雇了，而且许多法国人所有的大楼和企业都被无偿没收了。法国总会关了门，变成了日本驻军的总部。结果，越来越多的法国人失了业，不得不依靠慈善组织供给的基本食物生活——这些食物专门分配给没有收入的人，只象征性地收些钱，或者完全免费。

接下来的几个月里，我们得知英国、美国和苏联的军队已经在欧洲打败了德国人，而美国海军也已摧毁了大批日本军舰，美国的海军陆战队也已从日本人手里夺取了更多太平洋上的岛屿。我们还听说，马尼拉已经于1945年3月被解放，而美国人付出了数千生命的代价后，最终占领了另一个战略重地——冲绳岛。美国的P–38、P–51和B–17型远程战斗机从新近占领的太平洋上的岛屿起飞，与B–29一起对上海周边的地区发动了攻击。现在空袭的频率增加到了一周两次，我甚至看到飞机在天空中画出代表胜利的"V"字。

XMHA电台仍在散布德国和日本取得胜利的荒唐谎言。然而，4月时，一条让日本人颇为得意的消息被证实了，那就是日本和德国的敌人、被其称为"懦夫"的富兰克林·D.罗斯福总统死了。不过，这条令人悲伤的消息很快被更多的好消息淹没了：意大利的法西斯独裁者贝尼托·墨索里尼被游击队发现后遭到枪毙，尸体还被倒吊了起来；希特勒在他的地下掩体里自杀了；德国宣布无条件投降，罗斯福的继任者哈里·S.杜鲁门和其他同盟国的领袖们已经接受了德国的投降。德国驻上海领事馆的职员们一直到最后仍忠于纳粹的信仰和他们的元首，他们为希特勒举行了一场追悼会，出席者包括"中立国"的外交官和那些仍处于日本控制下的亚洲国家的代表。

德国人在柏林投降后，上海的日本当局便下令没收德国人所有的大楼和企业。我们都怀疑是不是连德国公民也要被送往集中营，但这种事并没有发生。颇有讽刺意味的是，我认识的那个德国女孩穆西和她的弟弟汉斯现在被日本人视为"敌国公民"，可日本军方至今仍未把法国人和无国籍的俄国人归入"中立"或"敌对"中的任何一类，想到这一点我就觉得好笑。5月初，我和朋友们参加了俄国俱乐部和犹太俱乐部举办的庆祝纳粹德国投降的活动，之后我们又庆祝了"欧洲胜利日"（VE Day）——在整个日据时期，这两个俱乐部一直都获准照常营业。家里的电话铃响个不停，我们不停地互相转告这个令人难以置信的消息：纳粹德国从此不复存在了。有人甚至在西服或者外套的翻领上别上了红色的纸花。不过，大家爆发出的欢快之情还是打了折扣的，因为目前日本与盟军仍在作战，而且虹口区的难民们一直都提心吊胆，害怕那些轰炸日军仓库的美军飞机会由于疏忽而将炸弹扔向他们居住的"指定区域"。7月下旬，这一担忧变成了现实：有一颗炸弹本该瞄准虹口区的一只储油罐，结果却落在了紧挨着隔离区的地方，致使200多名中国人和34名犹太难民在家中或大街上被炸死，另有近1000名中国平民受伤。事后，平时交往很少的中国人和欧洲难民们一起参与了救援，他们不辞辛劳地相互合作，将许多死者的尸体挖了出来，并将伤者迅速送往医院。

到目前为止，日本人还没有准备投降的迹象，但上海的外国侨民们已经开始聚会庆祝纳粹和法西斯的终结以及日本注定的灭亡了——不过聚会上并没有多少食物和饮料。1945 年 8 月 5 日，我邀请了很多同学来我们家庆祝我的 18 岁生日。我们再也不用像过去 4 年那样只能唱歌颂贝当元帅的赞歌了，而是一起唱起了《天佑吾王》和《马赛曲》。我们还会哼美国国歌的调子，但没几个人知道歌词是什么。为了预祝盟军胜利和日本占领的结束，我们干了很多杯冰水和茶。虽然百货商店的货架上空空如也，但即使在战争年代也不作兴空着手来参加聚会，所以客人们还是给我送了香水、手帕、围巾等礼物，还有人送给我从花园里采来的花儿。我的生日过后没几天，我们就听说一座叫广岛的日本城市在 8 月 6 日被一颗威力极大的美国炸弹摧毁了，造成了成千上万的居民丧生。

之后又同时发生了两件事，使我们觉得有可能迫使日本投降：8 月 9 日，美国摧毁了日本的另一座城市——长崎，所用的炸弹跟第一颗一样具有毁灭性；就在那天早上，苏联对日本宣战，开始向中国东北进军。上海的日本当局尽管处境不妙，办事却仍一丝不苟，立即对苏联公民采取行动，好几个人被当作盟军间谍被捕，而苏联俱乐部以及其他属于苏联公民的大楼和财产也立刻被没收。我父亲的妹妹索尼娅和她的丈夫、女儿、女婿都在日本人刚刚占领上海的时候加入了苏联国籍，因为他们相信有一本护照总比没有国籍要安全些（他们曾试图劝说我父亲也去申请苏联国籍，但父亲就像当年不肯申请中国国籍一样，坚定地拒绝了这一建议）。苏联开始进攻日本的那天，索尼娅姑妈的女儿莎拉正在苏联俱乐部里打麻将，结果遭到逮捕和审问，但过了几个小时就被释放了。日本人看起来还没想好怎么处置这批新的"敌国公民"，因此苏联人和德国人都没有被送往集中营。姑妈一家因为害怕日本人霸占他们的大房子，便请求我们替他们保管私人物品。他们来时雇了好几辆人力车，车上堆满了行李箱，里面装着金条、银器、珠宝、衣服和一些文件。

一个星期后，我的法国同学吉内特·格里伦，伯纳德·圣－奥永和他的姐姐于盖特闯进我家，大声喊道：日本投降了，菲利普·贝当元帅被法国法庭判处了死刑。我们很想溜进雷米小学去庆祝一下，并把所有贝当的画像都撕下来，但是宵禁就要开始了，而且日本投降的消息还没有得到正式确认。我们整个晚上都在电话里互相通报日军即将撤离上海的消息。一直到凌晨时分，我们全家才上床睡觉。第二天醒来时，我们很失望地从广播里听说，关于日本投降的谣言是假的。但是在一些街角上，中国人已经勇敢地将国民党的国旗悄悄地挂了出来。这些旗子很快就被日本当局移走了——它们的办事效率依然很高。

到了 8 月 15 日，那些有短波收音机的上海居民听到了裕仁天皇在电波中用非常尖锐的声音宣布日本已经战败了。第二天，这个消息得到了证实，我听到 XMHA 电台的播音员用极为低沉的语调说，日本已经单方面向盟军无条件投降，日本和美国将于月底签署和平条约。

尽管日本对上海的占领结束了，但日本士兵和海军陆战队员并没有消失，他们仍然在大楼外站岗，配着枪和刺刀在街上巡逻。当有中国人向他们吐唾沫时，他们并不反抗，甚至一动不动——那些中国人要是有枪的话，肯定会做出更强烈的报复行为。后来我们才知道，日本人接到盟军的命令，在蒋介石的军队到来之前，他们得负责维持上海的治安，以防止出现抢劫、示威和其他骚乱。

第二次世界大战的结束，终结了日本对中国长达14年的侵略，他们对上海近8年的占领也随之结束了。许多上海的外国侨民都相信，他们会重新过上战前的舒适生活，即使失去了治外法权也没关系。经济肯定会稳定下来，通货膨胀也必将得到控制。

1945年8月，我在黑市上用一美元兑换了十万元中国的货币。

第二十一章　胜利与喜悦

　　日本投降后，美军的 B-29 轰炸机将一包包食品空投到平民集中营内。又过了几天，大约有 20 名美国军官以及解救战俘和拘禁者组织的人员来到上海，将被拘禁在集中营里的盟国公民释放出来，并发还他们的财产。这个工作小组还视察了"指定区域"，向犹太难民分发了各类物资和药品，他们甚至受到极为富有的塞法迪犹太人劳伦斯·嘉道理和穆里尔·嘉道理夫妇的邀请，住在他们家坐落在前公共租界内的漂亮公馆里。这座豪华的公馆被人们称为"大理石宫"，在战争期间依然保养得很好，因为劳伦斯·嘉道理体衰多病的父亲埃黎·嘉道理爵士在战时一直获准住在里面，处于被软禁的状态。嘉道理爵士是英国公民，他之所以能够幸免未被送往集中营，并不是因为年纪大了，而是因为他曾在 1921 年东京发生毁灭性的大地震时向日本政府提供过资助。日本政府对人们过去的所作所为记得很清楚，不管是好的还是坏的，都会予以相应的回报或者惩罚。

随着盟军的胜利，上海全城都沉浸在欣喜之中。在日本人占领下这么多年来的紧张、焦虑和恐惧都消失了，取而代之的是欢笑和高兴的泪水。此时，美国人正在把中国军队空运到北平、上海和广州，以帮助国民党政府在获得解放的地区恢复其统治。中国共产党却另有打算，他们在蒋介石的军队到达之前就迅速占领了东北，不过他们发现，苏联红军在进入这一地区时，早已将日本人兴建的许多工厂和仓库拆除，所有的设备和机器都被运往了西伯利亚。

我们的社交生活变得忙乱起来，在一次次的午宴和晚餐聚会上，大家流了无数的泪水，在庆祝重获自由的同时，也期盼上海的未来兴旺繁盛。在找到新住处之前，那些被拘禁的盟国公民可以一直待在集中营里，白天则可以离开集中营去拜访上海的朋友。拉尔夫姨父、茱莉和她的儿子罗尼来我们家过了一天。我们惊讶地发现，尽管他们被拘禁在龙华集中营里长达两年半，而且集中营里的食物严重短缺，但拉尔夫姨父和茱莉竟然都长胖了，而且因为在集中营的菜园里工作，他们的肤色都呈现出健康的褐色。大人们都觉得被拘禁很痛苦，不过罗尼却说很快乐，因为他不用每天去上学了，而且他还很喜欢捉弄日本的卫兵们。拉尔夫姨父和茱莉说，如今坐在铺着干净亚麻台布的桌子旁，眼前堆满了食物，使用着银制的餐具和迷人的瓷器，而用不着去刮盘子和杯子里最后一点食物，这样的情景对他们来说已经非常陌生了。他们还说，有些被拘禁的人虚弱得连路都走不动了，有些人则对生活丧失了一切兴趣，再也不顾自己的举止，连洗漱的习惯都放弃了。那些行动缓慢以致无法服从命令的人会遭到卫兵的残酷虐待，有些试图逃跑的人则被殴打和折磨致死。集中营里唯一不缺的东西就是永无止境的谣言。

有一次，母亲邀请我那个绰号叫"娃娃"的比利时同学和她的姐姐来吃午饭，她们曾被关在龙华集中营，同来的还有一对关在闸北集中营的英国夫妇。那对英国人抱怨说，虽然他们是"敌国公民"，但其实根本不应该被拘禁，因为他们出生在上海，至今从未去过英国。作为一名无国籍者，我觉得他们提出的这个理由很奇怪，他们理应为身为大英帝国的公民感到自豪才对啊。当这对英国夫妇试图谈论集中营里的悲惨生活时，"娃娃"却将话题引向了自己，谈论起她在集中营里和"哈里森总统"号上的美国小伙子们一起度过的快乐时光。

父亲已经回到了太阳人寿保险公司，这家公司在战后很快就重新开业了。他的主管欧内斯特·哈里斯说，他被关在闸北集中营期间，听到的最坏的消息就是4月罗斯福总统的逝世。被拘禁在集中营里的同盟国公民们提出要为美国总统举行追悼会，出人意料的是，这一要求竟然得到了集中营司令官的批准。结果，大家举行了一次庄重的集会，以表彰这位盟国的领袖。日本人将罗斯福视为可恶的敌人，而且美国也正在击败日本，可在集会的整个过程中，日本卫兵竟然一直肃立在旁边，此情此景让哈里斯先生感觉非常奇妙。后来，在裕仁天皇宣读了投降诏书，表示向盟国无条件投降后，那名批准集会的集中营司令官将所有被拘禁者都召集到一栋房子前面，告诉他们日本战败了，战争结束了。他表扬大家在被拘禁期间遵守了规章制度，对长期的食物匮乏表达了歉意。在这次简短发言的最后，他说道："你们将获得自由，而我将走进集中营。"欧内斯特·哈里斯告诉父亲，在这次奇怪的集会后，集中营的房顶上升起了美国、比利时、加拿大和荷兰的国旗——这些旗帜是此前被偷偷带进集中营的。

住在虹口隔离区内的犹太难民开始接受联合国善后救济总署的面试，这是他们向美国、加拿大、澳大利亚和新西兰移民的一项程序，这些国家在纳粹时代都曾拒绝增加各自移民的配额。

美国的飞机正将中国士兵从内地运往上海，以取代日本的哨兵，与此同时，日本士兵仍坚守在各类建筑和废弃的工厂外面，以防有人抢劫。刚抵达上海的美国海军陆战队第六团被派往青岛接受日军的投降——在蒋介石的军队到达之前，日本人依然控制着这座城市。在上海，工匠们开始树起高大的竹牌楼，为国民党军队以及美国和英国军队即将举行的胜利大游行做准备。官方的协议规定，中国军队将最先到达上海，单独举行阅兵，在这之后才轮到美国人和英国人。法国人没有机会举行阅兵游行，因为维希政府在二战中曾与纳粹合作过。

1945 年 8 月 26 日，蒋介石的军队终于抵达了上海，尽管他们几乎在所有对日作战中都输掉了，但还是受到民众极为热烈的欢迎。他们在原先属于外国租界的马路上列队行进，头顶的牌楼上挂着五颜六色的旗帜和纸花，还有国民党的旗帜和蒋介石的画像。整座城市都像过节一样，欧洲人纷纷开始举办节日聚会和盛大的舞会，重又穿上了他们的晚礼服和燕尾服——当然穿之前得先送到干洗店里去除虫卵留下的怪味儿。

商人和店主们都在翘首企盼盟军的到来，特别是那些在菲律宾、冲绳和中缅印战场服役的美国军人。因为这些人将会带来大笔的美元，在战争年代他们可没处去花这些钱。在国民党阅兵后不到一个星期，英国和美国的士兵、水手和海军陆战队员们要么步行、要么坐着卡车和吉普车，也举行了他们的阅兵式。游行路线的两边又一次站满了中国人和外国侨民，大家对这些外国军人热情地表达着敬意，就像对国民党士兵一样。同其他外国人一样，我们姐妹仨看到这些士兵都非常兴奋，特别是那些美国人，身穿漂亮的卡其布军装，头戴尖顶帽，嘴里总是嚼着口香糖，还喜欢冲着女人挥手和吹口哨，其行为举止跟二战前上海的美国大兵一模一样。

1945 年 9 月 2 日，对上海来说是一个值得纪念的日子。这一天，日本和美国、英国、苏联以及中华民国签署了和平条约。窗户外面、路灯柱子上和屋顶上到处飘扬着这几个国家的国旗——这些旗帜是由颇具生意头脑的商人们事先悄悄缝制的。最受欢迎的是美国国旗，不过很多旗子上面五角星的数目并不准确。我也很骄傲地把美国国旗挂在了自行车车把上。

各类社交活动又恢复了，上海的外国侨民重又开始享受生活的乐趣，大家都相信这座城市将很快恢复战前商业繁荣、生活舒适的全盛景象。包括法国公学在内的许多建筑现在都物归原主了。到了9月，父母邀请了50名客人来参加瑞娃20岁的生日自助晚餐会。母亲、阿妈和两个从别人家请来的厨子负责准备晚宴，我们家的男仆则将所有的房间从里到外打扫了一遍。我们的德国邻居穆西正在等待被遣返回德国，虽然她和弟弟都没有接到参加聚会的邀请，但穆西还是在瑞娃生日这天早上来到我们家，送给瑞娃一些信纸和信封。我的父母觉得不邀请我们的德国邻居是明智的做法，因为有些客人（还有我）也许会对"sales boches"（该死的德国佬）发表侮辱性的言论。不过，我很为穆西感到难过，因为她和弟弟都出生在上海，而且从没去过德国，现在却不得不随父母一起前往这个被战争摧毁的国家。

那天晚上，客人们先后乘着人力车来到我们家，女人们打扮得珠光宝气，穿着长长的织锦和丝绸裙子，男人们都穿着晚礼服。瑞娃收到的礼物也恢复到了战前的水准，其中有项链、手镯、法国香水、美国的提包和中国的银元。晚餐后，小杰弹奏了几支古典钢琴曲，随后又穿上"老爸爸"缝制的衣服，把自己装扮成"东方农民"的样子，表演了几段匈牙利和吉卜赛舞蹈。随着时间越来越晚，有些男性客人已经喝了相当多的伏特加，开始唱起美国、英国、法国、俄罗斯的歌曲和国歌，小杰则在一旁用钢琴伴奏。客人们不停地为瑞娃的健康和幸福干杯——所谓幸福，其实就是指"抓住"一个美国丈夫。一直到凌晨两点，筋疲力尽的客人们才觉得该回家了。临走之前，为了感谢仆人们为这场聚会付出的辛勤劳动，他们留下了丰厚的小费，而仆人们还得花好几个小时来清洗盘子和打扫屋子。

几天以后，为了庆祝自己的 42 岁生日，母亲又邀请了一些女性朋友来家里吃午餐。但是，她不得不在最后一分钟取消了这次聚会，因为我的表姐茱莉打来电话，说她和拉尔夫姨父在外滩附近的圣若瑟堂找到了临时住所，想请母亲帮忙将他们的物品从集中营运到那儿。母亲赶到集中营后，那里的生活条件让她无比震惊，她立即请求姨父一家在搬到新家之前先到我们家住上几天。

过了不久，英国皇家海军为那些曾被日本人拘禁过的英国公民举办了一次聚会，地点就在黄浦江上的一艘英国巡洋舰上，茱莉邀请我们和其他几个英国人一起去参加。我们姐妹仨都非常想去看看，因为我们还没有见识过英国的士兵和水手。我们注意到，在结交女性这方面，英国人可不像美国大兵那么主动。我和小杰那天下午都有空，于是我们雇了一辆人力车来到外滩的海关码头，那里的河面上挤满了各国的巡洋舰。我们乘一艘小汽艇登上刚刚从台湾驶抵上海的"贝尔法斯特"号（Belfast）。一上船，就有人带我们到餐厅去，等候领取饼干、巧克力、橘子酱和香烟等礼品。那些英国人已经在过去几年的拘禁生活中养成了排队的习惯，可是我和小杰哪有耐心在闷热的底层甲板上排队呢？于是我们决定在一名年轻军官的陪同下先参观一下这艘船。这名军官还从他杂乱的房间里给我们拿来茶和饼干，但是遗憾的是，他并没有跟我们要电话号码——要是换个美国人，他肯定会这样做，不管是不是真的想给我们打电话。

不过，打到我们家找瑞娃的电话总是没完没了。给她打电话的大都是她在聚会上认识的美国军官，而我在马路上以及基督教青年会里遇到的军人也会向我发出约会的邀请。令人震惊的是，我发现许多军人说的英语都不符合语法规范。夜总会和酒吧里挤满了当兵的，特别是"血巷"里的情形，跟二战前一模一样，经常需要美国宪兵前来阻止斗殴，或者将举止粗暴的醉汉拉回他们的兵营或军舰。有天晚上，我和朋友们正沿着外滩骑自行车，突然看到一群美国水兵（其中有几个已经喝得相当醉了）蹬着三轮车，后面坐着目瞪口呆的中国车夫。只见他们高声笑着、喊着，仿佛是骑在骏马上的牛仔。最后，美国人付给车夫们许多钱，向码头奔去，留下几个一脸茫然的车夫不知所措。美国海军的宪兵队不得不通过公共广播系统发布指令，要求水兵们乘坐接驳船返回各自的战舰。就是这样一群"男孩"竟然赢得了战争的胜利，真是令人难以置信！

很多这样的年轻军人很快就把他们的薪水挥霍完了，他们在繁荣的黑市上花掉最后几美元后，就只好倒卖香烟、威士忌、罐头食品、毛衣、靴子以及当时非常流行的艾森豪威尔式野战夹克等，有很多中国的商人和西方人都抢着要买。那些喜欢收藏艺术品的军人则用政府发给他们的衣服或者其他小东西来交换当地的工艺品和半真半假的古董，然后把它们带回美国。

丽丽在约会时骑三轮车

　　我和瑞娃在选择约会对象或者邀请美国人回家吃饭时，总是非常挑剔的，为了我们父母着想，我们得先确认对方举止得体，不会剔牙或者大声地嚼口香糖。我们带回家的那些人总是对母亲精湛的厨艺大加赞赏，而我每次都会问他们一大堆关于他们国家的问题。我们在法国公学的历史课上几乎从来没有学过美国历史，我们只知道在十三个殖民地获得独立的过程中，法国曾发挥过重要的作用，此外就是肤浅地读过一些关于美国内战的东西——那是一场跟奴隶制和各州权力有关的残酷战争。

这些小伙子看上去就像待人友好的十几岁的大男孩，从来没有令我们害怕过。他们最多在晚上分手的时候，要求和我们做一个长长的吻别，对此我很乐意奉献。但我们从未任欲望进一步发展，因为我很害怕自己会怀孕。要是欲求太过强烈，他们随时可以去夜总会或酒吧，从成群结队的舞女和歌女那儿(大都是中国人、韩国人和白俄人)得到满足。跟我约会过的杰瑞、迪克和理查德分别来自陆军、海军和海军陆战队，他们时常会开着吉普车带我去兜风，而且总是抱怨不得不靠马路的左边行驶。坐他们的车很吓人，因为他们开车很猛，经常眼看着就要撞上别的汽车或者人力车、自行车、独轮车以及横穿马路的行人，难怪这些穿着制服的"洋鬼子"总是招人骂。马路上行驶着美军的吉普车、运输武器的汽车和速度迟缓的卡车，它们跟上海本地的各种交通工具抢道，老是造成交通堵塞。我每次跟约会对象外出时，都会不停地提醒他们开慢点儿，但根本不管用。我告诉他们，最近有个美国士兵驾着卡车靠右行驶，结果撞上了一辆三轮车，造成一名车夫和两名乘客死亡，还有数名行人受伤，但他们却把我的话当作耳边风。这类交通事故不断发生，中国政府因此不得不和美方谈判，要求美国人不管有没有过错，都必须向那些在马路上被撞伤或撞死的受害人的家属支付赔偿金。

坐在美军吉普车里的丽丽

　　因为交通事故频发，加上大批美国人涌入中国，而且国民党政府需要美国的军事援助，所有这些因素都促使上海市政当局于1946年1月1日将车辆的行驶规则从靠左行改成了靠右行。很显然，虽然英国在过去的一个世纪里一直在中国占据着重要的政治和经济地位，但如今它已经被美利坚合众国所取代，甚至连交通规则也发生了变化。

第二十二章　政治的轰鸣

1946 年的新年是令人激动的，这是将近四年以来我们第一次不必担心宵禁，可以开开心心地放开喉咙庆祝新年。在乔治·马歇尔将军的调停下（他是杜鲁门总统派往中国的特使），国民党和共产党达成了停火协议，并同意将来组建一个联合政府。因此当 2 月新年来到时，上海人感到由衷的高兴，鞭炮声和锣鼓声响个不停。我们家的阿妈和男仆得到几天假期，穿上他们最好的衣服，回到"比宁波还远"的乡下和他们的家人朋友一起过节。母亲给他们发了年终奖金，装在大红色的信封里，他们可以用这笔钱偿还令人头疼的债务，然后一身轻松地开始新的一年。

春节期间我们学校也放假，所以我和小杰决定骑上自行车去霞飞路看五彩缤纷的庆祝活动。中国的中产阶级妇女们穿着旗袍——一种高领锦缎的衣服，侧边开着衩，男人们大都穿黑色的长袍，不过现在穿欧式西服的人要比以前多了。小男孩们也穿着黑长袍，头上戴着瓜皮帽，帽顶缀只红色的小球，小姑娘们则身穿大红色的衣服，抹着口红和胭脂，戴着节日的装饰，欢快地跟在父母身边。

无论白天还是晚上，大街上总能听到噼里啪啦的鞭炮声。许多店主在用木头搭建的简陋的店铺门口放鞭炮，相信这样做会在新的一年带来财运。他们还会在紧闭的店门上贴上红纸，上面写着庆祝新年、恭喜长寿发财等吉利话。街上有许多小贩叫卖各种食物，我和小杰喜欢吃热乎乎的炒栗子、大饼、油条和粽子，还有节日期间特地染上红色的包子。到了晚上，我们会在拥挤的马路上闲逛，看人家舞龙灯和玩杂耍，听人演奏各种弦乐器，还有吹笛子和敲铜钹的，吵得人震耳欲聋。上海的外国侨民们也沉浸在节日的气氛中，特别是那些曾经被拘禁的盟国公民，此时已纷纷返回家园并重新开始了工作。

1946 年 2 月，法兰西第三共和国正式和国民党政府签署条约，放弃了法国在中国享有的全部特权，而之前由维希政府和汪精卫的傀儡政府签订的条约随即失去了法律效力。之前受雇于法租界当局的人们听说，虽然他们在上海工作了多年，但最终将得不到任何补偿，因为雇用他们的是法租界当局而不是法国政府，而如今法租界已经不复存在了，大家对此都非常震惊。许多人没有别的选择，只好离开上海，到非洲、亚洲或太平洋小岛上的法国殖民地去寻找工作的机会。为数不多的法国驻军也离开了这座城市，大概是被调往印度支那了。上海有少数戴高乐主义者，但他们并没有对大多数亲维希政府的法国人进行报复。不过，我们班有一个名叫米歇尔·吉耶曼的同学，是个反犹主义者，1946年初有人在他家的大门上画了一个大大的红色纳粹卐字符号。这是一个很羞耻的标志，说明这家法国人是亲纳粹的邪恶分子，所有邻居都能看到，结果他的父亲查尔斯·吉耶曼自杀了。

1946年，因为政治和经济的原因，上海的中国学生和工人们举行了很多游行示威。他们要求苏联这个中国战时的盟友归还大连以及附近旅顺港的军事设施（这些设施始建于沙皇时代），对苏联人拆除东北的日本工厂，并将机器运回国的行为予以了严厉抨击。然而，二战后期签署的中苏条约规定苏联军队可以一直待在东北，直到他们跟日本签订了和平协定为止。在这件事上，我站在中国人这边，因为当时资本主义与共产主义的冷战正在酝酿之中，而苏联是一个令人担忧的敌人。除此之外，示威者还抗议喝醉酒的美国大兵在上海的胡作非为，并且高声谴责美国向战败国日本提供援助。

中国的工人们参与示威，是因为他们的工资太低，而与此同时，由于中国政府在战后发行的法币迅速贬值，生活成本和通货膨胀率都迅速升高。1945年9月，一美元可以兑换500元中国法币，但短短四个月内，汇率飙升到了1∶4000。老百姓很快就对国民党政府感到绝望了，因为它无法控制通货膨胀，导致中小企业遭到毁灭性的打击，而它自己从上到下都很腐败。政治方面的情况也令人颇为担忧：1946年年初内战重新爆发，共产党看来正在军事上不断壮大。毛泽东的军队控制了很多陆上的交通线，因此蒋介石不得不依靠美国的飞机将其军队和物资运往北方。有流传很广的消息说，联合国善后救济总署提供给穷人的食品其实都被国民党部队吃掉了。

尽管存在这些经济和政治的问题，上海的各国侨民们毕竟恢复了战前的生活，他们回到了各自的私人俱乐部，参加交响音乐会，在全市最好的餐馆里吃饭，在挤满各国军人的嘈杂酒吧里喝酒。我和瑞娃则继续跟那些在各类聚会上结识的美国人外出。一天下午，我在客厅里看见两位帅气的英国海军士官正和母亲边喝茶边聊天。看到家里来了陌生人，我们并不感到惊讶，因为母亲当时正忙着给女儿挑选丈夫，总是很热情地邀请一些"绅士"来见她的大女儿和二女儿。可是，这两个英国人却不是由母亲挑选的，他们来我们家拜访，是因为他们的船到达上海前曾停靠悉尼，住在那儿的瑞娃姨妈托他们向我们问好，并请他们将澳洲的羊毛毯和毛衣带给我们——她对上海阴冷潮湿的夜晚仍然记忆犹新。

瑞娃取消了那晚的约会，因为她和我们大家一样，被这两个英国人（丹尼斯·巴里·巴雷特和罗纳德·马丁）迷住了。我们请他俩留下来一起吃晚饭。他们向我们描述了不同国家的风土人情，还模仿当地人的口音给我们讲英属殖民地土著人的趣事，我们听了都很开心。他们描述了与汤加女王的邂逅，她对船员们说"乔治国王是个非常、非常好的人"。当母亲得知巴里和罗纳德喜欢古典音乐时，便立即提议让小杰弹奏几首钢琴曲。最后，当他俩告别时，父母请他们有空再来，并邀请他们跟"尤里雅里斯"号战舰上的朋友们一块儿来。在这之后的许多个晚上，我们家来了至少五六名英国海军士官，我们一起唱歌、下中国象棋，并且聊天到很晚。父母对这些"真正的绅士"感到很满意，因为他们不像跟我们约会的美国人那样大嚼口香糖或者把脚跷在茶几上，而最让父亲高兴的是，他们说的英语不仅语法正确，而且带着悦耳动听的英国口音！

巴里个头很高，长得非常英俊，他有着深色的头发、温暖的笑容和洁白的牙齿，看上去就像电影明星泰隆·鲍华（Tyrone Power）一样令人心动。他和瑞娃很快坠入了爱河，所以我就不再跟他们掺合在一起了，而是与另外几名常来我家的英国海军士官一起出去玩。我和小杰跟这些海军士官经常在一块儿玩（小杰那时 14 岁，被这些男人推选为他们那艘船的非正式吉祥物）。我们有时坐人力车去英国俱乐部观赏戏剧和各种表演，有时则去法租界刚刚重新开张的电影院。周末的时候，我俩常陪他们去跑马厅，看他们玩橄榄球和板球，但我们对这些运动很陌生，感觉无聊极了。

不过，我们对这些运动付出的耐心还是有回报的，那些海军士官会邀请我和小杰到他们的船上玩一个下午。我曾站在"尤里雅里斯"号的甲板上，闭着眼睛，想象自己正驶往美国，完全没有护照或签证之类的障碍。我们受邀到士官们的餐厅里喝茶，桌上放满了司康饼、饼干、橘子酱和菠萝汁——我们已经很多年没吃过这些东西了。最令人兴奋的是参观发送无线电报的小房间，一名水手将一只麦克风放在我们面前，叫我们对着它讲话，而录音用的磁带就在一旁呼呼地转着。当他回放录音时，我和小杰惊奇地发现，我俩说的英语竟然带着点英国的腔调。

几天之后，发生了一件让我们更为惊讶、同时也欣喜的事：瑞娃（跟她约会的男人们都叫她"瑞贝卡"或者"小贝基"）告诉我们，巴里向她求婚了。但是，这事她还得和父母商量一下，因为巴里是名天主教徒。出乎我们的意料，父母竟然没有反对，这是因为瑞娃表示，她的孩子将从小接受犹太教的信仰，而且父亲看到她如此幸福，也不忍心给她打击。关于小孩的信仰问题，巴里很乐意接受瑞娃的要求。据我猜测，他当时正陷于盲目的热恋中，根本就没考虑过要是他的小孩从小没有接受天主教的教育，他本人就有可能被逐出教会。这对情侣订婚后不久就得告别了，因为"尤里雅里斯"号已经在上海停泊了一个月，现在要出发驶往香港了。巴里每天都给瑞娃写信，但瑞娃从来不给我和小杰看。我们觉得她这样做很不公平，因为每次那些海军士官给我们寄来有趣的信，我们都会跟她一块儿分享。

"尤里雅里斯"号驶离上海三个月后，母亲收到一封巴里母亲寄来的信，便把它给瑞娃看。瑞娃读到这封信后，立刻奔到卧室里失声痛哭起来。母亲告诉我们，巴里的母亲来信说，她的儿子不可能与一个犹太女孩结婚，巴里已经向她屈服了，因此婚约取消了。几天后，瑞娃收到巴里寄来的一封信，他同时还寄给我一张简短的便条，要我转告我的家人，对伤害我们他感到非常难过。我至今都不知道他在给他"亲爱的贝基"的最后一封信里到底说了些什么。

巴里母亲的来信刺痛了瑞娃，使她沉浸在失恋的痛苦中，直到被美国陆军雇用为速记员后，瑞娃才从这次打击中慢慢恢复过来。美国军方雇用了许多会说英语的俄国人、虹口的难民以及澳门人从事卡车司机、办公室职员、速记员、秘书和福利社售货员的工作，还有一些工作对语言没有要求，则可以雇用中国人来干。在美国陆军和海军基地工作的中国员工很快便学会了罢工的技巧，每当他们想涨工资的时候就举行罢工，而美国人总是对他们的要求作出让步。瑞娃每个月挣95美元，这在当时可是一笔巨款，因为中国的货币正在疯狂地贬值。瑞娃的收入对我们家很重要，因为父亲刚刚丢掉了太阳人寿的工作。这个公司是一年前才恢复业务的，那时大家对未来抱着乐观的期望，现在却不得不关门大吉，因为许多潜在的客户（特别是法国人）正纷纷离开上海。在父亲找到另一份工作之前，我们家的日常开销主要就靠瑞娃的收入和母亲做小生意赚的钱了。

瑞娃工作的部门叫美国墓地登记处，办公地点位于前公共租界内的会德丰大楼（Wheelock Building，今四川大楼），很多美国政府的机构都在那儿办公。美国墓地登记处的职责是寻找在中国牺牲的美军飞行员和机组成员的遗骸。瑞娃告诉我们，她那个部门的负责人查尔斯·卡尼上校来自爱荷华州一个叫迪比克（Dubuque）的城市——这个地名的发音很奇怪，他的团队在定位和挖掘尸体时遇到了很多困难，例如他们得用绳子搭成一座摇摇晃晃的桥，或者划着小船和临时扎起来的木筏过河，有时候还得攀爬非常陡峭的山间小道。瑞娃解释说，居住在法属印度支那和中国边境的傈僳部落经常同美国的挖掘队合作，将他们带到美国飞机可能坠毁的地点，但在战争年代，由于面临着日本人的死亡威胁，中国官方很少记录下美国坠机的情况。除了这些障碍，美国墓地登记处还得和中国的土匪打交道。这些土匪从无名墓穴里"绑架"了尸骨，然后将它们转卖给挖掘队以勒索钱财。但美国人很快就发现，很多尸骸其实并不是美军轰炸机飞行员和机组成员的，于是便停止为这些尸骨付钱，那些土匪只好另寻财路去了。

美国墓地登记处的军官和工作人员负责检查和收集有关坠机地点的线索，一旦尸骸的身份被确认，瑞娃就负责打印报告。她还要给死者的家属发邮件，送达他们的儿子或丈夫已被确认死亡的消息，信件发出之后，她经常忍不住趴在办公桌上哭泣。不过，到了晚上，瑞娃会和那些在工作中认识的军官们约会，这多少可以令她暂时忘记残酷的现实。现在由于国共内战，派人到交战地区进行搜寻已经变得很困难了，但美国墓地登记处仍保持着一周七天的办公时间，所以瑞娃在礼拜天也要上班，但她一周中可以休息两天，她就利用休息的时间去买衣服，晚上则到外面吃饭和跳舞，直至深夜才回家。

瑞娃坐人力车或者三轮车去上班，但下班时总会有同事或者约会对象开着吉普车或军用卡车送她回家。她把美军发行的报纸《星条旗》和美国出版的电影杂志带回家，我们从中读到许多好莱坞的封面女郎和男明星们的浪漫故事。这些杂志和电影让我们对美国生发出玫瑰色的幻想：在那个国家，女秘书们过着令人羡慕的生活，她们一旦结了婚，就可以拥有一个摆满了时髦玩意儿的整洁的厨房，她们在那里为家人准备好香喷喷的饭菜。就像在老上海一样，女人们将丈夫打发去上班、将小孩送去上学后，剩下的时间就是喝咖啡、玩扑克、和邻居聊天。不过，电影里的主妇们通常都有黑人女仆做帮手，而且女仆说话的声音通常尖锐而幼稚，还带着我们听不懂的口音。

我和美国人的交往没有瑞娃那样多，但是我也约会过麦克，一名海军陆战队的列兵，之后还有普雷斯顿和唐，他们两个都是陆军下士。他们带我到军人俱乐部去吃汉堡、喝可乐、看美国电影，还会伴着管弦乐队的音乐以及弗兰克·辛纳特拉（Frank Sinatra）、迪克·海莫斯（Dick Hyames）、沃恩·门罗（Vaughn Monroe）和安德鲁斯姐妹（The Andrews Sisters）的歌曲跳舞。当他们送我回家时，我们会在大门口道别，并亲吻彼此的脸颊或嘴唇——要是对方喝多了点儿，可能会大胆地给我一个"法式热吻"，而我也会很高兴地回送一个。

我收到过好几次求婚的请求，但是每次我很热切地答应后，这些男人就无一例外地消失得无影无踪，再也不给我打电话了。不过，有那么一次，我和一等兵汤姆·诺布尔非正式地订了婚。他离开上海后不久，就从旧金山给我发来一通西联电报，上面写道："颠簸、颠簸，直到美国。句号。会写信。句号。爱你。句号。诺布尔。"但事实上他从未写过信，而我前往美国定居的希望也随他一同消失了。那时候，我对婚姻的了解还仅限于对父母和他们朋友的观察，此外一无所知。我那时已经20岁了，仍享受着殖民主义的最后一丝余温，犹如生活在舒适的蚕茧里，经济上有父母的支持，家里有仆人任我驱使，外面有男人向我献殷勤。我在情感上还没有成熟起来。

对那些暂时留在上海的美国军人来说，出身"良家"的欧洲妇女是很抢手的约会对象，至于性方面的需求，则主要靠酒吧的女招待和妓女来满足。我一个同学的哥哥告诉我，为了防止淋病和梅毒在军队中蔓延，美国的军医给士兵们分发了避孕套和药膏。然而，这些预防措施显然没有得到认真执行，因为晚期性病的病例依然大量地出现。军队发放的这些新避孕套却让街头的小贩们捡了个便宜。他们把这些避孕套当作气球卖给小孩，小孩们用线系住气球，拿着这些新玩具高兴地到处乱跑。

虽然我和朋友们过得很开心，但是大家开始担心这样的生活可能很快就要结束了，因为美国正将越来越多的士兵、水手和海军陆战队员撤回国并让其退伍，而中国的内战仍在继续，没有丝毫缓和的迹象。1946年7月，阿尔伯特·魏德迈将军作为杜鲁门总统的特使来到中国，重启交战双方的和平谈判。

魏德迈将军在上海下榻的大宅子，就在台拉斯脱路我们家住过的那栋大楼旁边，之前的乔治·马歇尔将军也曾住在那里。我从未有机会亲眼见过这位有名的邻居，但有几次，魏德迈将军乘坐的橄榄色的指挥车从我身边飞快地驶过，我拼命挥手想引起他的注意，却没有产生任何效果。魏德迈的调解没有成功，这是因为国共两党的差别实在太大，前者的情况是官员腐败，士兵对前途感到幻灭，后者则军纪严明，士兵们被教导说要将大众从极度贫穷的封建社会中"解放"出来。蒋介石不愿意对毛泽东做出任何让步，因此到了1946年11月，战争重又全面爆发，不过这一次共产党的革命军队用上了美国的军事物资——有些是从战场上缴获的，有些则是从国民党逃兵那儿买来的。

我们再也不能对这场内战不闻不问了。在此期间，外滩上开始出现学生的游行队伍，他们手里高举着"美国佬滚回去"的标语，这让我感到既震惊又气愤——他们对美国的态度怎么能转变得这么快？后来我才得知，那些有组织、有经验的共产党员早已渗入大学和工厂，并说服学生和工人们相信，驻华美军就是罪恶的帝国主义的象征，应该对他们大力声讨。

第二十三章　移民与逃离

　　内战不断升级，经济急遽衰退，是该离开上海的时候了。但是怎样才能离开呢？

　　父母带着我们姐妹仨一起来到拥挤的美国领事馆，相信我们全家很快就能得到一个移民的配额，因为住在旧金山的布莱尼娅姨妈和她丈夫答应资助我们，这样就可以保证我们不会增加美国政府的经济负担。然而，我们到了领事馆才发现，移民配额是按照出生地分配的，这就意味着我们不可能以全家为单位离开上海，因为我母亲出生于俄国，父亲谎称出生于罗马尼亚，而我们姐妹仨则出生于中国。此外，当前的移民法是按照美国1921年人口的种族比例制定的，因此分配给俄国人的配额就很多，因为当时没有人能够离开斯大林统治下的苏联移民到美国，这样一来，母亲就可以较快地办理移民，而我们姐妹仨却要受1924年《国籍法》的限制——这个法案严格限制来自西半球以外的移民。

我从一本百科全书里了解到，1882 年的《排华法案》曾禁止中国劳工移民和进入美国。之后于 1917 年颁布的《亚洲人禁区法》则禁止所有亚洲人进入美国，并且不允许给予生活在美国的亚洲人永久居留权。二战期间，因为中国是美国的盟友，所以美国于 1943 年废除了《排华法案》，并于同一年放弃了它在中国享有的治外法权。然而，废除法案只是个姿态而已，因为中国移民的配额仍被限定为每年 105 人，而与我们家的命运更为相关的是，美国政府为出生于亚洲的白种人所单独规定的移民配额也是同样有限的。

　　我和瑞娃都受到这些规定的影响，但小杰却不成问题，因为她是未成年人，所以可以随母亲一道使用俄国人的配额办理移民。父亲在到达中国时就将他的出生地登记为罗马尼亚的基希讷乌，而不是乌克兰的拉多梅什利，因此现在不能申请俄国人的移民配额。美国领事馆的官员解释说，目前还没有为罗马尼亚分配移民配额，因为这个国家在二战中是纳粹德国的盟友，而美国至今还没有和它正式签署和平条约。不过，他让父亲放心，一旦我母亲到了美国，他就可以作为移民的丈夫申请优先移民的资格了。这名美国官员给我和瑞娃的建议则是，作为在中国出生的白种人，在等待分配给我们的特殊移民配额的同时，我们应该考虑申请美国的学生签证。他又开玩笑地补充说，要是我们嫁给了美国男人，以“战后新娘”(post-war brides)的身份前往美国的话，那样大家都可以省事了——他之所以这么说，肯定是因为瑞娃在面谈时跟他调情的结果。

到了 1947 年 1 月，美国政府已经意识到再继续调停下去已经没有作用，因此决定撤回驻扎在中国的军队。就在那年春天，瑞娃结识了一位名叫约翰·昆比的美国小伙子。他曾是美国海军的中尉，退伍后留在上海给中国海军做顾问。昆比看上去就像瑞娃的第一任男友巴里那样吸引人，他告诉我们自己毕业于康纳尔大学的工程专业，老家是威斯康星州的希博伊根（Sheboygan），一个对我们来说很陌生的地方。父亲却说，很多美国人都声称自己教养很好，受过良好的教育，但这些话通常都是不实之词，他们事实上可能来自某个有着奇怪的印第安名字的小镇，只不过是餐馆里的洗碗工或者服务员。不过，父亲很快就发现，约翰确实上过大学。瑞娃从此只跟约翰一个人外出约会，他成了我们家的常客，经常和我们一块儿吃饭。我和小杰都在猜测，他俩是否准备结婚呢？父母会不会再次同意瑞娃嫁给一名基督徒呢？

我们家沉浸在浪漫的气氛中，而此时北方的内战打得正酣，国民党政府内腐败盛行，上海的经济正遭受双重打击。联合国善后救济总署为资助中国的农业项目募集了数百万美元，同时为那些贫穷的饥民运来一船船粮食，但这些物资却被政府的高官劫持，他们将粮食藏在仓库里，然后拿到黑市上出售。联合国善后救济总署无力阻止这股腐败的浪潮，因为所有资助都得通过中国的官方机构分发到穷人手中。大家普遍认为，很多救济物资实际上送给了正在北方同共产党交战的国民党军队。

中国的"四大家族"——蒋介石、财政部长孔祥熙（他和宋氏姐妹的大姐结了婚）、宋子文（他是宋氏姐妹的兄弟，在哈佛受过教育，是总统的经济顾问）以及陈立夫和陈果夫兄弟——中饱私囊，在联合国善后救济总署将其物资管理权移交给中国政府后，这些人变得越发贪婪。美国政府非常担心共产党会夺取中国的政权，而美国国会以及倾心于蒋夫人的势力庞大的中国游说团体也不断给政府施压，要其支持蒋介石。因为害怕"红色"势力入侵以及由此在其他亚洲国家产生"多米诺效应"，国会决定继续对国民党提供军事援助。

在上海的大街上，我看到许多有钱的中国人和政府官员乘坐着美国制造的汽车——他们最喜欢的牌子是凯迪拉克，而与此同时，越来越多的中国人和儿童则不得不以乞讨为生。在大大小小的餐馆、夜总会和酒吧里，中国的富人和西方人继续挥霍着钱财，享用着丰盛的食物和饮料。父亲虽然生性谨慎，这时也决定跟两个朋友合伙在静安寺路开了一家叫"四张王牌"（The Four Aces）的夜总会。夜总会刚开张就顾客盈门，一到晚上便有许多外国和中国的男男女女光临。他们在这里可以品尝到俄国的美食，还可以喝到伏特加和威士忌，并观赏由俄国的舞蹈演员表演的节目，或者在爵士乐的伴奏下翩翩起舞——演奏爵士乐的两名匈牙利音乐家恰好是我们家的邻居。这家俱乐部被美国宪兵归入"界内"的类型（即可以允许军人进入），因此店里总是挤满了前来消费的军人，他们会一直玩到凌晨才罢休。一想到我们那个古板的老爸现在竟然成了一家夜总会的老板，我们姐妹仨就有一种很奇怪的感觉。但令我们高兴的是，父亲现在赚了钱，他和几个人合伙在前法租界买了一栋公寓大楼用来出租。

然而，对我们全家来说，那段日子也是令人伤感的。因为拉尔夫姨父、朱莉和罗尼去了澳大利亚，而那些我从幼儿园就认识了的老同学们也纷纷登上轮船，去了非洲或亚洲的法国殖民地。对很多在上海长大的法国人来说，离开政局动荡的中国虽是一种解脱，但是前途未卜，他们对未来充满了忧虑，特别是那些前往法国的人，对这个还没有从战争的创伤中恢复过来的国家，他们其实知之甚少。住在虹口隔离区的欧洲人此时也开始陆续离开上海了，他们现在被国际难民组织视为"难民"，因此办理了集体移民的签证，可以前往美国、加拿大或澳大利亚。

那些无国籍的白俄没能获得难民身份，所以如果他们也想移民到澳大利亚、加拿大或最受大家欢迎的美国，就只好耐心等待办理签证了。就在这个时候，苏联领事馆承诺他们可以获得苏联的公民身份并返回俄罗斯，于是有 4000 多名白俄选择了"回家"，不过这些人心里还是有些打鼓，担心回到斯大林统治下的俄罗斯后会被视为资产阶级的异类。这批白俄返回苏联时，已经不能像以前一样经由中国东北中转了，因为那儿正陷入内战之中。他们得乘坐苏联的客轮从上海出发直接驶往海参崴，许多人从此音讯全无。这些返乡者到达苏联后不久，苏联政府就中止了他们与国外朋友之间的邮件和电话联系。与此同时，很多俄罗斯女孩嫁给了美国军人，有些一时找不到结婚对象的，便花10000美元找个美国人假结婚，然后以"战后新娘"的身份离开上海。不过，也有不少军人抛下未婚妻和女朋友独自离去，虽然走之前许下了婚约，但后来根本无法兑现。

这个时候，母亲决定和她住在旧金山的妹妹布莱尼娅合作开展小规模的代购业务。布莱尼娅从美国寄来塑料的手提包、腰带和尼龙丝袜——这些东西的需求量很大，而母亲则将这些商品很快转售给急着想买的顾客。瑞娃有个上司是美军上校，经常来我们家玩。因为中国的邮递系统很不可靠，所以他允许母亲使用他在部队的邮寄地址来跟布莱尼娅联系。可是，过了几个月后，布莱尼娅姨妈用部队的地址给我母亲寄东西的事情被发现了，这名上校因此受到了上司的训斥。幸好他设法摆脱了困境，但瑞娃还是严厉责备了母亲。在这之后，母亲就改用普通的邮寄地址了。虽然那时中国对进口的美国商品征收很高的关税，但代购的利润空间仍然很大。后来，向母亲买东西的欧洲人越来越多地离开了中国，她又成功地将商品卖给了有钱的中国女人——这些女人都迫不及待地想向人展示她们最新到手的美国货。

1947年4月，共产党的军队进攻了驻青岛的美国海军陆战队第六团的火炮弹药库，希望夺取库藏的弹药，在这之后，美军加快了撤离中国的速度。那个月我在《大陆报》(*China Press*)上读到，在一次共军的进攻中，有六名美国海军陆战队员阵亡，而另一次"共产党的突袭"则造成 16 人受伤。在我当时看来，这些都是对美国明目张胆的敌对行为，但奇怪的是，无辜的美国人在受到攻击后却没有采取报复行动。一个月后，我在 5 月 3 日的《大陆报》上读到一则报道，说美国海军驻华部队的最高指挥官、海军上将路易·丹菲尔德 (Louis Denfeld) 宣布，除了在青岛留驻一小支海军陆战队外，美国将于 7 月 1 日前关闭中国境内的所有海军基地。到目前为止，共产党军队在战场上取得了全面胜利，正从北方向南进军。

这时候通货膨胀已经失控，用中国货币支付的工资和薪水必须立即花出去，或者换成美元。许多工厂开始给工人直接发实物工资或者食物，因为银行发行的纸币每个小时都在贬值。银行职员将钞票扎成一百万元一捆（大家将一捆捆的钞票戏称为"砖头"），然后在这些"砖头"的最上面封上蜡印。这些蜡印很少会被启封，因为货币每天、甚至每小时都在迅速贬值。我们姐妹仨和母亲外出购物时，得将一捆捆钞票搁在自行车的后面，而不是挂在车把上，因为车把太小了，根本挂不住。可是，当我们带着一大摞钞票在马路上骑车时，后面甚至没有顽童或乞丐追我们，因为连他们都知道这些钱买不了什么东西，他们更愿意从街边的小摊上偷些吃的，或者向美国军人讨要一分、一角和二十五美分的硬币。中国工人的示威仍在继续，他们想获得能够维持基本生活的工资，但没有人敢举行政治集会声讨给中国带来灾难的内战，因为那样会被当局指控为支持共产党。然而，1947年4月当局批准了一次政治示威，数千犹太居民聚集在一个公园里，抗议英国控制下的巴勒斯坦绞死了四名"伊尔贡"（Irgun Zvai Leumi）成员（这是一个犹太复国主义的武装团体，其目标是在巴勒斯坦建立一个独立的犹太政权）。母亲不让我们去参加，因为她害怕反犹太主义者会举行反抗议活动——这是她在沙皇俄国生活时留下的心理阴影。

1947年夏末，我20岁时终于高中毕业了。我随即开始寻找工作，因为我烦透了每次向母亲要钱时，总得告诉她花钱的理由，还要听她抱怨一番失控的通货膨胀——到1947年8月时，中国货币对美元的汇率是60000∶1。因为我想当一名秘书，为美军工作，所以就报名参加了打字和葛雷格速记法的培训班，但是当我结业时，美军已经不再招聘职员了，于是我不得不向私人企业申请文员的职位。

我曾经通过了一家法国贸易公司经理的面试，可是打字测试没有通过，因为我在培训时没有学过法语打字。我还得到过一家保险公司的面试，经理是个澳门土生葡人，他问我是否介意直接为他工作。我和他都在上海出生和长大，因此都很清楚欧洲人是不可能为欧亚混血人干活的，这种种族偏见在1947年仍然很盛行。他提出这样的问题很正常，而我出于礼貌谎称对此并不介意，但最终还是拒绝了他的提议。

到了秋天，我最终在静安寺路上的英国跑马总会托管委员会找到一份工作，雇用我的是委员会的会长沃尔特·克尔。从种族上说，我老板的等级要比我高。如今跑马比赛已经不再举办了，但跑马厅的一栋小型建筑被改造成了俱乐部，其会员来自不同的国家，其中包括讲英语的中国人。他们可以在这里玩篮球、网球、麻将、乒乓球和扑克，还可以使用隔壁一家俱乐部的游泳池。隔壁那家俱乐部归美国海军的福利和娱乐部门管理，在里面工作的都是些美国平民，他们给它起了一个很恰当的名字，叫作"约会俱乐部"。有时候，这些美国员工也会邀请我一起吃晚餐或者看电影，但我很快就发现，他们并不像美国的军人那么大方。

我是克尔先生的私人秘书和办公室主任，手下有两名澳门妇女，负责向俱乐部的 3000 名中外会员征收会费。这两名职员的工作是在会员卡上注明每月的会员费，而我则负责给老板打信，并劝说那些拖欠会费的会员按时缴纳费用。由于外国人正纷纷离开上海，俱乐部的会员人数持续下降，所以我每次在社交场合结识西方人后，总会甜言蜜语地劝他们加入我们的俱乐部。我会根据对方的母语，用法语或俄国跟他们交谈，强调说我们的跑马厅俱乐部是目前上海仅存的几家外国俱乐部之一，而且更重要的是，我们的费用是最低的。克尔先生以前曾做过英国的大班，总是哀叹治外法权的终结，我也跟他一样。他还不断地警告我说，中国很快就会被共产党占领和控制。这一点我倒不同意他的看法，因为我相信就算蒋介石在内战中不断失利，美国政府出于对共产主义的担忧，仍将继续为他提供援助。

我敢肯定地说，我唯一一次见到沃尔特·克尔笑是在 1947 年 11 月的一天。当时我们正在听收音机里重播伊丽莎白公主和爱丁堡公爵的结婚典礼。那时候，上海的外国侨民都非常渴望听到些令人高兴点儿的消息，即使这些消息跟自己无关也无妨，因为他们大都相信人民解放军必将赢得内战，共产党将会统治中国。

第二十四章　经济与政治的溃败

　　1948 年年初，眼看共产党的军队不断往南推进，上海的中外居民大都心事重重，因此没有像前两年那样开心地庆祝春节。通货膨胀仍未得到遏制，国民党集团及其追随者们一如既往地腐败无能。大家都知道，蒋夫人的兄弟宋子文和她的姐姐宋霭龄控制着上海四家最大的银行以及各类被政府没收的外国公用事业公司。他们发财的方法是以官方的低价位买入美元，然后在黑市上以极高的价格卖出，之后再以官方牌价买入更多的美元。通过这种方式，他们获利数百万美元，都存入了瑞士的秘密银行账户。"四大家族"一次次地玩弄这些金钱的把戏，而普通老百姓只有在黑市上才能买到美元，因为在国有银行里几乎根本买不到。在"四大家庭"的所有家庭成员中，只有孙中山的遗孀宋庆龄没有涉及腐败问题。

　　贪婪、腐败和投机不停地循环着，与此同时，随着战火步步迫近，越来越多的中国难民背井离乡，从村镇涌入上海，许多人被饿死或冻死。就像十年前闸北遭到日军轰炸时一样，如今也找不到任何外国传教士来帮助这些难民，英国和法国的租界当局也不存在了，结果越来越多的乞丐饿死在人行道上。

一天下午，我正在跑马厅里想找一条长凳坐下来吃阿妈为我准备的三明治，一个小男孩突然从我身后跳出来，一把夺走了我的饭盒——他没抢我的钱包，因为钞票在当时毫不值钱，连乞丐都不想偷。我的第一反应是想去追那个小孩，但又转念一想，这个调皮鬼至少今天可以吃上点东西了，而他那些肚皮浮肿、面色憔悴的小伙伴们，甚至连跟在行人后面乞讨的力气都没有了，想到这儿我便打消了追他的念头。这件事让我意识到，大街上那些贫穷的中国人已经陷入了多么绝望的境地，可在餐馆和俱乐部里，投机分子和政府官员们却大肆挥霍着非法得来的金钱。不过我当时并没有细想，在过去的一个世纪里，享有治外法权的大班们以及包括我自己在内的大多数外国人，对那些处于社会底层的穷人其实也是如此冷漠。

1948 年 8 月，为了挽救混乱的经济局面，蒋介石派了他的儿子蒋经国来上海采取对策。母亲和她的朋友们认为，蒋经国是一名受过苏联人训练的工程师，而且还娶了俄罗斯女人芬娜为妻，他的思维方式或许会比较接近西方人，从而能找到解决当前经济问题的办法。报纸和市民们也欢迎总司令儿子的到来，因为他跟他父亲身边那群腐败分子并不是一伙的。蒋经国的第一个命令就是发行新的钞票，被称作金元券，用来取代之前的货币，希望借此控制通胀。美元对金元券的汇率被定为1：4，于是我带了几捆旧钞票到银行，用三百万旧币换回来一元金元券。这样一来，将钞票装进钱包就容易多了，再也不用把"砖头"搁在自行车后座或者挂在车把上了。接下来，蒋的儿子开始通过法律取缔货币投机，不仅将违法者关进监狱，还处死了几个名声最坏的人。然而，蒋夫人却禁止她的继子调查宋霭龄和她那位任财政总长的丈夫以及他们的儿子所从事的非法交易，她甚至叫蒋经国向她的一位朋友道歉，理由是这个人的子女被"抓错了"。这位金融改革者最终还是被他父亲身边的核心成员及其"家族"打败了。

金元券很快又贬值了，但政府却不准商家涨价。为了应付这种无法维持的局面，商家们要求顾客买高价商品时，必须用美元或者用一盎司一块的金条付账。我那用金元券支付的薪水两个月一发，很快又变得像一捆捆"砖头"，得搁在自行车上了。工人们更是饱受拮据之苦，因为政府不允许他们涨工资，可货币每天、甚至每小时都在贬值。

中国人经营的纺织厂在1948年大都人心惶惶，因为经营者无法用不值钱的金元券买到必需的生产原料。那些总部设在香港的外资和中资公司，则不得不汇来美元和英镑以维持举步维艰的工厂运营下去。企业主根本无法关闭工厂或者遣散多余的工人，因为工人们对他们施加威胁，有时甚至将他们"囚禁"在办公室里，逼着他们答应给工人涨工资。唯一一家情况较好的企业是英美烟草公司，因为它有能力支付硬通货，从弗吉尼亚州进口美国的烟叶。

与此同时，蒋介石政府还不得不对付那些渗入工厂、工会和大学的共产党干部。当人民解放军向南京快速挺进时，上海开始实行戒严令了。然而，共产党的鼓动分子还是想方设法混入私营企业，发表演说，谴责老板和外国资本家"剥削大众"，希望以此激发上海及周边地区的工人和大学生们对这一问题的兴趣，并提高他们的政治觉悟。这些干部组织了群众游行，抗议英国人经营的工厂和船运公司，但他们对国民党政府的抨击则很含蓄，因为政府对政治异见者的惩罚极为严厉。

5月1日那天，在庆祝五一节的活动中，大约一万名学生和工人在上海的主干道上举行了游行，高喊经过国民党政府批准的口号。当我斜靠在自行车上，观看这一声讨美国援助日本的游行时，路边有一位会说英语的中国人建议我不要在那儿停留，因为我长着白种人的面孔，有可能更加激发示威者对帝国主义的仇恨。我回答他说，我既不是英国人也不是美国人。虽然我无法向示威者证明这一点，但这却是我有生以来第一次为自己身为无国籍者而感到高兴。听到喊口号的声音越来越响，我最终还是不情愿地决定离开，但另外有几次，我一直留在了游行活动的现场。我见证了好几次游行，其中有一次是谴责1937年日本在南京的大屠杀，1945年年底有一次是抗议苏联掠夺东北的日本工厂并继续霸占南满铁路和大连港。

当生产原料再也无法从共产党控制的地区运到上海后，上海的许多国营工厂只好关门大吉，数千工人就此失业了。尽管工人们大批失业，没有失业的也得不到提薪，蒋介石政府却并未设法改善这一情况，结果工人自然都乐意听从那些宣扬共产主义的言论了。对共产党干部已经渗入工厂以及工人和学生组织的情况，国民党当局非常清楚，于是政府开始限制那些有可能是由共产党鼓动和领导的游行。从午夜直到凌晨五点，上海全城实行宵禁。在此期间，国民党的秘密警察会发动突袭，从民宅里揪出那些被指控为共党分子的人。

1948 年年中，政治和经济一片混乱，当人民解放军占领了东部沿海的几个城镇后，仍滞留在上海的英国人、美国人和法国人开始了疯狂的撤离。尽管亲国民党的中国游说团在华盛顿势力庞大，其成员如商界领袖、传教士和影响力很大的亨利·卢斯（他是当时非常流行的《时代》和《生活》杂志的老板）都在给美国政府施压，但美军依然在不断撤出中国。直到这时，我才真正相信共产党必将占领上海。

美军将各种战争物资、设备和军营都移交给了国民党，在青岛留下少数海军陆战队员以帮助美国公民（主要是滞留在中国内地的传教士及其家庭）撤离。妇女和小孩大都离开了，但大约1000 名美国人留了下来，有些是忙着关闭他们的公司，有些则相信他们可以在共产党的统治下继续生存下去。

当以色列于 1948 年 5 月宣布成立后，许多来自欧洲的犹太难民决定搬到这个新的国家定居。他们这么做，有些是出于刚刚萌生的爱国主义情怀，有些则是厌倦了继续等待虚无缥缈的美国签证。

我们那些没有国籍的朋友们为了咨询签证的问题，整天奔波于不同国家的领事馆之间——不论哪个国家，只要能去就行。而威伦斯一家却暂时把移民的念头放在一边，集中精力为瑞娃和约翰筹办 4 月的婚礼。因为没有犹太牧师愿意为嫁给基督徒的犹太女人主持婚礼，所以给他俩主婚的是一名美国牧师，仪式也很简短，来宾只有两名美国朋友。那天晚上，父母在中国海军军官俱乐部举办了一场精心准备的结婚聚会，亲朋好友们都低声议论说，他们从没见过这么漂亮的一对新人。客人们不分长幼，在小乐队的伴奏下跳了一个晚上的舞，舞曲有探戈、狐步和华尔兹，大家还在歌声里跳起了当时很流行的"兰贝斯舞"（Lambeth Walk）。

新婚夫妇在外滩的华懋饭店过了一夜，第二天早晨便乘了两个小时的火车前往距上海西南 100 英里的杭州度蜜月。几天后他俩返回上海，瑞娃向我们描述了那个地方有多么漂亮，在这之前我们谁也没想过去杭州看看。过了一个月，瑞娃获得了发给"战后新娘"的特殊移民配额，便和约翰一起乘坐"兰德尔将军"号前往美国。途中在关岛和夏威夷停靠时，她还给我们寄来一张在怀基基海滩晒日光浴的照片。在轮船的外国旅客登记表上，瑞娃的"职业"一栏填的是"家庭主妇"，国籍是"无国籍"，种族先填的是"白种人"，然后又划掉改成"罗马尼亚人"——也许事务长认为罗马尼亚人是吉卜赛人，因此不属于白种人。瑞娃和约翰的目的地是马萨诸塞州的剑桥，因为约翰受惠于《士兵福利法案》，即将进入哈佛大学商学院学习。

我们随后又收到了更多好消息，美国领事馆通知母亲和小杰说，她们将于 1948 年年底获得移民配额，这样一来，我们家就会有三个人生活在美国了。我和父亲都觉得这将使我们申请移民时享有优先权，从而可以早一点离开上海，所以我俩决定留下来继续等待美国的签证，而不是申请移民到其他国家。

第二十五章　静候其变

1948 年夏末，草木皆兵的当权者因为害怕共产党分子的攻击，在上海实施了严格的宵禁，时间从黄昏一直持续到黎明。对我和小杰以及我们的朋友来说，现在除了在各自家中聚会，唯一的娱乐就剩下偶尔看一场美国电影了。可是，每次电影放映前，观众得全体起立，向投映到大屏幕上的蒋介石的巨幅相片致敬，同时还要奏响中国的国歌，对此我真是厌烦透了。听到我嘀嘀咕咕发泄对蒋总司令的不满，小杰不得不提醒我小声点儿，因为坐在附近的中国观众有可能听得懂我们的话。因为宵禁的缘故，电影散场后我们再也没时间去最喜欢的新亚餐馆一边享受美味的中餐，一边谈论电影了。

生活变成了苦苦的等待。解放军什么时候占领上海？市民们都在等待共产党军队的到来，并希望出现一个没有压迫和腐败的新政府。母亲和小杰则希望在共产党进城前，我和父亲能获得美国的移民签证。"老爸爸"和阿妈说，我们用不着害怕共产党，因为他们听朋友说，共产党的士兵纪律严明，乐于助人，与那些偷窃农民和店家粮食的国民党逃兵完全不同。国民党的兵已经有好几个月领不到军饷了，他们现在将美国提供的枪支弹药卖给任何想买的人，而且只要有机会就会逃跑，通常是混进从战区逃出来的难民堆里。国民党的新兵大都是年轻的农民和贫穷的村民，他们没有钱像富人那样贿赂官员，所以才被抓来当兵。这些一脸茫然的新兵套着皱巴巴的卡其布军装，脚上穿着布鞋或草鞋，在城市里列队走过，路上的行人则被警察集中起来，一边看着这些即将被送去跟共产党作战的士兵，一边有气无力地拍几下巴掌。

1948 年 10 月，共产党的军队逼近了南京，当地的难民纷纷爬上仍在运营的少数几趟火车逃往上海。美国和英国的传教士也从内地转移到了上海，然后登上轮船撤往香港，从那里再辗转回国或者前往别的地方。美国领事馆提醒美国公民尽快乘这些船离开上海，因为这可能是共产党军队抵达前最后一批撤退的船只了。美军已经放弃了浦东的军事基地，留下卡车、吉普车等价值数百万美元的战争物资。

蒋介石虽然在战场上节节败退，但他仍不断向中国民众以及美国和全世界保证，他将跟共产党战斗到底。自从 1945 年 8 月 15 日日本投降以来，美国已经向中国政府提供了数千万美元的援助。但是，因为国民党官员和领导人的管理不善、腐败和偷窃，这些资助被挥霍一空。1948 年 11 月，蒋夫人飞到美国，想要更多的资助，但杜鲁门总统再也不愿意帮忙了。她那身为总司令的丈夫，在1927年曾请求美、英、法三个列强（那时它们还享有治外法权）和中国的商人们帮助他打败共产党，如今他却无法复制这一历史了。

就在此时，上海市长陈良将军突然使出狠招，他警告市民，每个人都有爱国的义务向当局报告地下共产党员和金融投机分子，而一旦被抓住，被告将被关进监狱，受到羞辱性的审问，很多人受到拷打并被处死——所有这些都让人联想到日本人占领中国时所实行的"司法"。一些所谓的"犯人"被当街枪毙，路人则被迫在旁边观看。有一次，阿妈到市场上买东西时就曾被迫目睹过这么一次行刑，但她在受害者被射杀前闭上了眼睛。虽然政府采取了这些措施，但马路上仍有不少黑市商人和投机分子在偷偷地活动，有些人被抓住后并没有被处死，因为他们用大把的钞票收买了主审法官。

在市郊的虹桥区，英国人和美国人已经放弃了他们的房子和用来避暑的度假别墅，如今国民党的军队正在那里修掩体、挖战壕，并竖起木头藩篱，藩篱的顶上还缠着带刺的铁丝。这种由10英尺长的圆木制成的栅栏成了许多人的笑柄，却让很多商人付出了昂贵的代价，因为为了修筑这个被我戏称为"马其诺防线"的单薄路障，政府向他们征收了很重的税，而事实上，这些以加固军事防线为名的举动都成了军方向市民攫取钱财的手段。此外，市长还采取一个"爱国主义"的行动：他拨出一小块地，将其命名为"胜利菜园"，然后在大冬天里号召那些一辈子也没扛过锄头的市民前去种菜！许多居住条件很拥挤的上海市民立即响应了这一号召，但他们不是去种菜的，而是为了给自己造个窝棚。

到了1948年年底，有大批国民党士兵被俘或者向解放军投降。虽然国民党在布告和报纸上始终坚称取得了全面胜利，但我从短波收音机里听到共产党已经占领了大片土地，而国民党事实上损失惨重。蒋介石从南京撤退到广州，随后又退到位于遥远的西部省份四川的重庆。1949年1月21日，就在春节前两个礼拜，他辞去了中华民国总统的职务。十天后，共产党占领了北平。不久，代理总统李宗仁将军试图与共产党谈判停火，但为时已晚。此后，国民党内部的闹剧仍在继续，蒋介石却突然复出，要将国家从共产党的威胁中"拯救"出来。他再次宣布自己履任中华民国总统，其内阁的总部设在台湾。

1949年1月，国际难民组织开始着手处理那些无国籍白俄的文件——他们此时的处境仍悬而未决，正在等待愿意接受他们的国家给他们颁发移民签证。这个组织最终将5500人用船送往菲律宾萨马地区图巴包岛上的营地，直到两年后他们才获许前往澳大利亚、加拿大和美国。

2月初是中国的春节，但节日中的上海却非常安静，因为当局禁止人们放鞭炮——鞭炮声听起来会被误认为枪声。因为没钱，所以也看不到人们穿着新衣服出门，大家对未来充满忧虑，都觉得没什么好庆祝的。每个月物价的平均涨幅高达300%，我和朋友们现在都可以自称百万富翁了！国民党官员的偷窃行为很猖獗，他们利用一切机会公开地或偷偷地"洗劫"着上海。一天深夜，我的一位同学在他位于外滩的办公室里，看到一群苦力将许多箱子从一栋由卫兵看守的大楼里搬到黄浦江边的一艘轮船上——他们搬东西的时候静悄悄的，而不是像通常那样喊着"嘿哟、嘿哟"的口号。第二天早晨，值夜班的门房告诉他，箱子里装的都是运往台湾的金条和硬通货。

母亲和小杰刚刚获得了美国的移民签证，正在家里忙着打点行装，准备乘船前往旧金山。母亲买了几条中国的地毯和几件雕花红木家具，以便到了美国后，要是一时找不到工作可以卖些钱。我和父亲都希望不久之后便可以到美国去找她们。1949年3月的一天，天气寒冷，又刮着风，我和父亲以及我们家的亲友怀着悲喜交加的心情来到码头。我们登上美国的"戈登"号轮船，帮助母亲和小杰在客舱里安顿下来。令我们感到非常吃惊并且极为失望的是，客舱是一个很大的通间，里面摆着一张张三层的高低床，可以住30名女性乘客。"戈登"号在二战后曾被用作运输船，负责将士兵运回美国。许多年后，我在这艘船的乘客名单上发现了来自加拿大蒙特利尔的记者皮埃尔·艾略特·特鲁多（Pierre Elliott Trudeau），他当时只有29岁，日后成了加拿大的总理。

母亲和妹妹离开后仅过了几天，人民解放军的战士就乘着一艘艘小船越过了浩浩荡荡的长江，直奔南京而来，而此时国民党军队已经放弃保卫他们的首都了。到了4月底，共产党轻松地夺取了苏州和杭州（这两座城市已经被国民党放弃了）。他们现在正准备随时占领"我的"上海——这座最具帝国主义象征意义的城市。

蒋介石虽然已经考虑退往台湾，但仍命令美式装备的突击队留守上海保卫这座城市。然而，无论是军队还是蒋的爱国主义说教都无法阻止敌人的前进。我看到数千狼狈的国民党士兵从营房里进进出出——他们的营房都是没收来的厂房、学校、旅馆和规模足够大的办公楼。正当士兵们准备迎敌时，高级指挥官和政府官员却早已带着一家大小乘坐美国的登陆舰驶往了台湾，登陆舰和货轮上装满了一箱箱的私人物品、家具、日用品、银元、金条和美金，许多都是二战后通过贪污、偷窃等非法途径获得的。当然，不值钱的金元券被留了下来。富有的中国企业家和商人都将财产转移到了香港，他们自己也匆匆撤往这个英属殖民地，有些人则去了台湾。

到了 1949 年 4 月，我已经能听到炸弹的爆炸声和火炮的巨响了。伴随着这些不祥的声音，国民党却依旧在上海的大街上组织各类游行：他们让女人、小孩和老人站在敞篷卡车上，一边举着蒋介石的画像，一边无精打采地挥动着国民党的旗帜；士兵们则奉命举行"胜利"阅兵，路边的商家和在高层建筑里上班的人们也必须从办公室的窗户里挂出国旗。然而，一旦游行结束，百货公司和商家们就会迅速拉下铁栅门，橱窗也要遮起来或者用木板挡住，以防国民党士兵抢劫——这些士兵因为被留下来守城而心存不满。与此同时，士兵们奉命将弹药箱、沙包、路障和带刺的铁丝放在马路上，并在旅馆的屋顶和高层建筑的楼顶架起机关枪。我们也看到一些幸运的士兵坐着卡车驶向码头，他们将从那里登船前往台湾。

到了 5 月，枪炮声越来越响了，我看到从吴淞口往北的江面上一直到对岸的浦东都冒着炮火的浓烟。尽管大势已去，国民党军官竟然强迫残存的士兵在 5 月 23 日又举行了一场胜利游行。士兵们举着打倒共产党的标语，伴奏的乐队企图掩盖住隆隆的炮声，但未能得逞。神情困惑的民众默默地看着国民党在这最后一刻的无谓表演，而那些放置在虹桥、用来守卫上海的木头栅栏和带刺的铁丝网，此时已被共产党士兵推到了一边。

1949 年 5 月 25 日凌晨，人民解放军静悄悄地进入了上海。22 年前的"白色恐怖"中，一大批共产党员和工人正是在这里遭到了盟友蒋介石的背叛和杀戮。

就在胜利者到达前的一个礼拜，我用一美元兑换了五十万金元券。

第二十六章　解　放

　　那是一个礼拜三，阿妈很早就把我叫醒了。她要我赶快穿衣服，嘴里喊着"瞧，瞧，来看"，人民解放军的士兵正在附近的毕勋路（Route Pichon，今凤阳路）上列队行进。我冲出屋子，看到一队士兵身穿褪了色的黄绿军装，打着绑腿，脚上穿着布鞋，剃着光头，帽子上缀着一颗小红星。他们每个人都扛着一柄步枪和一个背包卷，上面挂着一只小水壶、一只锡碗和一只杯子。士兵们走在树木夹道的马路上，偷眼瞧着路两边高大的砖头房子。我想象着，要是他们看到外滩那些雄伟的高楼大厦，该会多么震惊啊。这些士兵行军时很安静，但时不时地，在某个没有佩戴任何军衔标志的人的指令下，他们会爆发出一阵歌声，有时候还会有节奏地喊一些我能听懂的口号，例如"打倒美帝国主义"。

　　当我盯着这些胜利者看的时候，根本无法想象这些装备简陋的人到底是怎样打败了有美国人支持的国民党的。我只能猜测，他们可能真的相信共产主义可以拯救中国的老百姓并统一他们的国家。从他们的外表看得出来，大多数人都是来自贫穷乡村的农家子弟。共产党帮助农民们耕种田地，为他们的小孩修建学校，还设立了免费的诊所，派遣年轻热情的"赤脚医生"为农民服务。中国的知识阶层曾呼吁蒋介石的国民政府实行改革，以便在农村做同样的事情，但他们的建议并没有产生任何效果。事实上，不仅他们的建议遭到忽视，有些人甚至被指控私通共产党。

后来我才知道，国民党士兵曾从外白渡桥附近高达19层的百老汇大厦（今上海大厦）的屋顶向共产党的队伍开枪，但这些倒霉的防守者不仅用光了弹药，而且也缺乏战斗的士气，很快便举起了白旗。我用有限的洋泾浜英语跟阿妈和"老爸爸"议论过这次投降，我们一致认为，胆怯的国民党军官们早已抛下士兵，逃往台湾去了。

有几个朋友打电话给我，说他们也看到了共产党的军队，而且有一支队伍在他们家附近停了下来，士兵们明显是累坏了，倒在人行道上就睡着了。就在前一天，窗户外面、路灯上和树上还挂着国民党的旗帜、标语和蒋介石的画像，如今取而代之的是点缀着五颗黄色五角星的红旗，还有各种彩色的标语，上面写着黄色和黑色的汉字，内容都是赞扬人民解放军和共产党领袖的。

当炮火完全停止后，配着步枪刺刀的解放军士兵开始在马路上巡逻，搜寻残余的国民党抵抗分子。在他们刚到达上海的头几个礼拜里，行人在街角遇到值勤的士兵时，是不允许从他们身后走过去的，否则背后就会挨上一枪托。因此我上街的时候，都尽量避免经过那些有士兵站岗的街道。

上海当时有 500 万中国居民和 1500 名西方人，共产党占领这座城市，让大多数人都感觉松了一口气。1949 年 6 月，天上出现了国民党的飞机，他们企图轰炸一座发电厂，但是没有命中目标，反而炸死了附近的居民，这件事让大家对台湾的蒋介石政权失去了最后一丝同情。7 月，我目睹了一次庆祝"解放"的大规模游行，上海人热情地欢呼着，他们非常渴望社会恢复稳定，希望经济混乱的局面就此结束，上海能够重新成为繁华的商业中心，生活重又变得美好安逸。然而，我最想知道的是，中国的普通民众已经深受西方商业主义和物质主义的影响，而这些与共产主义的意识形态是格格不入的，新的执政者将如何应对这种情况呢？那些矗立在外滩上的旅馆、银行和写字楼，势必被赋予强烈的象征意义，标志着近一个世纪以来，中国被外国侵略、控制以及——用共产党特有的术语来说——"资产阶级和外国帝国主义对大众进行剥削"的历史。

城里现在到处贴着五颜六色的海报和标语，内容都是宣扬民族主义，并鼓吹打倒蒋介石的统治和资本主义制度。男女士兵们在街边表演着戏剧，很多行人(特别是穷人)被他们的音乐、舞蹈和杂技所吸引。各种工人组织每周都举着标语游行，严厉声讨国民党"走狗"和支持他们的人。墙上刷着标语，鼓励大家买"胜利债券"来帮助人民解放军解放台湾。外滩边的高楼上悬挂着鲜红的标语，上面写着黑色和白色的汉字，经人翻译后，我得知它们的意思是"中华人民共和国万岁"和"拥护世界和平"。这个爱好和平的标语跟遍布全城的战斗口号比起来，显得很是特别。

在"解放"的头三个月里，上海的当权者更急于解决民众的健康问题，而不是给物质主义的上海人洗脑。他们谴责随地吐痰、不用手帕擤鼻涕和在马路上小便这些不卫生的习惯，并将这些问题上升到民族尊严的高度。政府在街角设立了卫生所，为老百姓注射天花和霍乱疫苗，向路人宣讲不卫生的环境可能造成的危害。当局还组织了小规模的游行，领头的人高举着一只极大的扫帚，以此来象征清洁，还有些人则在大街上抨击赌博、吸鸦片和卖淫等恶习。妓女们很快便被集中起来接受再教育，以便成为工人、清洁工等对社会有用的公民。

政府开始大力推行社会主义道德观。马路上设置了许多流动图书馆，为不识字的成人和儿童准备了小人书。许多读者可能是有生以来第一次捧起书本，当他们在书里看到蒋介石的漫画，还有吃得太撑的地主坐在钱堆上或者被共产党的士兵踩在脚下，便会露出笑容或者开怀大笑。通过漫画书这种很有价值的宣传工具，当局也试图让那些识字的民众记住耻辱的过去以及帝国主义

"对大众的剥削"。

中国大陆的新领袖们想向公众证明他们为人处世很讲公道，政府甚至允许房东向拖欠房租的房客追缴欠款。后者发现，他们如今再也无法向新政府的税务部门行贿了，因此很快便不得不付清了拖欠的房租。拥有房地产的居民须向市政府登记财产，外国公民则得到保证说他们的财产不会被没收，不过传言与此恰恰相反。我父亲和他的两个合伙人在前公共租界的密勒路（Miller Road，今峨眉路）上拥有一座公寓楼，他们对事态的发展感到很高兴，因为如今他们可以追缴过去两年在国民党统治下房客拖欠的房租了。

对个人房地产登记的工作完成得很有效率。政府经过单方面的计算，开始向房地产的所有者们征收极高的赋税。通常情况下，房租的收入根本不足以支付这项骤然增加的开支，很多房东因此被迫放弃了自己的房产，这些房子随后便被市政府以欠税为由合法没收了。我父亲和他的合伙人也遭受了这种命运，对他们的公寓楼征收的税款远远高于房产出售的价格，因此他们被迫将大楼交给了当地政府。

"解放"后（"解放"这个词如今被广泛使用，指从国民党统治下获得了自由），中华人民共和国试图改革货币体系以中止通货膨胀。他们发行了新货币，叫做人民币，当时1美元可以兑换100元人民币。但是，美元对人民币的汇率在几个月内就飞涨到1：23000，我因此把人民币的英文简称JMP（Jen Min Pi）戏称作"Just More Paper"（更多的纸罢了）。与此同时，上海的生活成本也在增加，因为国民党继续封锁着黄浦江的入口，南方与北方的水路航运由此中断，所有商品都不得不通过铁路进行运输。那些离开上海的外国人，现在都得先坐火车到北方的港口城市天津，然后在那里等候驶往香港的轮船。

1949 年 10 月 1 日，毛泽东在北京的天安门城楼上——这是通往皇宫的入口——宣布中华人民共和国成立了。虽然中国的南方还没有完全脱离国民党军队的控制，上海还是举行了群众游行，数千名参加者热情高涨地举着共产党的旗帜以及毛泽东和孙中山的画像。十天后，台湾的国民党在 10 月 10 日"双十节"这天庆祝了"中华民国"的国庆日，蒋介石发誓要将中国大陆从共产党的手里夺回来。同一个月，苏联承认中华人民共和国是中国的合法政府。

外国人现在又能打通国际长途了，还可以收发国外的信件，甚至可以跟那些还没有承认中华人民共和国的国家通信，这让大家有一种如释重负的感觉。我的父母结婚 25 周年纪念日也是在 10 月，母亲特地从旧金山打来电话，打听共产党对我们怎么样。她低声说，美国的媒体正在痛骂共产党呢。父亲并没有告诉母亲他们的公寓大楼已经被高效率地没收了，而是告诉她没有多大变化，叫她放心。小杰告诉我们，她刚刚进入旧金山州立学院学习，同时还在一家私立的音乐学校学钢琴。母亲随后提出和阿妈说几句话，"和在美国的大太太说话"让阿妈很激动，她告诉母亲说，她像以前一样打扫房间和煮饭，"台拉斯脱路一切都好，没问题"。

那年秋天，我第一次看到了苏联顾问，他们帮助中华人民共和国建立了许多市政机构。这些俄国人脸色阴沉，到哪都是两个人或者一群人一起，从来不会单独活动。他们穿着长长的皮衣服和肥大的裤子，脚上套着皮靴，头上戴着帽檐很宽的呢帽。这些苏联人坐着国民党撤退后留下的各种美国军用吉普车、卡车和小汽车，他们似乎在回避同中国人以及其他外国人深入交往，有些上海的俄国侨民试图跟他们用本国语言交谈，但他们总是以冷漠的目光和沉默来回应。这批苏联人住在虹桥区的别墅里，那些房子曾属于富有的英国和美国的"帝国主义者"，如今这个地区被栅栏围了起来，普通人根本无法接近。

我是从阿妈的丈夫那儿了解到这些顾问的事情的，他是一名理发师，每个月会去他们住的地方给他们理发。他得到一张特别通行证，可以进出这片由哨兵守卫的地区，一旦完成了理发的任务，就有专人陪他一块去取自行车。尽管中国的家政服务很便宜，也很容易找到，疑心很重的苏联人还是从本国带来自己的厨师、司机和园丁。他们通常只在虹桥区活动，唯一的例外就是"突袭"市中心的商店，采购市面上仍然可以买到的美国货。许多商店很快就挂上了俄语的标牌，以"折扣价"来诱惑苏联顾问们大肆采购。他们最喜欢光顾珠宝店（尤其是迈克尔·苏克尼克开的店），而且会毫不留情地砍价。珠宝商苏克尼克正在等待前往加拿大的移民签证。他告诉我和父亲说，他曾试图向苏联人打听一些关于他们国家的消息，但他们忙着查看银器、瑞士手表和钻石戒指，根本不理他，只有在讨价还价时才会开口说话。

当时，上海的中国人对这些沉闷的新"洋鬼子"都敬而远之，中国政府则正大力颂扬苏联，因为中华人民共和国刚成立时，苏联就承认了它的合法性。为了表示感谢，中国的领导人决定，在上海举行的群众游行中，除了毛泽东、周恩来和朱德（人民解放军的总指挥）的画像外，又加上了斯大林、列宁、马克思和恩格斯的画像。我一点儿也不惊讶，因为在我小的时候就见过中国的天主教徒崇拜金发碧眼的耶稣像，而在现实生活中，外国人在中国却受到普遍的敌视。

"解放"六个月后，政府颁布了诸多严厉的规定和条例（尤其是针对娱乐活动），人们的热情完全消失了。在夜总会里跳舞和喝酒被斥为资产阶级寄生虫的生活，美国电影也逐渐被沉闷的苏联电影取代，拍的都是些开拖拉机的壮小伙爱上另一个开拖拉机的姑娘之类的故事。不过，我也看了不少现实主义的俄国影片，讲述了苏联人民和军队在"伟大的爱国战争"中为反抗纳粹而作出的牺牲。到了1949年年底，许多人对未来产生了忧虑，担心上海再度出现日本人占领初期以及蒋介石统治最后几年的局面。

国际饭店挂出"中华人民共和国万岁"和"拥护世界和平"的标语

1950 年 1 月和 2 月，国民党的飞机曾返回上海，对军事设施和航空储油基地实施了轰炸，一些工人被炸死，许多人受伤。我看到大火将天空染成了橘红色，直到第二天早晨，空中仍飘荡着一股股灰色的烟雾。国民党飞机轰炸的目标之一是位于卢家湾的前法国发电厂，但他们再一次错过了目标，炸弹落在附近的棚户区。台湾的电台报道说飞机击中了发电厂，但没有提到超过 1500 名居民死伤的情况。在前公共租界和前法租界的部分地区，电和水停了好几天，不过我们住的地区并没有受影响，因为它靠近一家医院，而医院备有自己的发电机。我从藏有短波收音机的朋友那儿得知，美国之音并没有报道这次国民党飞机炸死众多平民的消息，这让我感到很意外。

　　空袭之后，我给瑞娃寄了一封信。她如今住在俄亥俄州的阿克伦。我告诉她，共产党布置在上海周围的防空炮火很好地保护了我们，尽管如此，我还是催她赶快为我和父亲办理"去任何地方的签证"。我想离开上海，但并非因为害怕轰炸——日据时期美国飞机的空袭已经使我获得了某种心理上的免疫力，而是因为看到我们被限制了越来越多的自由。

第二十七章 "竹帘"

在这个国家，思想必须保持一致，即使在春节期间，参加庆祝活动的人都得穿着毛式上装。"解放"初的半年里采取的政策已不复存在，取而代之的是一套正统的政治制度。如今，中华人民共和国在意识形态上加入了苏联的阵营，美国和其他主要的西方国家都与它断绝了交往，只有英国是个例外，它在1月就承认了这个新政权。

政府颁布了清教徒式的严厉法规：贪污成了一项罪名，就连给小费也被视作有辱人格；夜总会和酒吧都关了门；妇女被赋予同男人一样的权利；少量仍在跑生意的人力车也全部被三轮车取代了，因为一个人拉着另一个人的画面实在令人憎恶，新社会不容许出现这样的情况——其实早该如此了。

现在每周都要举行规模盛大的游行，男人和女人都穿着中性化的蓝色棉布的裤子、上衣和帽子，修身的旗袍不见了，女人们也不再化妆了。与蓝衣服的海洋形成鲜明对比的，是人们手里举着的红色、蓝色和金色的标语以及毛泽东的彩色画像。大家一边前进，一边唱歌、喊口号，内容都是歌颂共产党的光荣、庆祝国民党的灭亡和盼望台湾的回归。

刚开始的时候，这类游行对那些无所事事的人来说还是一种愉快的活动，现在大家站在那儿喊口号、拍巴掌，得一直到获得允许才能解散。工人、店主、职员、高中生和大学生们花在游行和歌颂新政权上的时间，可能比工作或上课的时间还多。那些接受了再教育的妓女们现在也换上了毫无魅力的中性化的毛式制服，与她们之前穿着诱人的旗袍、化着浓妆、踩着高跟鞋的神气劲儿形成了巨大的反差。

体操和打拳如今被认为有益于大众的身心健康。于是每天清晨，年轻人和老年人都会将高音喇叭搁在树上或人行道上，并伴着喇叭放出的音乐锻炼身体，但附近居民的睡眠，却被响亮而且不重复的音乐声打断了。

那些深受蒋介石腐朽政权和西方生活方式影响的大众，如今被要求参加政治会议和学习小组接受再教育。对党的忠诚取代了家庭成员之间传统的密切联系以及对长辈的尊敬，所有迷信而腐朽的儒家教条必效让道于对共产主义和党这个"新家庭"的效忠。每个公民都有义务保持警惕，一旦发现邻居、同事甚至家人有任何违法行为，必须立即向领导报告。散布有利于"敌人"的谣言被视为犯罪——这一点跟国民党统治和日本人占领时一样。邻里之间成立了互相监督的委员会，掌握着辖区内所有居民的情况，通过这一方式，每一个人都被置于政府的管理之下。我们家位于台拉斯脱路的住宅区也被栅栏围了起来，只留了一个出口，昼夜都有门卫看守，注意着每一个进进出出的人。

市区的墙上和栅栏上到处画着肥胖的国民党和西方人，身后有英勇的共产党战士和警觉的市民在踢他们的屁股。这些画的宣传效果很好，即使不识字也能看明白，因此吸引了很多人围观。街头活报剧在锣鼓和笛子奏出的刺耳乐声中开场。表演者通常是士兵，场地随便找一小块地方就行，路人围成一堆观看，并报以热烈的掌声。我这个外国人被大家"好心"地排斥在人群外面，因为这些戏剧教化的对象是中国人。但事实上，这些表演的主题就算不懂中文也能轻松地理解，甚至连聋子也看得明白。比如说，有一个反复出现的场景是，"敌人"双脚朝天躺在地上，一名士兵则将一只脚踏在他的大肚子上。国民党集团的贪污腐败、西方殖民者和日本侵略者的剥削和残忍、对苏联的大肆赞扬，这些都是不断出现的主题。在大学里面，之前用英文和法文讲授的课程，现在都改用俄文授课了，因为苏联向中国捐助了一批法学、医学、自然科学和马克思主义的教科书。为了读懂这些教材，大学生们必须学习俄语，而中学的英语课也改成了斯拉夫语。

当目睹那些所谓国民党叛徒、破坏分子、剥削地主、金融投机分子和普通小偷的遭遇后，我对事态的发展不免担忧起

**Establishment of the People's Republic of China
October 1, 1949**

One Year Anniversary – October 1, 1950

Stalin and Mao-Tse-tung Pact – 1950

**Commemorating the 35th Anniversary of the Russian Revolution –
1917-1952**

Stalin   **Lenin**   **Lenin**

宣传中苏友好的邮票

261

来。我看到一小队一小队的人被装在美军的敞篷卡车上运走，他们的手绑在背后，脖子上挂着窄窄的木板，别人告诉我，木板上写着这些人的姓名和所犯的罪行。卡车会将这些受到惊吓的人带到一个很大的公园里，有时候会带到以前的跑马厅（现在改名为"人民广场"），在那里召开的"诉苦"大会上，将由群众决定他们的命运。这些集会的组织者从一开始就强调，被告的命运是由"人民"而不是政府决定的（被告的罪名早就已经确定了）。

身为一个"帝国主义者"，要是出现在一群狂怒的人群中或许是件危险的事，但我最终还是没能忍住好奇心。有一次——就这么仅有的一次，我站在人群的边缘，看到远处临时搭起来的大台上站着一名受到指控的人。事后有人告诉我，这个男人和其他所有被告一样，每次都承认犯了无数条罪行（也不管真的还是假的），并且乞求大家的宽恕。在这种卡夫卡式的审判中，群众对着那些倒霉蛋又叫又骂，还高声喊："打，打！"当他们的声音变得沙哑、被告也虚弱得站立不稳时，由数千人组成的陪审团才终于获准宣读判决，等混在群众中的干部发出事先安排好的信号后，一场审判才算结束。许多参加公审大会的群众都相信是他们决定了被告的命运（政府才是真正的法官和陪审团）。这样的公审大会肯定让参与者平生第一次对手握大权有了强烈的感受，而且他们肯定知道，自己也有可能站在台上受到这样的指控。

大多数被告都是男人，不过也有一些女人被控从事黑市交易和囤积粮食，更糟的则是偷偷卖淫。很多时候，这些人是被邻居揭发的，因为邻居嫉妒她们舒适的物质生活，或者曾经跟她们吵过架。如果被判有罪，卖淫者将被集中起来接受再教育，以帮助她们改邪归正，而从事黑市交易者、投机商人和小偷则会被关进监狱。最严厉的惩罚是用来对付国民党"走狗"的，他们的刑期很长，会被送往偏远艰苦的北方，从事繁重的体力劳动，而那些被指控为"敌人"从事间谍活动的人则必定会判死刑，因为当局对台湾反攻大陆以及与美国长期对抗的危险越来越担心。中华人民共和国自然想进攻台湾，但这个岛处于美国第七舰队的保护之下。

　　我和父亲在家里会看经过严格审查的《字林西报》，以便了解哪些人正在离开上海。上面还有一些发自北京和苏联塔斯社、谴责资本主义国家发表"危险的谎言"的报道。当读到有中国人因为欠税被没收房产，而大多数业主已经逃往香港或台湾的消息时，我们的心情都变得有些沉重。虽然报纸上从未报道，但大家私下都在传，说上海有些中国的大商人，因为无法面对人生的巨变而自杀了。我们还从拥有短波收音机的朋友那儿听说，美国的中国游说团体势力依然强大，它们是亲蒋介石政权的，因此正在竭力劝说美国国会不要承认中华人民共和国。

　　我们家的房子有专供仆人居住的地方，阿妈现在仍住在那里，但她每个星期都得去参加由共产党干部主持的居民会议，并需汇报我和父亲的行动，例如我们是否收听短波收音机，或者是否接听过国际长途。阿妈的英文很有限，她了解的情况无非是：我父亲在家读读报纸、打理花园，有时候会出门拜访亲友，而我在跑马厅工作，认识一些朋友，我们偶尔会接到母亲和我的姐姐妹妹从美国打来的电话。除此之外，我真想不到她还能提供什么其他的信息。

在我看来，最让阿妈不习惯的就是得穿不合身的"制服"，特别是戴上帽子后，她觉得看起来很傻。她问我："为什么要戴帽子，又不下雨？"每次散会回来后，她会迅速换回平常穿的黑裤子和白上衣，因为她大部分时间都待在我们屋子里或者她自己的房间里。不过，要是出门去买东西的话，她觉得还是穿上蓝色的"制服"比较安全，因为这样在人群里就不会那么显眼，别人也看不出她是为外国人干活的，要不然会被人说三道四的。

只要我们需要，裁缝"老爸爸"就会来我们家。出于好奇，我请他为我做了一身蓝色的毛式制服。周末出门骑车或者去邻居家看朋友时，我就穿这件衣服。"老爸爸"不明白为什么我想穿它，他嘀咕说我穿这衣服看上去就像个"红军"。不过，我这件衣服口袋很多，外出购物时很有用，可以用来装一沓一沓的人民币。马路上的中国人看到我这个外国人穿着标准的人民装骑自行车，都感到非常惊讶。我意识到我们白人的特权时代真的已经结束了。我和父亲之所以能基本维持解放前的生活水准，并且能继续雇得起阿妈（跟工厂比起来，她更喜欢为我们家工作，因为工厂的报酬较低），都亏了父母当年存下来的金条。在共产党的统治下，金条不能直接用来换取商品，因此父亲就将它们卖给准备离开上海的欧洲人。

当中国人接受思想改造时，住在上海的外国人却基本上没人管。可是，政府对新教和天主教的传教士（特别是受过良好教育的犹太人）却极不放心，因为这些人对中国这个无神论的新社会构成了意识形态上的威胁。在将近一个世纪的时间里，美国、英国和法国的传教士已经和中国内地的农民建立了联系，他们不仅会讲当地的方言，而且使许多人皈依了基督教。如今，许多传教士被软禁起来，或者被当作间谍关了起来。其实，这些传教士跟以往那些住在租界里、享受着种种特权的外国人并不同，他们大都生活在偏远的农村，给穷人提供食物，照顾生病的人，教给他们基本的文化知识。

我们唯一需要跟中国政府打交道的就是去内务部门填写出境签证的申请表。外国人必须等候大约六周的时间，当局会审查他们的犯罪记录和纳税记录，然后将允许离开中国的人名单公布在《字林西报》上。那些在英国和美国的工厂、银行和贸易公司里担任管理职务的人都知道，除非有朝一日这些公司和企业再也没有什么资产，或者他们位于香港和海外的总部不再往上海汇入资金了，否则他们是永远不可能申请到出境签证的。中国政府如此对待外国的"大班"们，算是对他们过去剥削中国工人的一种惩罚。可问题是，黄浦江的入口依旧被国民党的战舰封锁着，上海的商业因此陷入了停顿。

1950 年，孙中山的遗孀宋庆龄被任命为中华人民共和国的副主席，她是接受过西方教育的，所以上海的外国人和中国的商人们都希望这一任命能使他们的生意重新获得生机，但这种情况并没有出现。外国人现在终于明白了，他们是没有任何前途的，因此大家都渴望尽快离开这里。父亲相信美国领事馆很快就会给他打电话，通知他移民签证办好了，因为他的妻子和两个女儿都居住在美国。我对移民法不太了解，但我认为一旦父亲到了旧金山，得以和家人团聚，我的签证肯定也会到手的。1950年 2 月初，我和父亲来到位于外滩的格林邮船大楼（Glen Line Building）里的美国领事馆。我们高兴地得知，父亲终于被放在了"优先考虑"的名单上，而我作为在中国出生的白种人，其申请过程也比我想象得要快。那天晚上，我们到父亲的亲戚家庆祝了一番，大家为我们有望于半年内离开上海、登上前往旧金山的轮船干了一杯。

可是我们高兴得太早了。1950 年 3 月 15 日，美国领事馆突然取消了所有公共业务，随后便在 4 月关闭了。我们后来了解到，是美国的国务卿约翰·福斯特·杜勒斯下令关闭美国驻北京的大使馆以及所有驻中国的领事馆的（要等到 30 年后，美国驻上海总领馆才在老霞飞路上的一栋大楼里重新开门）。美国驻上海领事馆的关闭，对那些滞留在上海的美国人来说，最多只是件麻烦事，因为他们还可以向英国领事馆求助，但对我们这些正在等待美国签证的无国籍的外国人来说，却不啻为一个巨大的打击，因为美国和英国公民已经得到通知，最后一班从上海撤退的船将于5月离港。

所有在上海出生的俄罗斯人、葡萄牙裔的澳门人，还有我，现在有了两个共同点：第一，我们的美国移民配额都受到《排华法案》的影响；第二，我们都极为渴望离开。虽然澳门人作为葡萄牙公民可以移民到葡萄牙，但他们并不想去一个完全陌生的地方。他们既不会讲葡萄牙语，到了那里也举目无亲，更何况葡萄牙当是正处在萨拉查的独裁统治下，不仅经济困顿，还同时面临着非洲的殖民战争。

移民美国的计划泡汤了，我和父亲决定先申请向加拿大或澳大利亚移民，到了那里再想办法转到美国与家人团聚。我们别无选择，只有耐心等待，希望这两个国家中的一个能给我们发签证。

慢慢地，我对生活不再抱积极乐观的态度了，老是感到沮丧和孤独。我觉得自己就像和老阿妈逛菜场时看到过的鸟儿一样，在小小的木笼子里一圈圈地飞来飞去，寻找着出路。

第二十八章　浪漫的事

当阿妈的兄弟邀请我参加他儿子的婚礼时，我还是挺开心的。我之前从未参加过中国人的婚礼，也听不懂大家说什么，但那天举行的简短的佛教婚礼仪式让我很喜欢。在那个喜庆的日子里，一对新人脱下毛式制服，穿上了西式的服装。来宾大约有 50 人，大家在跑马厅附近马霍路（Mohawk Road，今黄陂北路）上的一家餐馆里享用了一顿丰盛的宴席，还喝了茶和琥珀色的绍兴酒。席间，客人不停地向新人敬酒，他们喝的是一种劲道很足的白酒。这对新人和客人们都属于工人阶级，那一天他们都穿上了自己最好的衣服，而且看上去很享受这种"腐化"的生活，或许那一刻他们暂时忘记了餐馆外那个纪律严苛的世界吧。

我的日常生活非常平静，自从美军撤出上海后我就再也没有约会过。下班后，我会到以前的基督教青年会里玩保龄球或者打乒乓球，有时候会跟留在上海的几个朋友去看美国和英国的电影。

放的都是些老片子，因为新的影片再也不进口了，不过能看到老片子已经让我感到很惊喜了。影片里的好莱坞女明星们神情欢快、衣着暴露，跟眼下上海盛行的清教徒式的行为规范形成了强烈的对比。现在大多数电影院放映的都是苏联影片，里面的人物动作呆板，动不动就发表长篇大论的爱国说辞，中国的观众对这些影片大都敬而远之，这让当局很是失望。我和说俄语的朋友去看过几部这样的影片，唯一的收获就是可以对荒谬的情节和大量的政治宣传进行嘲笑。中国观众不喜欢这样的影片，相反，他们成群结队地去看色彩亮丽的好莱坞音乐片，特别是那些描述殖民者和印第安人作战的"西部片"，这些片子就算不懂英语也能看明白。在《出水芙蓉》这部彩色电影中，当埃丝特·威廉斯（Esther Williams）和一群泳装美女以非凡的功力、步调一致地纵身跃入蔚蓝色的巨大泳池时，观众们纷纷发出"哇""啊"的惊叹声。

突然之间，我那无聊乏味的生活出现了惊喜：我和塞奇成了好朋友。塞奇是一名白俄，我定期和他打乒乓球，他也经常和我们一起去看电影，并到我们家里参加各种聚会。我很快就发现自己被他的聪明才智吸引了，同时也被这个金发碧眼的斯拉夫小伙子的外貌迷住了。这种感觉让我很意外，因为我还从来没有跟他这个种族的"上海男孩"约会过呢。不过，当我们一起讨论国内外政治时，在对苏联的看法上发生了分歧：塞奇觉得只要斯大林下台，苏联就会繁荣昌盛起来。他和他的父母已经申请获得了苏联的国籍，他甚至还时常考虑回到苏联，因为移民到美国或其他民主国家的前景实在太渺茫了。我们很喜欢一块儿出去骑自行车，有时还会在街边的小摊前停下吃些东西。虽然我有一份全职的工作，而塞奇只是不定期地打些零工，但他总是坚持为我的面条付钱。除了同中国的工人和苦力们一起吃过夜宵外，有几次我们还同一个澳门女人以及她的法国男友一起去了重新开张的法国总会，那个法国男人后来又邀请我们俩去他的俱乐部用晚餐和跳舞。在俱乐部举办的"巴士底日"庆祝活动上，我穿着"老爸爸"为我缝制的晚礼服，在舞厅里时而旋转、时而跳着狐步，特别是和塞奇贴着面颊跳舞时，我简直忘却了所有的烦恼。

5月的一天，天气很温暖，塞奇提议我俩骑自行车出城，到野外去放松一下。我们还从未去过城外，正好可以看看内战之后那儿是否已经恢复了常态。阿妈给我们准备了午餐篮，里面装着三明治、水果、瓶装的果汁和水。她又让我带上一条毯子用来野餐，还有一罐"飞立脱"（Flit）——当时外国人的家里每个房间里都放着一罐这个牌子的蚊虫喷剂。我和塞奇骑了好几个小时，一路呼吸着清新的空气，四周一片静谧，不时传来林间的鸟鸣和附近小溪里的蛙声。我们偶尔会在中途停下来，看农夫们拉着水牛耕田，女人们站在齐膝深的水稻田里劳作。

我们选了一块田地野餐，附近有几座砖头砌的小房子似的东西，但是没有门和窗——这些东西其实是高出地面的坟墓，下面就埋着死人。我们一边津津有味地嚼着三明治，喝着被正午的阳光晒得温热的果汁，一边互相拍照，也拍了些乡村的风光。塞奇用俄语背诵了一首普希金的诗，而我则背诵了一节拉辛的诗，那是我记得的法语经典作品之一。我们俩就这么沉醉在清新的空气中，四周一片静谧，满眼都是青翠，我们的内心充盈着浪漫的感觉，因此决定继续骑车到附近的村子里去品尝一下当地的美食，塞奇还想来点儿啤酒，而我可以喝茶。于是，我们又骑了几个小时，任头发随风飘荡，用不同的语言混杂着大声歌唱，庆幸自己终于摆脱了城市里那些无休止的刺耳噪音。

突然，在一个拐弯的地方，这片祥和的气氛被两个士兵打破了。他们用枪指着我们，冲我们喊话，要我们停车。我们赶忙下了车，我出于本能地将相机从自行车篓里取出来，放进裙子的口袋里。士兵向我们走过来，说着我们听不懂的方言，我们用有限的几句上海话回应，但是他们也听不明白。这两个士兵看上去挺生气，但同时对我们这两个在农村里骑自行车的白种人也很好奇。看他们的手势，我们猜他们是想查看我们的旅行证件。要是没有地方政府颁发的通行证，任何人都不能在上海城外或者中国的其他地方旅行，这一点我和塞奇很清楚。我们发现自己陷入了困境，而且后果可能很严重。我们违反了法律，而且还不能贿赂这两名士兵，求他们放我们一马，因为那样做风险很大，这些士兵跟一心想发财的国民党士兵可不同。我们只能试着打手势向他们解释，我们在田野里骑车是为了逃避上海市内的嘈杂和灰尘。虽然我想努力保持镇定，但心里紧张极了，我担心刚才也许不应该把相机藏起来，要是被他们发现的话，可能会以此来证明我们是间谍——那个时候，所有西方人都有间谍的嫌疑。

在这个紧张的时刻，塞奇依然很冷静，他突然掏出自己的苏联护照给士兵们看，护照的封面上印着锤子和镰刀。他还脱下宽大的俄罗斯军帽——那是他最近刚在市场上买的，指给士兵看镶在帽檐上方的金属质地的五角星。两个士兵突然笑起来，连声说"好，好"，因为这本护照和带有五角星的军帽显然是属于共产主义国家的。塞奇又将两根手指勾在一起，不断重复毛泽东和斯大林的名字，以此来强调中华人民共和国与苏联之间的友谊。士兵们听懂了"斯大林"，但一开始并没有听懂中国领导人的名字，因为我和塞奇都无法用中文正确地说出毛泽东的名字。

我感觉塞奇和士兵之间的交谈实在有限，可能还不足以让他们相信我们的清白，于是我打开钱包，边向他们展示里面的东西，边做手势解释说，口红是用来让嘴唇显得更红的，粉是用来让脸颊变得更白的。接着我让他们戴上我那副厚厚的眼镜试试，他们大笑起来，很快便把眼镜还给了我——也许他们会觉得奇怪，这东西戴上后什么都看不清，为什么我还一直戴着它呢？这么一来，士兵们准备放我们走了。塞奇送给他们一些水果，但他们不仅不收，还带着一脸灿烂的笑容向我们道别。对他们来说，这次遭遇肯定很新奇，但我们俩却被吓得半死。

因为我一直在发抖，而且惊魂未定，根本无法继续骑车，塞奇便建议我们靠着附近的一座坟墓休息一会儿，聊聊刚才发生的事，好让自己放松下来。当我们准备返城时，天色已经一片漆

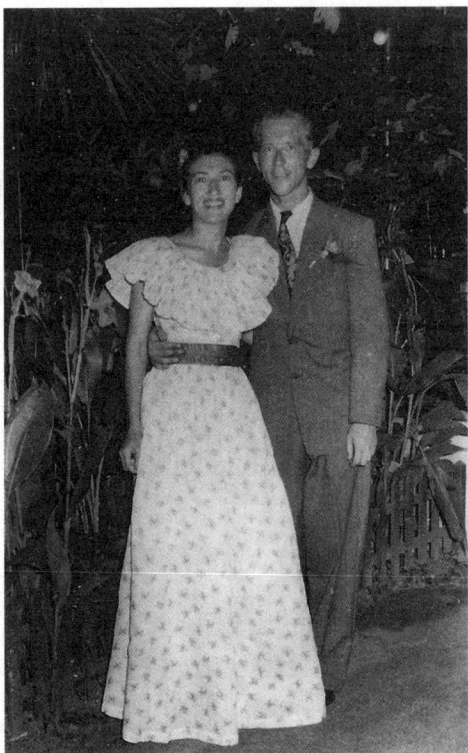

丽丽和塞奇

黑，我们又没有车灯，因此便决定在一棵树下过夜。我们把毯子铺好，和衣躺在上面。虽然我俩肩并着肩躺得很近，但塞奇始终没有碰我一下，除了在互道"晚安"时亲了一下我的脸颊。我们没有更进一步，因为我害怕会怀孕，而他也担心可能造成的后果。经历了下午的突发事件，我俩都已经精神倦怠了，很快便在静谧的月色中进入了梦乡。

　　同是那个 5 月，我见到数千名士兵在大街上列队经过，为的是庆祝实现了统一后的人民共和国迎来第一个五一劳动节。我有一个朋友住在南京路的一座公寓楼里，那天我从她家的阳台上看到，五彩缤纷的游行队伍延续了数英里。士兵们都身着卡其布制服，市民们则穿着蓝色的衣服，大家手里举着写有黄色汉字的鲜红标语，还有手绘的中国和外国共产党领袖的画像。在阳台上和我们一起观看游行的还有一名中国的邻居，他将标语口号的内容翻译给我们听，都是赞扬中国和外国的共产党、谴责蒋介石和西方帝国主义的。

　　到了 1950 年夏天，留在上海的外国人不超过 400 人，而在商店里和马路上，我经常是唯一一个外出购物和骑自行车的白种人。不过，周围的中国人根本就不注意我，因为"洋鬼子"已经在上海生活和统治了这么久，我在这里并不显得那么怪异，而且也没有人将我视为殖民主义和剥削的象征而表现出任何的仇恨和不满——即使出现这样的情况，我也完全可以理解。

　　接下来的一个月里，我听说北朝鲜的军队于 1950 年 6 月 25 日越过二战后划定的界线"三八线"，侵入了南朝鲜。

第二十九章 朝鲜的"警察行动"

　　当道格拉斯·麦克阿瑟将军被任命为驻南朝鲜的联合国军总司令，负责驱逐北朝鲜的入侵者时，上海的反美宣传也随之加大了力度。中国谴责这一针对其朋友和盟国的行动，称北朝鲜的目的是要将南方从腐败专制的李承晚总统的统治下解放出来。随后，上海出现了大规模的抗议活动，我曾目睹过一次不同寻常的游行，参加者身穿整齐的制服，上衣的扣眼里插着纸花，一边列队行进一边唱着军歌。这些人都是志愿军，将去帮助北朝鲜的"弟兄们"反抗美国及其他二十个国家的军队。

　　母亲从旧金山打来电话，非常担心朝鲜战争会影响到我和父亲。我们叫她放心，说战争离我们很遥远，中国肯定会保持中立，因为它不可能向联合国军发动进攻。我在上海的大街上看到越来越多的"自愿者"参加游行，他们看上去非常渴望同朝鲜的弟兄们一道与"美帝国主义"率领的敌人作战。

　　7月里传来一个令人高兴的消息。我们收到一封瑞娃和约

翰从马萨诸塞州的剑桥发来的电报，宣布他们的女儿罗克珊
(Roxanne) 降生了。我和父亲都想不明白，为什么他俩要给女
儿起这么一个与众不同的名字，我猜瑞娃一定是想到了上学时
读过的艾德蒙·罗斯坦 (Edmond Rostand) 的戏剧《大鼻子情
圣》里的女主角罗克珊，但这个推测其实跟事实差距甚远。瑞娃
后来解释说，她取这个名字是因为她丈夫的祖上布鲁斯特家族在
17 世纪从英格兰移民到美洲殖民地时，曾经给他们的一个孩子
取名叫罗克珊。瑞娃打电话告诉我们，她已经为我们的美国移
民申请提交了资助担保书，但我们需要先到另一国家，然后在
那里等待签发证件。让我惊奇的是，瑞娃在美国仅仅生活了三
年，可是她的英语已经彻底改掉了上海口音，变得带有美国腔调
了——我曾经约会过几个美国南方的男人，幸好瑞娃的口音跟他
们的不一样。

　　我和塞奇经常谈论政治，特别是关于苏联的话题，有时候我
们也会互相争论，此外我还时常跟父亲的朋友富兰克讨论世界形
势。富兰克是一个 40 岁的澳大利亚人，他依然相信私营经济可
以在新体制下发挥作用。他天生胆大，竟然没有服从政府的命令
上缴短波收音机，因此可以告诉我一些最新的消息，例如麦克阿
瑟的军队已经在仁川登陆，占领了首都汉城，正向北边的三八线
进军。我和富兰克都坚信，北朝鲜的军队就要投降了，这场战争
很快就会结束。关于西方对北朝鲜的军事反击，中国的广播和报
纸并没有加以报道，不过《字林西报》刊出了更多的文章，提到

北朝鲜的"弟兄们"需要支援。

　　援助北朝鲜的事最终变成了现实。1950 年 11 月，中国军队奔赴"三八线"，攻入了南朝鲜。中方说它的介入是为了保卫中国的边界不受敌对势力的侵略。秋天的时候，富兰克就对我们说过，美国的情报部门曾警告麦克阿瑟，大批中国军队正在中朝边境集结，准备发起进攻，但麦克阿瑟向杜鲁门总统保证说，无论中国还是苏联都不会加入战争。然而，在美国人越过"三八线"后，中国认为美国是侵略者，于是便向朝鲜派遣了大批全副武装的士兵。美军的防线随后被击溃，被迫撤退到了"三八线"以下。富兰克的中国生意伙伴告诉我们，中国志愿军发动的猛攻以及美国人的撤退，在国内的报纸和广播上赢得了一片欢呼。为了庆祝这一胜利，上海举行了更多规模浩大、气氛热烈的群众集会和反美游行，游行中还焚烧了美国国旗以及纸扎的杜鲁门、麦克阿瑟和山姆大叔，围观的路人看得都很开心。大概是为了教训一下仍然生活在上海的少数外国人吧，我发现了一些用英语写的标语，上面写道："Death to America."（美国去死吧）美军士兵以前在上海的种种不良行径，诸如酒驾造成车祸、破坏财物、甚至据说是强奸女孩之类的事件，此时重被提起。有意思的是，游行者看上去并不恨美国，我本人也没有受到任何形式的恶意攻击，甚至连口头的咒骂也没有。

　　中国民众对西方并没有表现出好战的态度。相反，当得知美国电影被禁之后，大家都感觉很失望，美国电影被认为道德低下、充满犯罪和色情的内容，那部深受大众喜欢的《出水芙蓉》就是个典型的例子，里面尽是些穿着泳装的女人。商店里的美国存货告罄后，也逐渐被质量粗劣的苏联货取代。不过，有一种红鱼子酱倒是很便宜，与黑面包搭配起来是很美味的开胃菜，因此我们在家经常吃。

父亲的妹妹索尼娅和她女儿全家刚刚离开上海去了澳大利亚，她们向我们保证，一旦在那儿安定下来就会给我们提供资助。我和父亲并不是特别想去澳大利亚——我们听说那里的生活对新移民来说很困难，但我们不得不离开中国。于是父亲便给位于蒙特利尔的太阳人寿保险公司写信，要他们重新雇用他，并为他提供一份工作许可，以帮助他进入加拿大。父亲打算从加拿大越过边境前往美国，跟母亲和小杰团聚。可是我们后来发现，澳大利亚和加拿大不会给无国籍的人发签证，除非他们已经获得了一个前往"最终目的地"的签证，以保证他们在过境签证或临时工作许可过期前肯定会离境。

为了解决这个问题，父亲决定采取一个非常困难、同时也令他很反感的办法，那就是申请苏联的公民身份。于是，正当冷战处于高潮的时候，我和父亲步履迟疑地走向苏联领事馆，申请成为令我们厌恶的苏维埃联邦的公民。这是父亲自离开苏联后，第一次在申请表上说明他出生在苏联的土地上，具体地点是乌克兰的拉多梅什利。苏联领事馆的官员问了父亲一些问题，如出生地点、妻子现在何处、我们为什么想成为苏联公民、我们是否打算即刻起程前往苏联等等。父亲简单地回答道，他出于在俄国，并相信自己有权利获得苏联的公民身份。对话结束后，领事官用他的蓝眼睛冷冷地盯着父亲，直截了当地说："你其实根本不想回到祖国，你就是想要一本护照。"他说得当然不错，我们只好带着复杂的心情离开了，有些失望，但奇怪的是又感到如释重负，因为我们不可能成为苏联公民了。

我和父亲仍然需要一张"最终目的地"的签证。我们发现，1948 年年底抵达上海就任以色列领事的摩西·尤瓦尔会给那些前往以色列定居的犹太人发放签证。有几个白俄家庭曾去申请这类签证，但没有成功，因为申请人的身份必须得到留在上海的阿什肯纳兹犹太教会成员的证实和担保。1950 年 11 月，我和父亲拿到了去以色列的签证，有效期为六个月，可以续签。我们并不打算去以色列，但有了这个"最终目的地"的签证，我们现在终于可以申请澳大利亚或加拿大的签证了。

在等待申请结果的时候，我注意到，那些曾经为外国机构工作过的中国人越来越不被信任了。这些人被视为叛徒，是与帝国主义者相勾结的"走狗"。《字林西报》每天都要发表排外宣传的长篇文章，用刻薄的语言评论美帝国主义，而且媒体对美国的谴责已经不局限于发动朝鲜战争了，似乎美国人还应对中国过去遭遇的所有不幸负责。

《字林西报》上还有许多英文文章，内容都是攻击基督教修会的，特别是抨击天主教会的修士和修女们。中国的基督教修女和修士们被迫集中起来接受再教育，许多外国的传教士和神父们被诬告为间谍，并因此遭到囚禁，他们教堂的财产也被没收。上海圣母军（Legion of Mary）的美国修女们此前一直从事教育工作，而且过着隐居的生活，如今却被反复质问不相干的政治问题。那些最初由美国的非政府组织创建的教育和医疗救助机构，现在也受到严厉的抨击，因为他们过去曾与"资产阶级帝国主义者"合作。

对我说来，1950年年底是一段悲伤的日子，因为塞奇宣布他就要去苏联了。我警告他从此以后他将再也不能离开那儿了，但是他已经阅读了一些从苏联领事馆带回来的小册子和书籍，因此对祖国充满了信心，甚至还有点儿迷恋。为了参与建设这个他从未亲眼见过的"祖国"，他打算将来进入一所工程学校学习。塞奇曾答应我一旦回到苏联后就给我写信，但我从此却再也没有听到过他的消息。

第三十章　为证件而奔波

尽管上海的经济形势不断恶化，而且官方一直在批判资产阶级的物质享受，但我竟然意外地在《字林西报》上发现了广告。其中一则是邀请读者前往霞飞路 689 号一家叫作里诺（Reno）的夜总会、餐厅和酒吧，参加庆祝 1951 年新年的盛大活动。广告里说，这个地方是由外国人经营的，深受顾客欢迎，而且"过去曾成功地举办过平安夜和新年夜的庆祝活动"。店家还向读者保证，"1951 年他们会在那里找到跟前几年享用过的品质相同的食物、饮料和音乐"。另一则广告里，坐落在沙逊大厦（Sassoon House）内的第一大道商场宣布为顾客们提供下列商品：

"……精选的进口奢侈品，包括罕见的法国名牌香水，如娇兰（Guerlain）、朗万（Langevin）、罗莎（Rochas）、霍比格恩特（Houbigant）等，还有英国亚德利牌（Yardley）的薰衣草、各式时尚珠宝——它们会让每个女人都在柜台前流连忘返，以及梳妆用品、最新款式的毛衣和数不胜数的各类新品。"

我很好奇谁会去买这些东西，因为大多数外国妇女已经离开了上海，而中国人出于害怕，也不会去买这些"腐朽的资产阶级"使用的物品。位于南京路上的标准地毯公司（The Standard Rug Company）也打广告说，他们正在"便宜出售产自西藏、北京、天津的地毯和垫子，以及蓝色或白色的蒙古地毯"，而霞飞路上的花店也在出售各类装饰花束，供人们在"当下的节庆日和即将到来的众多聚会上"使用。另一家叫作"勿忘我"的花店则提醒大家："花束是表达您的情感、哀伤和快乐的最佳方式。"

令人惊讶的是，这些商店和餐馆在广告中列出的街道名称，仍沿用了之前公共租界和法租界使用过的英文和法文的名字，而没有用它们新改的中文名称。读了这些广告后，我甚至刹那间感觉自己又回到了解放前的老上海。

1951 年 1 月，我正在等待加拿大和澳大利亚的移民签证之际，父母的挚友雅克·皮乔托突然从日本寄来一封令人振奋的信，说是他在东京的一家贸易公司可以为我提供一份秘书的工作。他解释说，日本现在被美国人占领，急需会说英语的秘书，因此他可以轻而易举地为我向美国当局搞到一张工作许可证。他还说，等我搬到东京去后，还可以为我父亲申请入境日本的许可证。我和父亲高兴极了，我给留在上海的几个朋友打了电话，告诉他们这个意想不到的转机，并立即着手准备申请离开上海所需的文件。

我开始勤快地往各个部门跑，并填写了无数的表格，但我根本没想到这件事竟会如此耗时、麻烦和令人沮丧。刚开始时还是很顺利的，我得以从联合国国际难民组织的远东局得到一份旅行文件。我去办理文件的时机很巧，当时远东局正准备关闭上海的办公室，因此工作人员以最快的速度给无国籍申请者发放了证件，并提供资助帮助他们离开上海。我因此得到一张"旅行证明"，上面说我是一名"确认无疑"的难民，旅行的目的地是以色列。

我很惊讶地发现，自己现在被归入"难民"的行列了。可是我在跑马厅工作，自己挣工资，还雇了一名用人料理所有的家务，过得非常舒适，跟通常意义上的难民完全不同，因此我并不喜欢目前的这个身份。不过，我是一个很现实的人，现在国际难民组织将替我安排好去日本的行程和住宿，还会资助我的旅费，这一点倒是让我很高兴。

2月初，在中国的春节期间，我收到雅克·皮乔托发来的另一封信，通知我美国驻日占领当局已经给我发放了工作许可证。我把这封信读了一遍又一遍，简直无法相信我终于真的要离开中国了。我给朋友们打电话，他们又给各自的朋友打电话，相互转告这个重大的消息，我还邀请了他们当中的几个到一家中国餐馆，一起庆祝这件大事。但目前还不能乘船离开上海，因为国民党在长江口放置了水雷，所以我得先坐火车去天津，再从那儿坐轮船前往日本。可是，一想到在中国境内乘船还得准备其他的文件，我就决定放弃了。最终我选择了最简单、最直接的方法，那就是先坐火车到广州和香港，然后再坐船到日本。为此，我不得不先向当地政府申请出境许可证，然后再从重新对外开放的英国领事馆拿到一张前往香港的过境签证。当我得到这两个证件并买好去广州的火车票后，国际难民组织就会为我在香港预订一间客房，并为我买好前往日本的船票。

我首先得去位于外滩的外事办公室申请出境许可证，申请表须一式三份，然后再去静安寺路上的公安局办理无犯罪记录证明。办理申请时，我需要列出打算带往日本的物品清单，而且还有个奇怪的规定，我得带上所有的照片和集邮簿。外事办公室的检查人员穿着一件黑色的军装，他一开始和我讲中文，当发现我不会说中文后，就转而用地道的英文跟我对话。他对我的邮票赞美了一番，特别是我最近买的印有毛泽东和斯大林肩并肩的邮票。我以为他要看我们全家的照片，但他只是从相册里抽走了一张照片，那上面拍的是我和瑞娃——两个白种女孩——站在身穿白上衣黑裤子的老阿妈的两边。我很快就明白过来，在当时那种对殖民主义极为敏感、而且每天都在大力声讨"外国帝国主义剥削中国人民"的情况下，老阿妈身上的"制服"是为殖民者充当奴仆的标志，因此是令人无法接受的。

尽管我解释说老阿妈和我们一起生活了十多年，是我的"第二个母亲"，检查者就是不肯把照片还给我。这种行为令我极为愤怒，甚至当他拒绝告诉我什么时候可以收到出境许可证时，我也没有这么气愤。他带着愠怒的腔调对我说，要是申请通过的话，我的名字和领证日期会登在《字林西报》上。我知道有些外国人得等上六周左右才会知道自己是否能获得这份重要的证件。

下一步就是预约英国领事馆的官员，申请一张去香港的过境签证。大家都知道英国人非常不愿意给无国籍者发放签证，就算有联合国的资助也不行，因为他们害怕这些人会为了向驻香港的各国领事馆申请移民签证而滞留在这块英属殖民地。我向英国领事馆的官员出示了由国际难民组织发放的旅行证件以及以色列的移民签证，以此证明我不会在香港滞留，因为我要前往一个"最终国家"。领事官用怀疑的目光打量着我的出生证明。这张出生证明就是一张纸，是我出生七年之后由父亲亲自打的字，上面写着："安娜·施瓦兹夫人（由法租界公董局颁发执照的助产士）参与了我的接生，时间为1927年8月5日下午3点40分，地点为上海霞飞路640号我父母家中。"这张迟到的出生证明是我进入法国公学幼儿园时必须提供的文件之一。

当我在等待上述这些签证和许可证的时候，我决定为了东京的工作重温一下我的秘书技能。于是我参加了一名中国老师开设的葛雷格速记法速成班，他在解放前曾经教过这门课程。我又把"老爸爸"找来为我的旅行缝制些衣服，与此同时我大肆采购，买了很多织锦外套和用来做衣服的丝绸料子。我这么做是因为害怕到了日本买不到衣服，因为经过战时的残酷轰炸和广岛、长崎的原子弹袭击，日本还没有从重创中恢复过来。

尽管中国政府规定出境时只能携带极少的外币，父亲却设法战胜了这一制度。他将 20 美元的钞票用胶带粘在我那些硬皮课本的封面和封底下面。这些钞票隐藏得非常好，完全不用担心被海关发现。我准备抵达日本后就将这些钱寄给母亲和小杰，因为她们说父亲在旧金山的盎格鲁加尼福利亚国家银行里的账户被"冻结"了，原因是他目前居住在中国，只有当他离开中国后，银行才能够向美国财政部申请解冻这个账户。不过，母亲和小杰已经卖掉了从上海带去的中国地毯和其他物品，因此有足够的钱支付日常开销，这让我和父亲多少放了心。母亲还告诉我们，她们正打算从旧金山搬到波士顿，这样就可以离瑞娃、约翰以及他们 1 岁的女儿罗克珊更近了。

每天早晨上班前，我都要买一份《字林西报》，为了看我的名字是否出现在获得出境许可证的人员名单上。曾经有几个英国和美国的"大班"申请出境被否决了，因为当时他们被手下的雇员扣在办公室里当了好几天人质，直到香港的总部汇来资金支付了工人们的工资。不过，我从来没想过自己的申请会被否决，因为我有进入日本所需的各种文件，包括由驻日盟军总司令部——那可是麦克阿瑟在东京的总部——签发的居留许可证。

这些天来，阿妈一直在帮助我打包行李，父亲则将行李箱中的每一件物品都打出清单，以备翻译成中文。因为这趟旅行的终点是美国，所以我把清单寄了一份给母亲，让她看看我是否还需要多带些衣服。我不确定自己在日本或者美国会面临什么样的财务状况，因此装了满满两大箱的东西，包括十几套衣服、几条裙子和衬衫，其中很多都是"老爸爸"给我做的，他整天都在缝纫机上踏个不停。我还买了十几双鞋子和手提包，两件羊毛大衣和一件中国的貂皮外套（后来我才知道其实是兔毛的）。

看了我的这份行李清单，负责检查的警察看上去气得发抖。当时全中国的人都穿着蓝布衣服，而我却带了这么多衣服。不仅如此，我还买了一只雕花的樟木箱，并在外面做了一个套子，以便将它用火车运到香港，然后再用船运往东京。我需要先将这口箱子送到外滩的海关接受检查并寄存在那里，此外还得签署几份文件，以保证这只箱子会在我离开上海的当天送往上海铁路北站。

1951年2月一个寒冷的早晨，当我浏览刊登在《字林西报》上的获得出境许可证人员名单时，突然从一大堆乌压压的字母中发现了自己的名字——但是名字被拼错了，我高兴地大叫起来。不过我还得等上三天，在此期间任何人都可以递交申诉反对我出境。过了好久我才缓过神来，经过两年的漫长等待，我现在终于可以离开了。我和朋友们去了一家叫作"丝帽子"（Silk Hat）的夜总会庆祝了一番——经常来这儿玩的都是外国人，因为上层社会的中国人都不愿意别人看到自己出现在这些娱乐场所。

我给旧金山的母亲和小杰以及住在麻省剑桥的瑞娃分别发了电报。几天后，瑞娃给我打来电话，对我即将启程去日本、并且可以在日本申请美国的移民签证感到很兴奋。她还告诉我，罗克珊是个非常可爱机灵的小孩，我这个姨妈肯定会喜欢她的。

我从官方的中国旅行社买了去香港的火车票，同时从工作了三年半的跑马厅辞了职。我的老板是个古板的英国人，他给我的遣散费虽然不算多，但为我写了一封充满溢美之词的推荐信。"威伦斯小姐能够高效率地处理办公室的日常事务"，他写道，"她对拖欠会费这个复杂问题的处理获得了娱乐信托基金总会成员的好评"。他还说我是一个"称职、可靠、勤奋的人，能力出色，会说英语、法语和俄语"。有了这么一封热情的推荐信，我相信自己到美国后可以很快找到一份秘书的工作。

我走之后，父亲一个人在家并不会感到孤独，因为他邀请了另一家人跟他一起住，那家人不久将前往澳大利亚。碰巧的是，这对夫妇收养的女儿是一个法国女孩所生，她怀孕的事曾经在我们法国公学里闹得满城风雨。这个小女孩长得很像她的生母，而且连走路和举止也像，我看到她时不禁吃了一惊。这对夫妇把他们的阿妈也带来我家，负责做饭和照料他们的女儿。他们如今住在我的大卧室里，而我自己则搬到了楼下睡在客厅的沙发上。

我是在3月离开上海的，那天刮着风，父亲和一群朋友带着鲜花和巧克力来到火车北站为我送行。对我来说，要在那天早上对阿妈以及跟我们相处了十多年的"老爸爸"说再见，真是件令人非常难过的事。好在阿妈还将继续照料父亲的起居，"老爸爸"也会继续为我们的朋友缝制衣服。但是，一旦父亲和其他所有外国人都离开上海后，他们该怎么办呢？我担心他们的生活会因为这么多年为"洋鬼子"服务而受到影响。

火车站里的海关官员和其他几个穿制服的人打开我的行李箱，但幸运的是，他们并没有将阿妈用薄纸仔细包好的衣服取出来。海关人员对照着清单仔细检查了我的行李，所幸没有没收或拿走任何东西，有几名乘客就没有这么走运了。有一名检查人员慢慢地翻着我的书，并拿起来抖了抖，显然是想检查书里有没有藏着钞票，可是我的美钞牢牢地粘在封面和封底上，一张也没掉下来。其他的检查人员则打开用来保护雕花樟木箱的板条箱，用手敲敲木头，想从声音来判断中间是否有夹层。我手上戴了一颗钻石戒指，这是父亲给我买的，为的是到日本后卖掉，换成钱寄给波士顿的母亲和小杰。根据当局的规定，外国人离开中国时，随身携带的现金不得超过100美元。对于那些要到香港等待办理其他国家签证的人来说，这个数目实在太少了，可是政府关心硬通货的外流，这样才有钱向苏联人购买各类商品和物资。

我听朋友们说火车站不会对旅客搜身，所以我事先在胸罩里藏了15张100美元的钞票，结果弄得我很痒，而且看上去胸部很丰满！此外，我还随身携带了10张10美元的钞票，这是符合规定的，可是这么点钱被各种检查人员数过来数过去，而更让我吃惊的是，我必须留下随身带的所有人民币。中国旅行社的代表对我说，扣下的人民币会寄给我的父亲，而我却坚信，我前脚刚踏上火车，这些钱立马就会不见了。反正人民币也不值钱，就算丢了我也无所谓。然而，过了几个月，父亲在一封信里告诉我，这些钱已经退给他了。

在月台上候车时，我心里还有点儿忐忑不安，因为我听说曾经有旅客在临行前的最后一刻被告不能离开，可能是因为他们的证件不齐。就在这时，海关官员对我和其他外国旅客的行李箱进行了再次检查，这让我变得更加紧张不安。旅客中有一名上了年纪的美国圣公会牧师，他的遭遇令我很同情。两名军人在他简单的行李中发现了一条布围巾，上面印着一幅中国地图，为此开始盘问他这件事，一直到汽笛拉响，蒸汽机开始发出隆隆轰鸣时，他们才放他登上火车。这名牧师后来告诉我，这条围巾是他学生送的礼物，是他在中国生活的纪念。

我眼里含着热泪，向父亲和朋友们告别。当我最终登上火车，向他们挥手道别时，心里有一种解脱感，但同时也觉到气恼。从二战后我就开始了四处奔波，就是为了得到一张签证，不管到哪儿都行，结果这个过程竟然持续了5年之久。当火车慢慢驶离我的"家乡"时，我开始冷静下来，想到经过这趟1500公里的旅程就可以到达英国的殖民地香港了，我不由感到一阵安慰。但我不得不承认，共产党正在改变中国。上海的马路上再也见不到破衣烂衫、死于饥寒交迫的乞丐了；不识字的成年人和儿童现在学会了读书写字，虽然教材都是些用于政治宣传的漫画、小册子和书本；只要他们遵纪守法，生活应该不成问题。然而，不管怎么样，这些都与我无关了。

第三十一章　在路上

外国人坐火车去广州非得买一等卧车票。普通乘客却只能在木头椅子上坐上三天两夜，当然非常不舒服，也令人非常疲惫。车上挤满了工人和农民，拎着一包包的衣服和食物，任意地抽烟、吐痰、大声地吃东西。中国乘客吃饭时都是坐在各自的座位上，外国人却可以到非常干净的餐车里选用西餐或中餐，而且这节餐车只为他们提供服务。我们现在被和大众隔离开来了，但是在我看来，这样做只会继续突出"白种人"在经济上的优势地位。

中国的列车员整天在过道里走来走去，提着巨大的热水瓶或者开水壶，将开水倒进装着一小撮茶叶的玻璃杯里。至于我们这些"资本家"，则有专门的列车员负责倒水，当我们要付小费时，他们打着各种抗议的手势表示拒绝，因为收受小费如今被视为"巴结讨好资产阶级"的行为已经被严格禁止了。

包厢里有四个铺位，我首先见到的是一个法国女人，曾在法国驻北京的大使馆工作。随后进来两名英国小伙子，自我介绍说也是外交官。让我非常惊讶的是，他们的铺位竟然也在这个包厢里。这两名英国年轻人很有绅士风度，他们建议我们两名女士睡下铺，这样就不用爬摇摇晃晃的梯子了；每次我们需要穿脱衣服或者洗脸漱口时（临窗的小桌子折叠起来后可以在下面的小水槽里洗漱），他俩就会立即走出包厢。设在附近过道里的厕所总是保持得很干净，而其他车厢的厕所却截然相反——那些厕所就是在车厢的地板上开了一个洞，秽物就直接漏到两根铁轨间的地面上。从大清早直到晚饭时间，过道和餐车里总是不停地传来音乐和说话声，但我都听不懂。

同车厢的三位旅客对共产党大加赞赏。这三个代表政府的外交官，在过去的近一个世纪里享受着治外法权赋予他们的各项特权，现在都站到了共产党的一边。我仿佛见证了英国和法国这两个宿敌如今终于达成了和解。

车外的农民正在稻田里耕作，有些人站在齐膝深的泥水里，跟在懒洋洋的水牛后面赶着它们慢慢前进，有些人则用锄头挖着棕黑色的土地。窗外有时会闪过深谷和高山，但大部分时候只有布满石头和长着稀疏灌木的荒地。路过村庄时，可以看到衣着简陋的小孩在茅屋旁玩耍。每次火车一停下来，就会有当地的小贩跑过来围着车窗兜售食物和手工制作的小玩意儿——这些小买卖在初期依然是合法的。我给外甥女罗克珊买了几个布做的小玩具，还买了几样常在上海街头吃的东西：包子、干　果和味美多汁的墨绿色的橄榄，但没有发现我最爱吃的大饼和油条——我这才知道这两样食物只有上海才有。

途中有好几次，面色严峻的士兵走进车厢检查我们的旅行证件，并拿着外国旅客的花名册核对我们的姓名。当我将出境许可证和盖有国际难民组织及英国领事馆印章的身份证明递给他们时，他们似乎有些困惑，因为我没有像同车厢的外国人那样出示护照，但是文件上的照片的确像我，而且我的名字也印在他们的名单上。

经过三天两夜的旅行后，我们终于到达了广州。这两个晚上我几乎都没睡着，因为夜里常被靠站时的口哨声和车轮的摩擦声吵醒。当我们在广州下车时，我不得不在站台上打开所有的行李接受检查，检查人员神情严肃，就跟他们上海的同行一样。许多年轻的检查人员穿着蓝色的制服，一看就知道来自农村。这些人（特别是几名女性检查员）对我们携带的东西显然很好奇，不仅仔细查看了我那些藏着美元的课本，还对书里的照片和插图表现出浓厚的兴趣。他们又数了一遍我那 10 张 10 美元的钞票，并将它们举起来对着太阳看，好像对它们的真假有所怀疑。他们似乎很了解这些钞票的价值，因为当一名年轻的士兵将钞票还给我时，我听到他叹了一口气。我当时的心情相当轻松，也有点儿得意忘形，很想把几枚美元硬币送给身边的一名士兵，但我随后便意识到，这种慷慨的行为很可能会被误解为行贿，并可能因此被判有罪。

检查结束后，当地中国旅行社的工作人员用巴士将所有外国人送到喧闹的市区，入住新亚大酒店，从广州开往香港的火车要到第二天早晨才出发。我们很快地洗了个澡，又吃了一顿丰盛的午餐，随后被带到外事机关为抵达广州进行登记，又到公安局为第二天早晨前往深圳提前做登记。这是我们在中国境内的最后一站。

那天下午，我和几个外国人到宾馆附近闲逛。我们当中有一个人会说上海话，另一个会说普通话，但结果都没派上用场，因为当地通用的是广东话。共和国已经建立了许多以普通话为主的学校，但在南方各省，这些改革还需要一些时间才能产生效果。那天下午，路上没有人接近我们。晚饭后我独自外出，在宾馆附近散步。这座城市人口稠密，狭窄的街巷里住满了人家，我走在大街上，感受着身边的景观、声音和味道。一个外国人独自走在人群中，自然吸引了众人的目光，但我感觉非常安全，因为他们的表情没有流露出任何敌意。

想到这将是我在中国度过的最后一个夜晚，为了庆祝一下，我买了豆豉馅的饺子，很多年前老阿妈带我逛上海当地人的菜场时曾买给我吃过。返回宾馆前，我又在路边摊吃了碗面条，坐在我身边的工人和三轮车夫看到我都露出很讶异的表情。

第二天早晨，我们4点钟就被叫醒了，早餐吃了茶和饺子，然后坐了一刻钟汽车到达火车站。我本来还有点儿奇怪，去香港的火车明明要7点半才出发，为什么要我们起那么早？到了火车站后我才明白，原来是要接受检查。几个穿着草绿色旧军装的男女检查员开始搜我们的身，可能是检查有没有藏着金条、银器或者超过 100 美元的现金吧。当他们数着我那些 10 美元的钞票时，我眼睛一眨不眨地盯着他们的手，生怕这些工资很低的政府职员会经不住诱惑悄悄拿走一张。那时我对共产党并不信任，还没有发现他们大都是很诚实的。进了站台后，又有 15 名匆忙赶来的美国人加入我们的队列，其中有男有女，都是被驱逐出境的传教士。

站台上到处都是民兵和乘客。让我们想不通的是，这时候海关官员又检查了一遍我们的行李，甚至比 20 个小时前我们到达广州时接受的检查还要仔细。我相信他们是想确认我们没有携带古董或者其他违禁品，因为我们有可能在短暂停留广州期间悄悄地买这些东西。最终，我们准时登上火车，于两小时后到达了中国铁路的终点，随后被赶上一辆巴士，一直开到边境上的深圳。在深圳的海关，我们得排队接受卫兵检查出境许可证，他们又把我们的美钞翻来覆去数了好几遍。

当我走过深圳河上摇摇晃晃的吊桥进入香港时，顿时感到全身心一下子变得轻松了。当我们进入香港海关后，一名英国的边防哨兵对我们说："你们是自由的，可以去任何想去的地方。"几名美国传教士忍不住抽泣起来，我也觉得喉头发紧。随后英国海关官员协助我们登上火车，开了三十分钟后到了九龙。出站后我惊喜地发现瑞娃的同学雷内·巴勒朗正在等我。我之前曾写信告诉他我会来九龙，但不能确定他是否收到了我的信。雷内在香港工作，他开车将我送到九龙的一家宾馆，国际难民组织已经为我在那儿预订了一个房间。他请我吃了晚餐，席间我们聊了些关于中国的最新消息，也谈到之前法国公学的同学们——他们现在大都住在法国，而他们的父母则不得不艰难地重新寻找工作并适应新的生活。

第二天早晨，我在九龙周围转了转，然后坐渡轮去了香港岛，在那儿我很快就找回了上海公共租界的感觉。大街上拥挤而嘈杂，随处可见身穿卡其布衬衫和短裤的英国警察以及来自不同国家的士兵和水手。许多写字楼看上去跟上海一些装饰风格很像。在九龙的主干道弥敦道上，大大小小的商店里出售着来自世界各地的食物、衣服和小玩意儿，让我想起昔日熙熙攘攘的霞飞路。望着身边匆匆来去的人流、塞满街道的汽车以及泊在港口里的许多船只，我感觉一下子穿越了时空隧道。在我刚刚离开的那个上海，街上见不到汽车，商店里没有顾客，港口里也空空荡荡。我乘缆车来到山顶，只见半山腰的小屋子上面，一座座豪宅依山而建，远处的水面上，一艘艘小船上下浮动，与我在上海的苏州河见过的情景十分相似。

那天我想出去走走，回来时却迷了路，我便向路边一名年轻的英国警察打听回宾馆该怎么走。他问我能不能晚上跟他约会，我很愉快地答应了。于是，我们一起出去吃了晚饭，并没完没了地谈论起冷战以及亚洲和非洲殖民地的前景。我的这个约会对象坚定地认为，香港应该而且肯定将由英国人继续统治，因为它不仅是面对中国的一个堡垒，而且是英国海军在远东地区的战略基地。他想继续留在香港，因为战争刚刚结束不久，回到英国工作很难找。这位英国男人说了些奉承我的话，这一点让我很受用，而他的言行举止也很绅士，跟我在上海约会过的英国士兵一样有礼貌。他没有提出要和我过夜，但在宾馆门口他温柔地吻了我，祝我晚安。我在香港度过了令人兴奋的五天，每天晚上都和他外出。我还到雷内的办公室去过，我俩再次回忆起那个已经不复存在的"我们的上海"，以前的同学如今散布在世界各地，不知道还能不能再见面了。

在我外出期间，国际难民组织的一名工作人员给我打过好几次电话。他留下口信要我给他回电，但我并没有理会。我希望在香港待得越久越好，因为我在这儿不仅重新获得了自由，还有一位迷人的英国男士陪着我到处玩，就像回到了白种人享有治外法权的上海。可是这名工作人员并不这么想，他最终还是找到了我，通知我于 3 月 21 日离开香港，乘坐一艘客货轮船前往日本横滨。我的追求者安慰我说，货船的行程经常变动，我启程的日期可能会延后，但不幸的是他没说中。告别那天，我跟他在码头吻别，然后打点好行李，将雕花樟木箱送上直达横滨的"巽他海峡"号轮船。虽然并不情愿，但我安慰自己说，日本不过是个跳板，很快我就能去美国了。

第三十二章　离开中国

　　"巽他海峡"号渐渐驶离了港口，我也挥手向在中国的生活告别。我在平静的大海上度过了轻松的一周，同行的有十名乘客和荷兰籍的船员，还有印度尼西亚的水手负责准备饭菜。吃饭时船员们问了我许多关于"中国"的问题。我们停靠的第一站是神户，船得在那儿停留三天，以装卸货物。船员们建议我乘电车到古色古香的神户古城去参观，这里在二战时并没有遭到美国飞机的轰炸。正当我在神户狭窄的鹅卵石街道上漫步，欣赏着用雕刻精美的木头搭建的寺庙和神社时，突然万分惊喜地遇到一个从上海来的外国人劳拉·托帕斯，她是我的朋友，也是小杰的同学。我们俩高兴地尖叫起来，不停地互相拥抱，聊着那些移居到其他国家的家人和朋友。

　　劳拉和她的家人居住在东京，正在办理前往美国的移民手续，他们那天正巧要去京都。我和他们待了半个下午，一起回忆上海的生活以及我们的同学和老师，然后我又乘火车返回船上。

当我上船后，有一个美国人来找我，他自称是盟军驻东京总司令部的官员，想了解一些我最后两年在上海生活的情况。他问我是否注意到上海及附近地区有军事演习，我回答说大街上总是有士兵在巡逻；他又问我外滩附近是否停泊着炮舰，我向他解释说，黄浦江上只有一些渔船和舢板，因为长江口都被水雷封锁了。

当我们的船于1951年4月1日停靠在横滨港时，我不得不再次掐了自己一把——我的新雇主雅克·皮乔托已经在码头上等我了！我们上了一辆由专职司机驾驶的汽车，在前往东京的路上，他告诉我，我每个月的薪水是150美元——这对我来说已经相当多了，而我的工作是在他那家名叫约翰·曼纳斯的进出口公司任秘书和打字员。雅克已经为我在东京的基督教女青年会订了一个房间，但他又说，在我开始日本的新生活之前，他和他的妻子艾琳想邀请我到他们家先小住几日。我很愉快地接受了邀请。皮乔托的家装饰典雅，房子建在一座可以俯瞰东京的山上，是个让人放松的好地方。我的主人和他们家的许多用人（一名厨子、三名女佣和一名园丁）对我都非常纵容。就像在香港时一样，这些天来我的头脑里满是对老上海的回忆。

我抵达东京时，美国对日本的占领已经接近尾声了，但是我所熟悉的西方殖民主义仍在大行其道，我再次感觉自己进入了时光隧道。在东京，日本人不能进入只对外国人开放的商店和餐馆，在地铁和火车上也不能坐头等座，因为那是专为美国人和其他白种人保留的。即使人再多，他们也只能塞在拥挤的普通车厢里，望着我一个人坐在禁止日本人进入的头等车厢。令我惊讶的是，日本人对此毫不生气，只是露出漠然的神情。他们看上去胆小怕事，但基本上并没有受到美国占领者的欺负和虐待，这一定让他们松了口气，甚至还有些感到意外。

很多日本女人都想成为女佣，这样一个月可以挣8美元，而那些为美国大兵服务的酒吧女郎和妓女们则要挣得多很多。美军为军人和文职人员提供了专门的公交服务，虽然我没有官方的通行证，但因为我长着一副白种人的面孔，所以照样可以坐——我重新获得了身为白种人在亚洲享有的特权。

在皮乔托家住了几天后，我搬到了基督教女青年会。现在的我独自身处异乡，父母姐妹都不在身边，也没有阿妈为我洗衣服，我的内心不免有些忐忑不安。那一年我23岁，有生以来不得不第一次料理自己的生活，学会付账单，遇到事情也没法跟家人商量，只能自己拿主张。基督教女青年会位于东京的千代田区，专门接待在东京工作或路过东京的外国女性。我的房租是每月50美元，包括早饭，每周会更换一次床单和毛巾，还有女佣提供服务。因为不允许在公共浴室里洗衣服，而且我也不在乎在自己的房间里晾晒衣服，我便雇了一个年轻女人专门为我洗衣服和熨衣服，每周的工资是0.5美元。要是我睡懒觉或者懒得去餐厅吃早饭，就会在房间里用电炉烧一壶开水，然后一边听广播一边喝茶吃水果。公共厨房里有冰箱，可以保存需要冷冻的食物，在那里我们还可以结识其他房客。

我的月薪是 150 美元，每个月还要寄些钱给母亲和小杰，因此日常花销都很节省。我甚至每个月都会想办法存下 5 美元，放在一只信封里，上面写着"交通费"，以便日后乘船去美国时用。我很为自己的外甥女罗克珊感到骄傲，因此在她两岁生日的时候，特地"豪掷"了 2 美元给她买了一个日本的玩具娃娃，那一年晚些时候，我又花 1.2 美元买了一件儿童穿的和服，送给她新出生的妹妹芮妮。我在女青年会对面的美国陆军部文职人员的营地吃饭，因为我长着白种人的相貌，所以照样没有人要我出示美国政府颁发的身份证件。我经常去专对外国人开放的特种商店，那儿可以买到很多新鲜好吃的东西，都是从美国和其他国家进口的。

女青年会里住着几名年轻的美国传教士，她们当中有人想留在日本传教，有人正在等候派往韩国、菲律宾或者台湾地区。她们平时看起来很开心，与那些同住在女青年会里、但年龄较大的传教士不一样。后者刚被驱逐出中国，但仍对自己的使命抱着信念。我在中国的时候，总觉得传教士是一群古板拘谨的人，可是当我和年轻的邻居碧莉变成好朋友后，这种成见被打破了。碧莉是一名基督复临安息日会的传教士，但是她年轻活泼，而且笑声很富感染力。她几乎每晚都要跟美国大兵外出跳舞，虽然她所信奉的教条并不赞许这种行为。但她对我说主会原谅她的，因为她打算嫁给一名传教士，这样两个人就可以协力拯救人的灵魂了。她的愿望很快便达成了——她找到了一个丈夫，两个人一同被派去了韩国。

过道的另一头住着位满嘴粗话的美国记者，她已经60岁了，每天喝完威士忌，就像醉醺醺的水手那样骂脏话。虽然我们住的地方不允许喝酒，但偷偷地带一两瓶进来藏在房间里并不是什么难事儿，而且性情温和的日本清洁女工很希望得到我们的小费，因此从来不会向女青年会的负责人莫莉小姐报告。跟我住在同一层的几个年轻女人抱怨说，她们不得不在大厅里见男性朋友，因为荒唐的宿规不准她们带男人进房间。房客里还有一个离了婚的白俄人，名叫玛利亚。她曾经在上海住过，并认识瑞娃。她说这栋房子里的住客和氛围让她很讨厌，可是自己又租不起公寓，因此正在物色一个男人将她带出这个令人窒息的环境，同时远离那些喜欢说教的传教士们。玛利亚的脸总是很红，而且不停地抽烟，要是谁惹她不开心了，她就会故意把烟圈轻蔑地吐到那人的脸上。那名美国记者将玛利亚视为知音，房客们对她俩的抱怨肯定也最多，不过莫莉小姐倒是个温柔耐心的人，她会定期在每层楼贴上一些提示，如"尊重邻居""请保持安静""不要摔门"等。玛利亚后来搬出女青年会跟一名美国军官同居了，莫莉小姐和那些年纪大点儿的传教士们总算松了一口气，那名记者也被分配去了泰国。

　　在我搬进女青年会一周后，有两件事让我非常吃惊。第一件事发生在1951年4月11日，杜鲁门总统解除了道格拉斯·麦克阿瑟将军担任的驻朝联合国军总司令一职，改由马修·李奇微（Matthew Ridgeway）将军接任。令我想不通的是，麦克阿瑟是一位如此杰出和富有经验的军事战略家，而且他在远东地区服役了这么多年，对亚洲人的心理非常了解，却怎么被解职了呢？我当时的想法是，这仅仅是因为他向一些国会议员公开发表了对于朝鲜战争的个人看法。麦克阿瑟主张联合国军应该越过"三八线"进攻北朝鲜，而杜鲁门总统却倾向于采取遏制政策，或者争取停战的可能，因为美军已经牺牲了很多士兵。日本国内的媒体经常赞扬麦克阿瑟，日本的国民对这位征服者显然也很敬畏，因为他原本可以在战后残酷无情地处置日本人，就像日军将领曾经对亚洲各民族做过的那样，但他并没有这样做。

1951年4月16日，裕仁天皇竟然亲自前往美国大使馆拜会了麦克阿瑟，并向他告别，这个消息肯定让日本民众感到无比震惊。那天天刚蒙蒙亮我就起了床，跟数千人一道挥舞着日本和美国的国旗，目送麦克阿瑟前往东京的羽田机场，然后乘飞机离开日本。人群中有许多妇女轻声哭起来，而我只是摇摇头。

另一件事对我的心理和身体造成的冲击更大。那是一天晚上，我在外出用餐前正在房间里休息，突然之间，整栋大楼开始前后摇晃，脚下的地板也跟着动起来。虽然晃动只持续了几秒钟，但感觉上却好像永远不会停下来，而我已经害怕得瘫倒在地。我最终缓过神来，快步冲向过道，下楼奔到大厅里，只见平时一向很矜持的日本职员此刻却大声叫道："地震啦，地震啦！"外国住客都围在莫莉小姐身边，她正试图安慰那些哭得不能自已的年轻女人，而传教士们则在向上帝祈祷，感谢上帝让她们活下来。莫莉小姐却显得无比镇定，估计她之前肯定经历过轻微的地震吧。

不久，女青年会发生了一件重大的事件。住客们得到通知，裕仁天皇和皇后将出席在我们室内泳池举行的游泳比赛。每层楼都张贴了通知，告诉我们 5 月的某一天，天皇夫妇将在大楼内参加活动，在此期间所有住客都不能随意进出。基督教女青年会的负责人作出这一规定，大概是担心这一严肃的活动会被外国妇女进进出出的吵闹声所干扰，而且有些女人的穿着相当随意，头上戴着卷发夹就会到楼下的大厅里取邮件。我决定带着相机守在室外，等候天皇和皇后迈出他们那辆带有皇家菊花标志的汽车时，捕捉那个珍贵的瞬间。我确实见到了天皇，他在大臣们的簇拥下登上基督教女青年会的台阶，向不停鞠躬的日本民众挥手致意。那一刻我不禁想到，就是这个人的军队对手无寸铁的中国人民和其他亚洲国家的民众大开杀戒，犯下了十恶不赦的战争罪行，而且正是他的飞行员以他的名义实施了所谓"神风突击"的自杀性袭击。

　　对于寻找约会对象甚至丈夫的单身女性来说，东京是个很理想的地方，因为这里驻有大批美国士兵、水手和海军陆战队员。当我生活在新上海时，几乎没有什么社交活动。如今却不同，我的秘书工作很轻松，因此几乎每天下班后都要出去玩。像以往一样，我挑选约会对象时，主要看对方是否长得英俊，而不是看他们聪不聪明，因为我对他们的教育背景有时候难以清楚。然而，让我惊讶的是，跟我约会过的好些美国人竟然连他们的母语都讲得不规范，而我在法国公学时就养成了对语法的重视。我说的英语明明带有英国口音，可是有些跟我约会的美国人却把它说成波士顿口音，这是因为他们见识有限，在出国前根本就没去过多少地方。每次只要我说自己是在上海出生和长大的，他们总会说我看起来不像个中国人，后来我嫌烦了，干脆告诉他们我的父母来自波士顿，在我出生后不久搬到了远东。

每逢周末，只要我的约会对象能够借到吉普车，我们就会开车到乡下去玩。有几个小伙子曾试图教我开车，但很快就厌烦了，因为我学得太慢，手动变速器实在太难掌握了。在学开车的过程中，我从那些极度缺乏耐心的老师那儿学会了美国最流行的脏话，不过每次骂完之后（通常是因为我操作不当，特别是把换挡杆弄得咔咔作响），他们总会向我道歉。与此同时，我也经常被他们吓到，因为当我们在拥挤而狭窄的街道上开车时，他们会突然加速、乱摁喇叭或者急刹车，以此来炫耀自己的车技，这些都让我想起了以前在上海见过的美国大兵。

那些在朝鲜作战的美国士兵都有五天的假期用来放松和娱乐，他们通常会利用这几天在东京尽情地享乐。在重返朝鲜战场前，有些人会纵饮狂欢，把自己灌得酩酊大醉后去嫖妓，完全不在乎有染上梅毒和淋病的风险。我和几个美国大兵交往过，他们的目的其实很单纯，就是想找个白种女人聊一聊他们在荒凉的朝鲜经历过的种种艰难困苦，他们最想要的就是尽快结束任务、返回家园。有几次，我同他们一块坐火车到乡下，住在日式的小旅馆里放松休息。我们在浴盆里泡澡，一起游泳，穿着浴衣交谈，直到次日凌晨，然后回到各自的寝室休息。有天晚上，我和两个即将动身返回朝鲜的士兵一起吃饭。饭店打烊后，我们决定到一家禁止日本人进入的旅馆继续我们的谈话。当我们要求订一个房间时，前台的服务员提出可以为他俩各找一个姑娘，但他们拒绝了，于是服务员向我投来疑惑的目光，可能她以为我会跟这两个男人一起寻欢作乐吧。第二天一早，我们在同一名服务员的注视下离开了宾馆。

丽丽在东京和朋友约会

虽然我被重新恢复的社交生活搞得晕头转向，也很享受男人们的关注，但我依然清醒地知道自己肩负着一项非常严肃的任务：为我的父亲办理前往日本的签证。

第三十三章　父亲的来信

父亲在寄给我的信中描述了上海日益恶化的经济状况，政府继续打击那些被指控为美蒋特务的人。包括地主、黑市商人和罪行较轻者在内的"走狗们"，仍然会被军用卡车拉到跑马厅接受公开审判。父亲告诉我，现在仍有少数人藏有短波收音机，但收听海外新闻已经变得很困难了，因为会有苏联人的技术对信号实施干扰。另外，就在我离开上海之后，《字林西报》已经于1951年3月底停止发行了。这家报纸创刊于1864年，在中国的通商口岸和其他远东地区发行，读者以西方人和会说英语的中国人为主，二战爆发之前，其发行量就已达到每天10000份。这张报纸伴随了我的成长，一开始我只是看上面的图片，后来读得懂文章的内容了，这让我对租界外面的世界有了一些了解。我总是觉得这份报纸比法文的《上海日报》更有趣，因为有一位笔名叫"卷尾猴"的白俄画家经常在上面发表讽刺漫画。

怡和洋行是英国殖民时代的另一个象征，它曾霸占着中国沿海港口的贸易（尤其是鸦片买卖）长达一个世纪，如今这家公司在上海也快开不下去了。我曾经上过很多年的学校现在也已经关门，并被当地政府接管了。虽然当年在学校里过得并不轻松，但这个消息还是让我心里很难过。

上海的夜生活也消失了，酒吧和夜总会一家接一家地关了门，甚至连市中心那些耀眼的霓虹灯也全部熄灭了。可是，小偷小摸、拦路抢劫和入室行窃的案件却在增加。当迈克尔·苏克尼克开在霞飞路上的那家珠宝店被盗后，他索性将剩下的银器、水晶和手表降价出售，全部卖给了苏联顾问，然后便关门大吉了。马路上的交通工具现在以公交车、有轨电车和三轮车为主，汽车变得很少见了，只剩下一些宽大的美国车，车窗上遮着帘子，里面坐着中国和苏联的官员。

父亲在信里还说，那时大约还有200名美国与英国的商人和传教士滞留在上海，他们正在等待办理出境许可证，并没有受到过分的抨击。与普通人不一样。父亲还提到，1951年10月1日那天，参加游行的人获许可以穿蓝色制服以外的服装，那天晚上，大家还在跑马厅欣赏了一场烟火表演。他又说，阿妈现在每周都得去开会，而且次数越来越多。

父亲还向我描述了反贪污、反浪费和反官僚主义的新运动。这场运动被称为"三反"，主要针对的是级别较低的政府工作人员，而各地政府依然在对"剥削"群众的商人进行无情的打击。不久，又发动了"五反"运动，其内容是反行贿、反偷税漏税、反盗骗国家财产、反偷工减料和反盗窃经济情报。于是，墙上开始出现抨击私产所有者和企业家的宣传画报，旁边还张贴着声讨美军在朝鲜使用生物武器的宣传画。

至于他自己的情况，父亲说，国际难民组织已经关闭了，他至今还没有从加拿大领事馆探听到任何关于签证申请的消息。当母亲给他打电话时，父亲建议她去蒙特利尔找太阳人寿保险公司的人谈谈，希望他们能重新雇用他并资助他移民到加拿大。我后来得知，母亲确实曾打算从波士顿坐火车去蒙特利尔——她已经有了美国的"绿卡"，所以无需签证就可以进入加拿大。可是，火车到达美加边境后，当加拿大的海关官员依惯例询问她旅行的目的时，她却一下子慌了起来，脱口而出说她的丈夫无法离开中国，因此她和太阳人寿有个约谈，希望他们帮助他获得前往加拿大的签证。要知道，当时是 1951 年，西方正处于"红色恐惧"的高潮中，要是有人像母亲这样，不仅说话带有浓烈的俄国口音，而且提供的答案又如此令人费解，大家自然会产生怀疑。更不巧的是，母亲到达加拿大时，英国的伊丽莎白公主正在蒙特利尔访问，这是她对英联邦国家进行巡防的一站。结果，母亲遭到遣返，被无礼地送上开往波士顿的下一班列车。

我决心一定要尽快设法帮助父亲来到日本，另外我得找一份薪水更高的工作，以便支付父亲来东京后的生活开支，同时还要攒钱前往美国。于是我去翻美国军方发行的报纸《星条旗》，在那上面看到很多招聘秘书的广告，唯一的条件是会说英语，而且不限国籍，因此无国籍者也可以申请。最终，我得到了西北航空公司的面试机会，这家公司当时负责为刚刚成立的日本航空公司训练日方工作人员，工作地点就在羽田机场。虽然我在速记测试中的表现并不是特别好，但结果还是通过了面试。面试官显然对我经历丰富的身世（特别是我会说三种语言）很感兴趣，当场就决定录用我了。

那天晚上，我给瑞娃写信说"这份工作绝对是靠我'说'出来的"，因为给我面试的美国人听我会说几种语言，肯定觉得我很聪明，而事实上这种语言技能在上海算不了什么。我的薪水被定为每月 216.25 美元，此外还有为美军工作的平民都能享有的各项福利。

与此同时，我还同东京的一家人寿保险公司的老板谈了谈，他表示愿意雇用我父亲。虽然他对父亲并不了解，但太阳人寿保险公司在远东地区享有盛名，而且他的公司正需要一名会说英语的销售人员，以便向生活在东京的美国人推销保险。尽管这位公司老板向我保证，他一定会递交必要的文件为父亲申请工作许可证，我还是决定亲自去盟军总司令部跑一趟，咨询一下关于赴日签证的事。我对门口值勤的海军陆战队卫兵说，我想见马修·李奇微将军的助手，于是他便建议我到就近的一间办公室找一名军官。当我在办公室里独自等候这名军官的时候，我注意到杂乱的办公桌上放着几份标有"机密"字样的文件，要是我想看的话，根本没人管。等了一会儿后，进来一名上校，他看起来对无国籍者的签证问题很熟悉，而且也很理解我父亲目前所处的困境。他建议我准备一份资助担保书，以证明父亲来日本后不会增加日本政府的财政负担。这名上校和我聊了一会儿，问了问上海的情况，然后祝我好运，并说如果我需要进一步帮助的话，可以给他打电话。离开他的办公室后，我竟然在庞大的"一号大楼"里迷失了方向。虽然有些地方挂着禁区的标志，禁止非军事人员进入，但事实上在我到处乱转寻找出口的过程中，并没有任何人把我拦住，我甚至还一不小心闯进了李奇微将军的办公套房。最后还是一名海军陆战士兵指给我出口，我才飞快地跑出了大楼。

随后，我立即找了一名律师，请他为我起草了一份资助担保书。在给那名上校看过之后，我于1951年10月将它递交给了盟军总司令部。令我担心的是，一旦美国和日本签署了和平协定，日本将重新获得主权，那么它就有权拒绝给那些无国籍的难民发放签证，因为这些人来东京的唯一目的就是向各国领事馆申请移民。就在不久前，日本警察刚刚拘留了几名来自上海的无国籍商人，因为他们向日本走私瑞士手表和珠宝而不缴关税。没过多久，父亲来信说他的加拿大移民申请被拒绝了。对此我一点儿也不惊讶，因为父亲本来就是打算经过加拿大尽快前往美国与妻儿团聚，加拿大政府肯定发现了他的这一真实企图。然而，仅仅过了不到两个月，父亲就收到了他的工作许可证，可以进入日本了，可以想见，"我的"那位上校肯定为这事出了力。

父亲的动作非常迅速，立即开始申请中国的出境许可证，并在国际难民组织于 1952 年 1 月关闭前和他们谈妥了出发事宜。他将台拉斯脱路的房子转租给了一对中国夫妇，得到了 2000 美元的"钥匙金"——这是双方达成的协议，即房主将房子的全部钥匙交给新房客，后者可以直接搬进去住，而不必通过中介公司，从而节约了一大笔租金。不过，要是这笔交易被政府发现那就悬了。

在等待出境许可证期间，父亲搬到了朋友家暂住，并送给阿妈一笔钱，让她另找工作。等了不到两个星期，他便在报纸上发现了自己的名字。这个过程比我那会儿要快得多，因为到了 1952 年年初，外国人已经不剩什么财产了。接下来，父亲从英国总领事那儿得到一张香港的中转签证，随后便和我当年一样，先是坐火车到广州，然后乘轮船抵达日本。

第三十四章　奔波的结局

　　1952 年年初，我收到美国驻东京使馆寄来的一封信，得知我已经获得了移民美国的签证。五年多来，我一直在为各种许可证和签证奔波，填了数不清的表格，现在终于熬到头了。我向美国使馆递交了体检报告，证明我没有任何疾病，还递交了由东京警方出具的证明，说明我在日本没有犯罪记录。在美国使馆等候时，我注意到很多士兵、水手和海军陆战队员为他们的日本新娘或未婚妻申请移民。令我好奇的是，这些女人大都不怎么会说英语，她们到底是怎么跟丈夫或男朋友交流的呢？男方的家人会怎样对待这些年轻女人呢？我曾听跟我约会的美国人说，美国的白人大都有歧视亚洲人的倾向，就像以前上海的情形一样。

　　我在东京时还发现，美国的白人士兵并不跟他们的黑人战友来往，而且经常发表贬损"有色人种"和"黑鬼"的言论。而最让我震惊的是，尽管黑人们在朝鲜战场上浴血奋战并作出牺牲，但在自己的国家却遭到本国法律的歧视。我给小杰写信时提到这个奇怪和不公平的现象，感叹在美国做一个黑人肯定很难。她回信说，在波士顿，黑人与白人很少来往。她还警告我说，波士顿的犹太人在住房、工作和高等教育等方面也会受到歧视，因为这座城市的居民大都是爱尔兰裔的天主教徒。小杰又告诉我一件事：那时她刚成为新英格兰音乐学院的一年级新生，那天排队报到的时候，身后正好站了一名黑人女生，而且那个女生还帮她解决了注册时遇到的一个问题。小杰后来得知这个女生名叫柯雷塔·斯科特，比她大几岁，已经从安提阿学院的音乐专业毕业，现在是来音乐学院专攻音乐教育和音乐会演唱的，她俩从此成了好朋友。柯雷塔唱的是女中音，有一次她所在的教会举办音乐会，请小杰做她的钢琴伴奏。结果，小杰的演出受到教会信众们的热烈欢迎，但是因为现场只有她一个白人，所以她总感觉有点儿不自在。她很想问一问那些人，生活在一个对黑人普遍怀有敌意的社会，他们到底是一种什么感觉。因为演出很开心，小杰和柯雷塔又录了一些她们自己唱的黑人灵歌和经典的法国歌曲，这些录音她至今仍保存着。小杰还对我说，她平时经常和柯雷塔、柯雷塔的男朋友马丁（当时是波士顿大学神学专业的博士生）以及另外几个黑人男女青年一起参加聚会，而犹太人通常是这些聚会上仅有的白人。对了，柯雷塔的男友马丁全名叫小马丁·路德·金。

小杰说的这些话引起了我的反思。我不由想起上海的白种人对待中国人的种种言行，特别是那种自觉高人一等的优越感。我开始反问自己，为什么仅仅因为我们是白种人，所以就有理由傲慢地认为自己比别人更高贵？这一切到底是怎样发生的？有生以来我第一次产生一个念头，即中国人或许跟白种人是平等的。

当我坐在美国领事馆里等待跟副领事面谈时，头脑里正反复想着这些问题。副领事名叫桃乐西·达根，她祝贺我在如此严苛的《排华法案》的限制下终于获得了一个移民的配额。在这份令我盼望已久的无比珍贵的签证里面，列出了32种人被禁止进入美国，其中包括：

"……痴呆者、弱智者、神经错乱者、体质性自卑感精神病患者、职业乞丐、患有令人恶心或具有危险的传染性疾病者、犯有违反社会公德罪者、妓女、皮条客、信奉使用暴力推翻美利坚合众国政府或行刺政府官员者。"

尽管我不属于上述类别中的任何一类，但这份禁止入境的名单中还包括"来自亚洲禁区者"，而我正好属于这一类，因为我出生于上海。正是这个原因，致使我的美国移民申请拖了这么久，让我经历了一次次的伤心和失望。

在等待父亲到达日本的同时，我很愉快地在羽田空军基地从事着新工作。我获准使用美军发行的军票（二战后美军在其占领地区发行了与美元等值的军票，为的是防止美元进入黑市交易）在军队内部的福利社购买免税商品，而且每天的午饭也只需花五毛钱。我经常在空军基地的图书馆阅读美国的报纸和杂志，或者和约会对象一起去看最新的电影，并且听他们给我讲美国的生活，因此虽然从未踏上美国的土地，我却已经变得美国化了，许多跟我约会的美国人得知我从未去过他们的国家后，都感到很惊讶。我经常问他们，将来到了美国后我能不能养活自己，跟别人能不能处得来，而他们总是向我保证说，干秘书这一行的在美国有很多机会，而且我有幽默感，美国人会喜欢我的。

我很喜欢空军基地举办的各项活动。我曾经在那儿见过好莱坞的明星丹尼·凯（Danny Kaye）、杰克·本尼（Jack Benny）和琴吉·罗杰斯（Ginger Rogers），他们参加了劳军联合组织的名人空军慰问团，在日本表演结束后便飞往朝鲜为在那里作战的美国士兵演出。我还爱看羽田机场内的飞机起飞降落的情景，憧憬着自己飞往美国的一天。有一次，在为一名英国将军举行的告别仪式上，我亲眼看到一架飞机失去控制，坠毁在附近的田地里，我当时被吓坏了，但幸运的是，飞行员和地面上的人员都没有死亡。一天下午，我们家以前住在上海台拉斯脱路时的匈牙利邻居突然到机场来找我。这家人终于获得了前往加拿大的签证，正准备前往蒙特利尔。他们转交给我一封父亲的信，信里说目前仍滞留在上海的外国人已经没几个了，而普通中国人的生活正因朝鲜战争变得非常困难。

我在西北航空公司的四任老板从来没有给我布置多少工作任务，而且每次我为他们打信时，他们总会对我表示感谢。基地的负责人格罗先生是一名要求很松的上司，他似乎并不介意我在办公室里读《星条旗》报、用打字机给母亲和姐妹写信或者跟路过的飞行员闲聊。我经常因为晚上跳舞时喝了太多的朗姆酒和可口可乐，结果造成第二天上班迟到，但格罗先生从来没有训过我。可是，他后来被调回了美国，而接替他的新老板对员工要求很严，对各项规章制度也执行得一丝不苟。有一次我早晨上班迟到了，他竟然当场就把我解雇了。很显然，他已经受够我了：速记稿字迹潦草、打字老是出错、午餐时间很长、工作拖拖拉拉。这对我的自尊心是一次打击，但我并不在乎，因为英文报纸上登着许多招聘秘书的广告呢。

我应聘了一家轮船公司的工作，因为我希望通过这个渠道获得驶往美国的船只信息，结果我被这家夏普公司雇用了，他们代理了几条驶往北美洲、南美洲和远东地区的航线。我的职责是为办公室主任伊舍伍德先生工作。听说他和一位著名的英裔美籍作家关系很好，但由于我在法国公学时基本没有碰过美国文学，所以对这名作家自然一无所知。我很喜欢为我的新老板工作，因为他很幽默，而且派给我的活儿少——这一点非常重要，因为羽田机场的那份工作已经把我变得很懒惰了。伊舍伍德先生得知我即将移民美国后，告诉我作为轮船公司的员工，我可以用半价买一张从横滨驶往纽约的船票。

1952 年年初，虽然社交生活很开心，工作也很轻松，但我还是渴望早点儿离开日本，因为那一年日本将重新成为一个主权国家，到那时身为白种人的我就再也享受不了各种特权了，就像二战后我在蒋介石统治下的中国所经历过的那样。此外，当

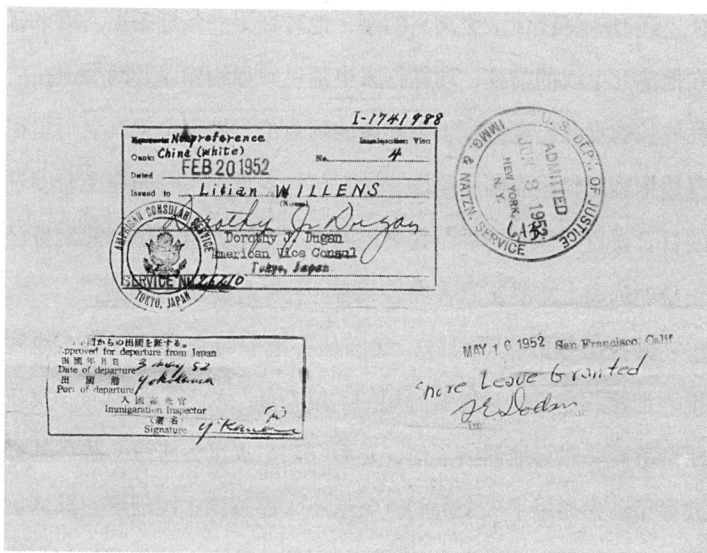

进入美国的签证

时东京和其他城市都爆发了反美游行。现在是我该离开日本的时候了，但我还得等父亲到来，希望在我的美国移民签证过期前可以见到他。

2月初，父亲离开上海前往广州和香港，当时正在香港工作的雅克·皮乔托迎接了他。父亲给母亲写了一封长信，并给我寄了一份复写件。信是在他常用的雷明顿牌打字机上打出来的，描述了这段旅程。这时候，外国人从中国出境已经不允许携带任何银器、钻石或珠宝，要是前往日本的话，随身只能携带 30 美元，如果目的地是美国、加拿大或澳大利亚，则可带 50 美元。

还有一件让父亲更高兴的事，他写在了一张纸条上。原来就在他离开上海的前夜，瑞娃打来电话说她和约翰以及两个正在茁壮成长的女儿已经搬到了俄亥俄的阿克伦，她真希望有老阿妈在身边帮她照料雷克珊和芮妮。这封信让我重温了一遍在上海度过的日日夜夜，读完之后，我早已筋疲力尽了，但一想到此刻自己正身处远离上海的东京，内心又有一种如释重负的感觉。

　　跟我当年的行程一样，父亲从香港中转来到了日本，他乘坐的是荷兰皇家远洋轮船公司的"塔斯曼"号（Tasman）。我在横滨港满心欢喜地迎接了他，然后一起坐火车去东京，我在基督教青年会为他租了一个房间。父亲不太愿意谈中国的事，只是急着想去美国领事馆咨询申请美国移民签证的事。让他感到放心的是，他现在可以登记为苏联公民了，因为他虚报的出生地基希讷乌如今已经成了苏联的一部分，而美国分配给苏联公民的移民配额是很充裕的。美国副领事提醒我说，我必须在我的移民签证过期前抵达美国海岸，否则我将不得不重新申请一遍。我让她放心，因为我已经订好了船票，将于两星期内动身前往美国。

　　离开领事馆后，父亲对我说，他发现美国政府的官员竟然用左手写字，这让他感到非常惊讶。他这么说并不奇怪，因为我小时候也是用左手握笔，父亲认为这是一种生理异常，需要父母和幼儿园老师帮助我加以纠正。不过他们的努力并没有完全成功，因为除了写字时用右手，我还是喜欢用左手干别的事情，至今依然如此。

第三十五章　去美国

　　我现在得跟远东告别了。身为一名享有特权的白种人，我在那儿生活了近四分之一个世纪，而且就在我抵达香港和日本后，因为我的白种人身份，我又重新获得了一些特权。然而直到最后一年，当我生活在盟军占领下的日本时，才对这种仅仅基于种族原因而享有的特权产生了一种不自在的感觉。目睹了美国人对日本的占领，我才开始意识到，在过去的一个世纪里，中国人一直在忍受着西方和日本的军事侵略以及炮舰外交。如今，每当我坐进空空荡荡的地铁头等车厢，看到普通车厢里挤满日本乘客时，我会觉得非常羞愧。这让我想起在实行治外法权制度的上海也存在着类似的不平等，我由此开始质疑西方人对亚洲人通常所持有的种族和文化上的偏见。我自幼就生长在一个歧视中国人的环境里，可奇怪的是，只有当我离开上海后，才对西方和日本的殖民者强加于中国的种种不公平和屈辱有所认识。慢慢地，我开始摆脱这些基于种族和文化而产生的可耻的优越感。

1952 年 3 月 12 日，父亲在雅克·皮乔托和艾琳·皮乔托夫妇以及劳拉·托帕斯的陪同下，开车将我送到横滨港，目送我登上挪威伊瓦尔兰轮船公司（Ivaran）的"立肖特"号（Lisholt）。我自信到美国后，肯定能找到一份秘书或速记员的工作，而且我随身带了 1500 美元现金以及许多衣物，还带了些中国的地毯可以卖钱，因此不会像大多数新移民那样面临经济上的困境。不过，我在东京时经过鉴定发现，从中国偷偷带出来的那颗钻石戒指其实就是普通的玻璃，根本一文不值。上船后，一想到中途将要停靠的地方，我就感到非常兴奋：首先是旧金山，我将在那儿踏上美国的土地，然后是长滩，随后一路南下直到巴拿马运河，再转道北上到达终点纽约市。经过 6 年的奋斗，去美国的愿望终于达成了。

　　当"立肖特"号开始驶离横滨码头时，我一边向父亲和朋友们挥手道别，一边向他们抛出了几条彩带。当送行的人从视线里消失后，我回到自己的船舱给母亲起草了一封电报，告诉她我到达纽约的日期。接下来我找到发报室，将这页纸递给值勤的船员——一个金发碧眼的小伙子。他对我报以迷人的微笑，说话时带着浓浓的挪威口音。

　　不知道是因为轮船的晃动，还是因为看到如此英俊的小伙子，我突然感到一阵眩晕——不过，这又是另外一个故事，就不在本书中交代了。

尾　声

　　1949 年中华人民共和国成立后，中国便对西方关上了大门，这一关就是将近四分之一个世纪。直到 1972 年理查德·尼克松总统和毛泽东会晤后，这道铁幕才出现了一道裂痕。几年之后，从 1966 年持续到 1976 年的"文化大革命"终于结束了，中国也开始逐渐向西方游客开放，但那时我根本不愿再去回忆在上海度过的最后两年时光，而且当年离开中国对我来说是一种巨大的解脱，从此以后就没想过要重返那个国家。然而，这些年来我无数次想起老阿妈、小王、"老爸爸"和我们家雇用的最后一任阿妈，希望他们没有因为替我们这些"洋鬼子"工作过而惹上麻烦。

　　直到 1996 年，离开上海 45 年后，我才终于说服自己，现在我可以重返中国、重新面对过去的历史了。我在华盛顿有一位中国朋友，他考虑到我回上海后可能一时难以适应，便建议我先到他的亲戚家住几天，然后再找一家宾馆在我的"家乡"安顿下来。

想想真是有点奇怪，我从小在上海长大、上学，前后生活了25年，可现在在这座城市里却找不到一个熟人。

当飞机在虹桥机场降落时，我见到的是一个现代化的航站楼，海关人员的效率也很高，这些都出乎我的意料。不过，看到海关人员身上的黄军装，我又不禁想起1949年5月在那个具有历史意义的早晨，打了胜仗的人民解放军列队进入上海城的情景。我在机场跟迎接我的中国女主人见了面，随后我们一起坐出租车回家。当汽车驶过以前的两个租界区时，我看到南京路、静安寺路和外滩上那些建于20世纪30年代的高大雄伟的西式写字楼和旅馆依然还在，但更令我惊讶的是，如今几乎每条主干道的路口都矗立着现代化的高楼大厦，跟那些标志着西方殖民主义全盛时期的老建筑比起来丝毫不逊色。女主人的家位于之前的法租界，离顾家宅公园不远，我小时候常在老阿妈的监护下在那个公园里玩耍。那座装饰派艺术风格的公寓大楼还在那儿，跟我记忆中的一模一样，就是看上去显得很破旧。那一晚我难以入眠，虽然回到了出生的地方，但在这座城市里已经找不到一个熟人了，我不仅感到孤独，而且还有莫名的伤感。而让我感觉更不适应的是，我如今竟然寄宿在中国人家里，这在治外法权时代是根本不可能出现的，因为那时候上海的中国人和外国人生活在完全不同的世界里。我在1949年见证了共产党政府的成立，如今它依然在执政，但是却开始发展自由的市场经济并从中受惠。我在这个国家生活了25年，那时它还很贫穷，现在的中国却取得了突飞猛进的发展，这一点让我由衷地敬佩。

我在女主人家暂住了几天后，便请她们帮我找一家宾馆。但是，我不想按照法律规定的那样住进专门接待外国人的豪华宾馆，而是想住在普通中国人都可以住的宾馆里，因为我认为自己并不是一名游客，只是重新回到以前住过的地方而已。我的朋友靠他们的"关系"帮我解决了问题，我知道这样做违反了相关的法律。宾馆的工作人员很好奇我为什么偏要住到他们那儿，但大家都喜欢跟我聊天。我用上海方言跟他们交谈，也教他们一些英文单词，这门资本主义的语言正变得越来越热门，大家的学习兴趣都很高。每天早晨我会去街角的小吃摊买早饭，这让摊主们觉得很好玩，午饭就在附近一对夫妻经营的小吃摊上解决，通常是吃些面条和蔬菜。不知道怎么回事，每次看到这对夫妻，我都会想起小王和老阿妈。我试着告诉他们我出生在上海，并在这座城市经历了中国的内战、日本的占领、蒋介石政权的回归和败走台湾以及中华人民共和国的成立。虽然中国人不大愿意谈论政治，我还是毫不犹豫地向他们表达了自己对腐败的蒋介石政权和野蛮的十年"文革"的看法，以及对"四人帮"的鄙视和对那些提倡改革的政府官员的敬重。

我小心翼翼地不去批评毛泽东，因为这位前任主席的画像至今仍随处可见，许多出租车的后视镜上就挂着他的照片。然而，让我没想到的是，当我用有限的普通话和上海话长篇大论地谈论那些历史浩劫时，那对夫妻听得很认真，还不时点点头，似乎很赞同我的观点，但他们并没有说出来。临走前我付给他们小费，他俩却不肯收，看来他们还没有被资本主义彻底改变。

我想到法租界去转转，找一找我家以前住过的房子，再看一眼我的母校——老同学告诉我它还在那儿。我走在当年的霞飞路上（上了年纪的中国人还记得这个路名），但是已经完全认不出来了。我好奇地东张西望，抬头仰视着一座座高楼大厦和百货公司，它们的前身是许多外国人开的小商店和不超过十层的公寓大楼。我惊讶地发现，20 世纪初从法国买回来的梧桐树，如今已经变得又高又粗了。这些树曾给路人和举行游行的法国士兵遮过阴，而且在我小的时候，当老阿妈带着我和坐在婴儿车里的妹妹小杰一起外出时，我经常藏在树后面跟老阿妈捉迷藏，但因为那时树干还很细，所以每次都会被老阿妈发现。这些树本是法国殖民主义的遗迹，如今却被当作国宝受到保护，政府并没有为了在这条繁忙的主干道上修建更多的摩天大楼而将它们拔掉。除此之外，许多建于 20 世纪三四十年代的西式写字楼和公寓大楼，因为具有较高的建筑价值，现在都由市政当局予以保护——至少目前是这样。

我向一名路人打听到附近的一个公园怎么走，他在地图上给我指出来，并用结结巴巴的英语告诉我，我现在站的地方是这座城市一条"非常重要的马路"。虽然嘴上没讲，但我的心里完全同意他的说法，因为我出生的房子就坐落在这条著名的马路上。跟主干道比起来，我更容易认出以前的小街小巷，因为那里面还有许多老的公寓大楼没有拆掉,不过看上去都已经很破旧了。

　　之前的公共租界如今到处是高楼、宾馆和写字楼,而在前法租界,马路上到处是人,机动车道上则塞满了汽车、出租车、摩托车、自行车以及横穿马路的行人。尽管市政当局张贴了无数警示和广告,谴责各种危险而不健康的习惯,但依然随处可以闻到各种气味、听到各种噪音,并见到吐痰和擤鼻子的行人。我曾经工作过的跑马厅被改造成了人民公园,这是一块面积很大的绿地,有人在那儿散步,还有小孩骑自行车、吃冰激凌,或者一边跑一边放风筝。我怎能忘记至今仍沿着外滩矗立在那里的雄伟壮观的楼群呢?那座带有钟塔的海关大楼、至今仍保留着精美内饰的汇丰银行、如今已改名为和平饭店的华懋饭店,这些地方我一直记忆犹新。近20层高的百老汇大厦现在是一家宾馆,在我的印象中它总是高不见顶,可现在与那些高耸入云的建筑比起来竟显得那么矮小。黄浦江上的景色更是让我倍感震惊:曾经一片平地的浦东现在到处是高层建筑和起重机,耀眼的东方明珠电视塔上有几个闪烁着霓虹灯的球形结构,令人仿佛置身于迪士尼乐园。以前渔民们赖以为家的舢板和帆船已经从江面上消失了,取而代之的是漂浮在水上的船形旅游餐馆,还稍稍可以让人想起一点遥远的过去。

　　尽管我的"家乡"在外观上变化很大,但街道上依旧挤满了贩卖各种食物的小摊贩,他们卖的东西我都喜欢吃,特别是又脆又油的大饼和油条。当我时隔多年后再次吃上油条时,那股香味一下子就将我带回到了过去，我仿佛又听到老阿妈在耳边提醒我慢慢吃，"不要弄脏裙子"。不过，现在的小贩们都在牛仔裤和运动衫外面套上了干净的工作服，还戴着白色的布帽子，小吃摊也比过去干净多了。以前老阿妈带我外出购物时，大街上到处是饿着肚子向人讨要铜板的顽童和乞丐，只要发现我在吃东西，他们就会直勾勾地盯着我看，现在这些人已经消失得无影无踪了。

以前，中国人喜欢对外国小孩说些难听的话，而外国小孩也会跟他们对骂，并伸出舌头扮鬼脸，可如今大家看外国人的目光都很和善。对于这些曾经占领过他们国家的人，中国人已经不再像以前那样充满仇恨，而是变得很友好了。

每次我问路的时候，行人都会停下来帮助我，并试着说几个英语单词，或者笑着听我努力地讲上海话。以前人穿的破衣烂衫也不见了，取而代之的是牛仔裤、休闲裤和衬衫，男人们穿着西装，女人们则穿着款式简洁的裙子，还可以见到化着浓妆的年轻女孩身穿牛仔裤或短裙，脚步匆匆地奔向拥挤的公交车和地铁站。

我打听到原来的法国公学如今成了一家科学研究所，在老环龙路上我一下子就发现了它。我对这条街道非常熟悉，因为有很多年我骑自行车上学放学都要经过这条路。当我面对学校大门时，心里竟然还感到有些害怕，因为我还记得当年自己的数学课和科学课的成绩有多差，而且还经常和同学们在小测验和考试中作弊。进入大楼后，站在镶着木板的大厅里，我一眼就认出了那只硕大的水晶吊灯，但让我惊奇的是，我还看到一座阿尔弗雷德·诺贝尔的塑像。我不禁想这是不是为了提醒和激励在这儿工作的科学家们争取获得诺尔奖呀？研究所的办公室就是我们以前的教室，那里曾挂着菲利普·贝当元帅的画像，一脸严肃地俯视着我们这些学生。原来的操场曾经是男生和女生各自玩足球和曲棍球的地方，现在则成了精心修剪的草坪，不过因为周围盖起了写字楼和公寓大楼，操场的面积已经缩小了一半。

我沿着巨大的楼梯拾级而上，红木质地的扶手和栏杆上雕刻着艺术装饰的图案，还点缀着"CSF"三个字母，显得很是华丽——"CSF"代表"Cercle Sportif Français"，即法国体育俱乐部，是这栋大楼最初的所有者。令人惊讶的是，那些在 20 世纪 30 年代由天主教孤儿院里的中国小孩制作的彩色玻璃窗至今仍在那儿，并未在"文化大革命"中摧毁。当我走进最顶层的大报告厅时，不禁想起当年欢庆一年一度的圣查理曼大帝纪念日的情景，还有每学年结束时学校给学生发放奖品的仪式，我们那时候高兴得就像获得了"解放"一样。若干年后，我似乎又看见自己爬上讲台，从校长布提亚手里接过书本，他则神情严肃地用蓝眼睛冷冷地盯着我，仿佛在说"tu pourrais mieux faire"（你可以做得更好）。事实上，我最终的确做到"更好"了，但不是在上海，而是在美国——我在那儿获得了法国文学的博士学位，这肯定会让我们的校长和教过我的其他老师们感到惊讶。同样会让他们惊喜的是，我的大多数同学后来都成了教师、工程师和科学家，有三个男孩还当上了法国大使。我从来没有想到这么多同学日后会成为各个行业的专业人士，要知道，那时候我们可是经常被老师骂"bêtes comme des ânes"（蠢得像驴）啊，特别是那些女同学（包括我在内），当时的人生目标就是找一个丈夫，然后像法国童话里讲的那样"avoir beaucoup d'enfants"（生一堆小孩）——到了英语童话故事里，这句话被翻译成"从此他们过着幸福的生活"。

我步行去找我们家曾经住过的老房子，很高兴地发现老善钟路上的赛华公寓和我们在台拉斯脱路住过的房子都没有被拆掉。不过，赛华公寓如今已经年久失修，门口长期无人打扫，几乎每个窗口都晾晒着衣服。另一个惊人的变化是，原来那个大操场不见了。以前只要天气好，穿着白褂子和黑裤子的阿妈们每天都会聚集在那儿，一边聊天一边照看摇车里的婴儿和在一旁玩耍的小孩。以前的花园也不见了，只有一小块地里种着些植物。看着那些花花草草，我突然想起以前老阿妈一天到晚地盯着我，反复警告我不要爬树、不要逗别的小孩，可我对她的警告总是置若罔闻。我又找到老台拉斯脱路我们家住过的地方，发现房子周围的木头栅栏如今变成了石头围墙——这些栅栏还是当年人民解放军进城后立起来的，为的是方便门卫监视居民的进出。要是现任房主允许的话，我倒是很想进去看看，但令我失望的是，我按了门铃，里面却没有人回应。

不过，三年后的 1999 年，当我再次回到上海时，终于有机会走进这两所旧房子的里面看看了。那一次到上海时，飞机降落在崭新的浦东机场，机场内的设施都极为现代化。这次陪我一起旅行的是我的外甥女芮妮，还有一位名叫玛丽的加拿大朋友，她会说中文，因此可以同老房子里的住户们交谈。赛华公寓的外墙如今被刷成了闪亮的白色，整栋大楼都被改造成了昂贵的出租屋。许多窗户外面都挂着空调主机——上海的夏天既闷热又潮湿，要是以前有空调的话，我们家肯定也会装的，但窗外和阳台上依旧挂着晾晒的衣服。大门口的砖石上雕刻着花纹，看上去很漂亮，但上面落满了灰尘，日常维护显然没有到位。我和芮妮、玛丽拾级而上，来到"我们家"那扇厚重的橡木门前，门上钉着原来那个蓝色金属质地的阿拉伯数字"15"，还有标着英文单词"letters"（信件）的插信口。令我奇怪的是，这些会让人联想起帝国主义的东西，怎么没有被红卫兵或其他的革命者破坏掉。我们敲了 15 号的房门，但没人回应，于是我便试着去敲隔壁的门。开门的是一对夫妻，我的朋友帮忙用中文向他们解释，告诉他们我们一家曾在隔壁的屋子里住过，于是这对夫妻便邀请我们进屋，并带我们参观了他们的家。那间公寓被隔成了两户人家，他们住的是一间起居室和一间小卧室，其位置正好对应着隔壁"我们家"里老阿妈住过的房间。站在他们家的阳台上，我看到隔壁阳台的竹竿上挂着些五颜六色的毛巾和内衣，远没有以前春夏季节我们家搁在阳台上的花儿赏心悦目。我告诉芮妮和玛丽，那一次就是因为我在阳台上将水泼到一个法国人的头上，结果我们全家都被赶出了赛华公寓。

就在我为无法进入以前的老屋子感到失望时，这对夫妇告诉我们，他们的邻居现在人在国外，因此可以找大楼的管理员为我们将房门打开，结果管理员果真照办了。当我们进入门厅时，我清楚地记得那儿以前摆着两张红木椅子，上面镶嵌着珠母，还有木雕的神仙。老阿妈曾吓唬我和瑞娃说，要是我们不听话，神仙就会把我们带走——那两张椅子我至今仍保留着。从门厅可以直通餐厅，但我们无法进入起居室和阳台，因为它们被一堵墙挡住了，里面住着另一户人家。我们家住在这儿的时候，这两个房间跟餐厅之间是用法式落地玻璃门隔开的，这样当小王和老阿妈布置餐桌或者收拾餐桌时，就不会干扰到客人了。

我向那对夫妇和管理员反复道谢后，乘电梯来到八楼的楼顶，当年我和大楼里的男孩们就是在这儿向路上的行人和车辆扔冰块。原来那种装着"吭当吭当"响的铁门的电梯已经不见了，现在的电梯被刷成了绿色，与装饰着木质墙板的门厅和雕花的金属楼梯栏杆完全不搭调。原先的屋顶花园再也见不到由园丁培育的一盆盆花草了，而是堆满了纸箱和废弃的家具。当我告诉芮妮我小时候干的恶作剧时，显然把她吓到了。她问我那时候我们这些外国人是不是认为中国人的命不值钱，我回答说，我们从小就生活在一个充满种族歧视的殖民地环境里，但我立刻又补充说，

丽丽重访法国公学

幸好这种情况现在已经不存在了。

离开赛华公寓后，我们又去寻找位于台拉斯脱路的老房子。我在那儿住了十年，度过了我的青春期和少女时代。按响门铃的时候，我不禁想起战争年代我和朋友们坐在台阶上唱歌打闹的情景。因为没有人出来开门，我们便绕到屋子的后面，向花园里的一名妇女询问我们是否可以进去参观一下。她让我们从以前的游廊进来——游廊已经围起来变成了一个房间，然后领我们来到一个大房间，我认出来这儿原来是我们家的客厅。隔壁的餐厅现在变成了卧室，一个小男孩正在里面忙着写作业。这个女人解释说，她家就租了一楼的这两个房间，原来供客人使用的卫生间如今归她家用，但厨房得跟二楼的另外两家人合用。我们来到二楼，看到贴着瓷砖的卫生间里装着的浴缸、洗脸池和坐便器跟我1951年离开上海时一模一样。那女人将我们介绍给住在二楼大房间里的一对夫妻，我们姐妹仨以前就睡在那个房间里。我惊讶地发现，当年嵌在墙壁里的抽屉和两个柜子还在那儿，那时我们姐妹仨经常为了争放衣服的空间而吵架。我父母以前的卧室住着另一户人家，卧室里的阳台现在也被包了起来，这样就多出了一个房间。我还记得"老爸爸"在阳台上不停地踩着缝纫机的模样，并且至今都能清晰地回忆起那天他哭着告诉我他儿子死讯时的样子。我的眼前还浮现出瑞娃站在这个阳台上，跟法国殖民军的克莱门特·乌夫拉尔队长调情的样子——他的办公室就在我们家正对面的一栋房子里。现在的女房客告诉我们，她们家是在1952年年初搬进这个房子的。我一听就知道，当年肯定是她的父亲向我父亲付了2000美元的"钥匙金"。她又说，当时给她印象最深的是客厅里的家具、沙发、扶手椅、放着留声机和收音机的大柜子以及那架钢琴。听她提到钢琴，我的耳畔又回响起小杰没完没了的练琴声。与此同时，我仿佛又看见我们家的厨子小王正穿着白色的长裤子，在隔壁的餐厅里为我们准备饭菜，透明的橱柜里陈列着母亲的银器和水晶器皿，地上则铺着中国的长毛绒地毯。这位女房客非常健谈，她告诉我们，1966年"文化大革命"爆发后不久，她父母便被勒令将他们家的"资产阶级"大房子分给另外两家合住，那些笨重的家具因此不得不搬走，而且每个房间都添置了更加实用的床。她还说，那架钢琴"死"得很惨，因为那时这些乐器一概被视为西方帝国主义的腐朽残余而遭到禁止，并最终被销毁。她父母因为害怕红卫兵的暴行，因此立刻将钢琴抬到附近的一个垃圾场，用斧子将它劈成了碎片。那些木头倒是幸存下来了，但小杰曾在上面弹奏古典乐曲的黑白键盘却再也不能发出声音了。

当我和芮妮、玛丽下楼时，我又想起当年只要电话铃声一响，我就会飞快地冲下楼去，从来不需要扶栏杆。如今，"我们家"里住着三户人家，但他们从来没有更换过公共厨房里的煤气炉，水槽也保持着原样。当然，使用了半个世纪之后，那上面不可避免地出现了细微的裂缝，而且满是污渍。

从那次以后，我又返回上海好几次，每次都会惊讶于这座城市现代化的步伐，尤其是那些从浦东的烂泥地里不断拔地而起的高楼大厦。在这座城市里，随处可见精致的商店和大型百货公司，里面出售着来自世界各地的商品，此外到处都是夜总会和网吧，狭窄的街道上塞满了日本、欧洲和中国生产的汽车，城外则建了许多宽阔的环城高速公路。上海的经济充满了活力，商业兴旺发达，市民们谨记着邓小平说的那句名言"致富光荣"，不过所有这一切当然都不能违背"有中国特色社会主义"的原则。

今天，老法租界作为一个实体已经不复存在了，能够吸引我注目凝视的历史遗迹也已经不多了，但我已经逐渐适应了这个充满自信和飞速发展的新上海。每次来这里，我都有一种回家的感觉。

译后记 传奇的丽莲

2011 年 9 月，丽莲飞越了上千公里，从华盛顿特区远赴美国中西部的爱荷华城，推介她新出的自传 *Stateless in Shanghai*。

虽然被农场和玉米地环绕，这座大学城却分布着众多酒吧和书店。早在 1936 年，爱荷华大学便在美国最早开设了创意写作课程，至今仍稳居全美第一。在中国大陆、台湾、美国辗转了一生的聂华玲，最终便选择此地定居。她与其夫恩格尔共同创办了国际写作计划，自 1967 年至今，每年邀请世界各地的作家驻校创作。众多知名的中文作家，如丁玲、白先勇、莫言等均到访过爱荷华。2008 年，经由联合国教科文组织命名，爱荷华成为继爱丁堡和墨尔本之后的第三座"世界文学城"。

如此浓烈的文学氛围，也许正是吸引丽莲前来的原因。

可是，我那时正埋首于博士论文的写作，每日深居简出，错过了丽莲的演讲——这错失的一面之缘，直到两年后才补上。

虽然没听到演讲，书的标题却一下子吸引了我。我好奇一个犹太老太太，出生在上海，还是无国籍，怎么回事？我打算得空把书找来翻一翻。

2012年春，正值冬雪初融的时节，我完成了博士论文，有了大把的时间，便从当地的公共图书馆借出了丽莲的书。一读之下，竟难以释手。

令我高兴的是，这不是一本枯燥的学术著作——当时的我，对这类书正处于暂时的"不应期"。丽莲的书里没有枯燥的数据和空洞的理论，只有鲜活的人物和故事，而我一向以为，历史学的灵魂就是对个体生命的记忆——这本书正合我的味口。

丽莲的语言轻松幽默，读来常令人忍俊不禁。给我印象深刻的情节很多，譬如她回忆当年就读于法国学校时，从小学到中学，每逢考试都会设法作弊，为了防止被抓，学生们不断变换花样，彼此掩护，丽莲将之戏称为师生之间的"战斗"。再比如，她十几岁时，与小姐妹们对两性关系充满了好奇，每人私下都为自己选定一个男生作"男朋友"，可又不让对方知道；她们还会从学校图书馆的书架上，偷偷找到D.H.劳伦斯的禁书《查太莱夫人的情人》，专挑情色描写的段落跳着读，而且为了下回接着看，每次都把书藏在某个角落里，以防被别人发现。我惊奇地发现，这个生活于二十世纪三十年代的精灵古怪的小姑娘，竟与五十年后的我，做过同样的事情！

作者的坦率无疑会拉近与读者的距离。丽莲在书中不仅翔实记述了自己的个人生活——包括约会过的每个男友，也毫不讳言治外法权庇护下的白种人在上海享有的种种特权。她用自己的成长经历，向读者讲述了一个"小洋鬼子"如何养成的过程：他们从小就意识到自己比普通中国人地位优越，因此对街边的中国小孩骂他们"大鼻子""外国瘪三"毫不介意；他们每日由来自中国农村的"阿妈"和"厨子"服侍照料，虽然日久情深，但对这些中国仆人的家庭从不过问，甚至连名字也不清楚；他们虽然久居上海，活动的范围却不过两个租界，与普通中国人几无往来，更无学习中文的必要。直到1951年离开上海、暂居日本之后，24岁的丽莲目睹日本人在美军占领下的种种遭遇，触景生情，才开始反思种族不平等的问题。这种意识转变的过程在书中展现得细致入微、真实可信。

丽莲的回忆不止于个人的成长历程，更将自己的家庭和租界的日常生活与时代的大背景完美地融合，呈现了1927—1952年间上海的历史变迁。她亲历过国民党、日本人和共产党三个政权统治下的上海，目睹过日军轰炸下闸北上空的滚滚硝烟，曾向从头顶呼啸而过的美军战机挥手致意，见证了国民党溃败前夕的仓皇无措，也曾好奇地身穿中山装在街头围观讽刺"美帝"的活报剧。

更为可贵的是，丽莲忠实地描绘了儿童眼中的世界，它与成人的观感常常截然不同。比如二战期间，滞留在上海的英美等同盟国公民被迫在日本人看押下集中居住，失去了人身自由，可是丽莲竟有些羡慕隔离区里的女同学，羡慕她们因此有机会结识英国和美国的帅小伙；在上学的路上，她每天都希望碰上防空演习，以便名正言顺地迟到；上课时遇到空袭，她趴在教室的地上，心里竟然希望警报不要解除，这样就不用上讨厌的数学课了；而当日军突然出现在法国学校时，她则兴奋地给同学们四处打电话，期待学期因此提前结束……

好的历史书写从来不靠抽象的理论和廉价的煽情，靠的正是这些丰满生动的细节、新颖独到的视角和未加修饰的真情实感。我只用了两三天时间便读完全书，并立即决定，一定要把它译成中文，让更多的中国人读到这些有趣的故事。

2012年下半年，我回国任教于南京大学，工作之余开始着手翻译此书。过程并不难，花工夫最多的是一个一个核对新旧地名、外国机构当年的中文名称以及外国人的中文姓名。2014年，译稿完成，我将它托付给偶然结识的北京三联书店出版社的编辑饶淑荣女士。

感谢淑荣的精心编辑和不懈努力，2018年3月，该书终于得以面世。

在等待出版期间，丽莲曾于2013年和2015年两次来过上海、南京。每次相见，我都不由惊叹她身体的强健和思维的清晰，无论忆往还是论今，她都谈锋甚健，遂萌生了为其制作纪录片的念头。但一是自己毫无拍摄经验，二是担心她年事日高，难以成行，这事便一直搁置起来。

2018年盛夏，也是机缘凑巧，我在昆明结识了来自广州的影视导演蒋能杰。此君扎根故土，长年关注乡村留守儿童，已拍摄数部纪录片和一部故事片，其中《矿民、马夫、尘肺病》一片为其赢得了广泛赞誉。我偶然向他提及丽莲的身世，他以导演的敏锐直觉，对这个题材表达了强烈的兴趣，我的好友周孜正也从旁鼓吹，帮忙出谋划策，最终确定了合作事宜。

我将消息告诉远在华盛顿特区的丽莲，她一口答应，并很快预订了十月初的机票。多年的愿望即将实现，我既感欣喜，又忐忑不安，不知丽莲跑这一趟，是否值得。

直到在浦东机场见到她，我的心才算安了一半。经过十几个小时的航程，丽莲毫无疲态，独自一人推着行李车，车上搁着两只小箱子和手提包。但毕竟九十一岁了，而且这两年背痛，只能佝偻着腰。

与前两次一样，她投宿在友人家中——她一向认为来上海就像回家，怎能像游客一样住宾馆呢？朋友家位于之前的法租界，道路两侧的法国梧桐枝繁叶茂，阳光一照，漏下点点光斑。丽莲常说，到了她这样的年纪，亲朋故旧已大半零落。唯一可语旧事的，大约就剩这些树和树荫掩映下的老房子了。

丽莲带我们故地重游，去看了位于常熟路、太原路的老房子，重返南昌路上的原法国学校、学校旁的原法国公园以及以前常去的电影院，在作家书店偶遇了自传的中译本，还在热心店员的引领下，兴致勃勃地参观了书店后身由邬达克（Hudec）设计的精美洋房。每日午后，只要身体允许，她就会坐在舒适的客厅里，对着镜头将老上海的往事娓娓道来。

拍摄的最后两天，她接连有两场公众活动。前一天是在外滩五号顶层一家餐厅演讲，丽莲竟站着讲了一个多小时，第二天在犹太难民纪念馆参加读者见面会。主办方介绍，这两次活动参加的人数都超出通常的规模。据我观察和采访，听众的国籍、年龄和职业分布广泛，每次活动结束后，都有许多人排成长队，等候她签名，顺便与她聊上几句。

一周的拍摄比我预想的顺利，虽有些插曲，结局还算圆满。她来上海前便有些咳嗽，拍摄的第三天开始加剧，我便带她去华山医院开了几种药，哪知剂量服错，导致头晕嗜睡。再去医院，总算弄清了服用方法，可是第二天又不见了钱包，遍寻不着，着实影响了心情。幸好隔天医院来电，告之钱包寻获的消息，这让丽莲喜出望外，连声说要是在法国，肯定找不回来了。

丽莲终身未婚，在美国常年独居，直到来上海前不久才卖掉开了多年的汽车。她自己将衣物整理得井井有条，每天回电邮、打电话、看新闻、安排各项日程，丝毫不乱。据我观察，保持活力的秘诀除了乐观幽默的天性外，就是让自己忙碌。她退休后，并不怎么锻炼，而是一直忙于写作、讲座和旅行，近十年在世界各地演讲、接受采访百余次，最近还刚刚完成一部书稿，以自己的上海经历为蓝本，撰写了一本童书，里面配有才华横溢、身世传奇的白俄漫画家萨巴乔（Sapajou）绘制的珍贵插图。

如果把人生想像成一次单程旅途，丽莲已经比同时代的绝大多数人走得更远。可是，她并不愿就此停歇。要不是因为咳嗽，她还计划前往桂林、甚至拉萨。对于这部纪录片，她已经展望藉此打进好莱坞、环游世界了。我当然觉得她有点过于乐观，不过既然蒙上天眷顾经历了如此传奇的人生，对未来无论作怎样大胆的设想，也算是丽莲享有的一项终身"特权"吧。